S. Fischer-Fabian

Sie verwandelten die Welt

Lebensbilder berühmter deutscher Frauen

Gustav Lübbe Verlag

Gustav Lübbe Verlag ist ein Imprint
der Verlagsgruppe Lübbe

Originalausgabe

Satz: Bosbach Kommunikation & Design
GmbH, Köln
Gesetzt aus der Trump Mediaeval
Druck und Einband: Friedrich Pustet, Regensburg

Printed in Germany
ISBN-13: 978-3-7857-2280-0

5 4 3 2 1

Sie finden uns im Internet unter:
www.luebbe.de

»Seine grundsätzlichen Fortschritte hat der Mann meist dann gemacht, wenn er durch eine Frauenseele, will sagen, durch jenes kristallene Medium, in dem die großen Ideale sich widerspiegeln, ins Unendliche hinausblickte. Halten wir das, was Männer als Dichter, Maler, Gesetzgeber geleistet haben, gegen das Licht, so erblicken wir darin als Wasserzeichen den feinen Umriss einer Frau.«

ORTEGA Y GASSET

Inhalt

Ein Wort zuvor ...

Über Männer, die die Welt veränderten, schrieb der Autor in seinem letzten Buch, um dann in der Einleitung, etwas schlechten Gewissens, hinzuzufügen, dass die Männer ohne ihre Frauen wohl wenig hätten machen können – am wenigsten Geschichte, wie man ihnen immer nachsagte, ohne dass es je gestimmt hätte.

Die Welt verändert haben die Frauen nicht, die in diesem Buch vorgestellt werden, aber sie haben sie erträglicher, haben sie lebenswerter, gemacht: Ob nun Caroline Neuber, die Theaterprinzipalin, oder Franziska Tiburtius, Deutschlands erste Ärztin, oder Katharina von Bora, Luthers Kätchen, oder Luise von Preußen oder Marlene Dietrich, die Berlinerin schlechthin, oder Katharina Kepler, die »Hexe«, oder Christiane Vulpius, die Gefährtin Goethes, oder Käthe Kollwitz oder Hedwig Courths-Mahler, die Schriftstellerin, oder Clara Schumann-Wieck oder Liselotte von der Pfalz, die Schwägerin Ludwig XVI. oder Wilhelmine Encke, Preußens Pompadour.

Ihr Leben war immer bestimmt von der Selbstbehauptung, vom Kampf gegen Vorurteile, gegen Nichtachtung, gegen die Verachtung gegenüber dem schwächeren Geschlecht. Dass sich dieses schwache Geschlecht in den Zeiten der Not, der Nöte, als das stärkere erwies, wurde von den Männern nur widerstrebend, wenn überhaupt, anerkannt. Es grenzt an Zynismus, wenn es als höchstes Lob galt, bei mancher Frau von geradezu »männlichen Tugenden« zu sprechen.

Ein Wort zuvor…

Die Beschäftigung mit den Lebensbildern der Frauen dieses Buches hat den Autor zu seinem eigenen Erstaunen, hier sei es eingestanden, mindestens ebenso fasziniert wie seinerzeit die Arbeit an den Portraits großer Männer.

Das Buch handelt nun also von »berühmten« Frauen. Zu diesen aber gesellt sich eine ganz und gar unberühmte Frau: Elisabeth Krause aus Berlin N, die Heldin des Alltags, der ein jeder in seinem Leben irgendwann einmal begegnet ist…

Luise von Preussen

Anmut und Würde

Um auf Luise zu kommen, muss man mit Frieda beginnen. Frieda ist der Spross uralten Berliner Blumenhändleradels. Ihre Großmutter ließ bereits um die Jahrhundertwende auf dem Potsdamer Platz ihren Schlachtruf ertönen: »Veilchen, orijinal Berliner Parmaveilchen!« Frieda steht heute an der Schlossstraße Ecke Zimmermann, und wenn die Zeit der Kornblumen gekommen ist, pflegt sie zögernden Kavalieren zu raten: »Na, denn nehm' Se Kornblumen, Herr Dokta, die Lieblingsblumen von de Könijin Luise, und det war 'ne Seele von Mensch.«

'ne Seele von Mensch – das ist ein Abglanz jener Popularität, die diese Frau auf dem preußischen Thron genoss: eine Volkstümlichkeit, wie sie keine andere Frau eines Souveräns je genoss. Zwei Straßen künden in Berlin heute noch von ihr, ein Platz, eine Schule, ein paar Anekdoten, Rauchs schlafende Marmorgestalt im Mausoleum des Schlossparks Charlottenburg – na, und die Kornblumen.

Ihre Bilder, die über den falschen Kaminen vieler Berliner Wohnzimmer hingen, versanken im Schutt zweier Weltkriege. In Möbelkellern oder bei Bilderhändlern findet man ab und zu noch goldgerahmte Reproduktionen der Gemälde, die Tischbein von ihr malte, Böttner oder Dähling: »Kronprinzessin Luise mit ihrer Schwester Friederike« – »Begegnung zwischen Königin Luise, Friedrich Wilhelm III. und Kaiser Alexander von Russland in Memel 10. Juni 1802« – »Königin Luise auf dem Sterbelager in Hohenzieritz am 19. Juli 1810«. Bildtitel, die gleichzeitig Stationen ihres Lebens bezeichnen.

Am 22. Dezember 1793 betritt sie zum ersten Mal den Boden Berlins. Prinzessin Luise aus dem Hause Mecklenburg-Strelitz, Tochter eines niederdeutschen Vaters und einer süddeutschen Mutter, in sich vereinend die Frohnatur und des Lebens ernstes Führen, aufgewachsen am bürgerlich breiten Darmstädter Landgrafenhof, erzogen zu sanfter Tugend und naivem Gottvertrauen, im Übrigen unwissend gelassen, ferngehalten von den Werken des klassischen Zeitalters, in das sie hineingeboren wurde.

Siebzehn Jahre ist sie alt, als sie an diesem strahlenden Wintermorgen in Großmutters unförmigem Reisewagen sitzt und Gucklöcher in die Fensterscheibe haucht. Neben ihr albert ihre Schwester Friederike. Beide sind sie Bräute, beide sind sie Backfische. Kichernd, dalbrig, quecksilbrig starren sie durch die Gucklöcher, lachen sich scheckig, pressen die Zeigefinger in die Ohren, wenn die Kanonen ihren Salut in den Himmel böllern. Halb Berlin scheint vor die Tore gezogen zu sein, um die prinzlichen Bräute zu empfangen.

Von acht Pferden gezogen, holpert der schlecht gefederte Wagen über das Kopfsteinpflaster. Luise lässt sich erschöpft zurücksinken. Eine zehntägige Reise liegt hinter ihr, die so triumphal wie anstrengend war.

Darmstadt, Aschaffenburg, Würzburg: Fackelzüge, Vivats, Blumenregen. Weimar: Empfang durch den Herzog Karl August, Begrüßung durch seinen Minister Goethe, Goethe auf der Höhe seines Ruhmes, die Feueraugen prüfend auf sie gerichtet, artige Komplimente machend, Goethe, von dessen Werken sie kaum eine Zeile kannte. Potsdam: Das Schloss im Glanz Tausender von Kerzen, die Offiziere der Garnison, Sporenklirren, Degenklang. Und jetzt der Einzug in Berlin. »Jesus, meine Zuversicht« hatte das Glockenspiel von der

Stadtkirche in Darmstadt geklungen, als sie aufgebrochen waren. Da war wieder der Schatten, der die backfischige Munterkeit gelegentlich trübte, das bängliche Ahnen.

»Ich arme Novize«, hatte sie nach Hause geschrieben, »werde wie ein Fabeltier in Berlin beobachtet werden. Fahrt hin, unschuldige Vergnügungen, Jugend und Fröhlichkeit.« Und im Brief an den Kronprinzen, ihren Gemahl, fast flehend: »... deshalb bitte ich Sie im voraus, lieber Freund, haben Sie viel Nachsicht mit mir, verlangen Sie nicht zu viel von mir, ich bin sehr unvollkommen, sehr jung, ich kann mich oft irren, aber wir werden doch glücklich sein... Sicher wird es dort Dornen auf meinem Wege geben.«

Der Wagen hält vor der Ehrenpforte am Eingang der Linden. Weißgekleidete Jungfrauen der »deutschen Nation der Berliner Bevölkerung« stimmen den Jubelchor an. Ein winziges blondes Wesen trippelt auf Luise zu und streckt krähend einen Strauß künstlicher Kornblumen hoch. Sie nimmt das Kind auf den Arm und küsste es. Die Berliner wissen sich nicht zu fassen vor Begeisterung über dieses Genrebild prinzesslicher Leutseligkeit.

Nicht zu fassen wusste sich auch Frau Julie von Voß, die künftige Oberhofmeisterin der Prinzessin und Wächterin über die Etikette. Sie war ihrer neuen Schutzbefohlenen vom Stadtschloss aus entgegengefahren. »Als künftige Königin Preußens«, sagte sie süß-sauer, als man wieder im Wagen saß, »ist es Ihro Königlicher Hoheit nur erlaubt, königliche Kinder zu küssen.« Luise schwieg eingeschüchtert.

Doch da war jemand, bei dem von preußischer Nüchternheit und Strenge keine Rede sein konnte: Friedrich Wilhelm II., seit nunmehr sieben Jahren als Nachfolger des großen Friedrich auf dem Königsthron. Er war rasch populär geworden. Besonders die Einwohner der Residenz mochten den Mann, der im einfachen blauen Rock durch den Tiergarten promenierte, von niemanden begleitet als von einem Offizier, einer, der mit den Spaziergängern plauderte und sich überhaupt an der Spree viel häufiger sehen ließ als an der Havel, sprich in Potsdam.

»Dass der Alte Fritz Sanssouci zum steten Sitz erkoren«, reimten die Einwohner, »beklagte trauernd sein Berlin. Der Neue schätzt den Ort, wo er geboren – und der Berliner liebet ihn.«

Friedrich Wilhelm II. war es denn auch, der den ältesten Sohn ständig bedrängt hatte, nun endlich zu heiraten und gefälligst Nachkommen zu zeugen, denn die Thronfolge »Ruhe auf allzu wenigen Augen.« Die Suche nach der Braut hatte sich als schwieriger erwiesen denn gedacht. Die jungfräulichen Damen hohen Standes, besser ihre Eltern, wollten nicht nach Berlin. Die Stadt galt als spröde, langweilig, nüchtern, ihre Winter waren zu lang und die Sommer verregnet. Dass ihr Herrscher sich eine Mätresse hielt, störte allerdings niemanden im leichtlebigen Rokoko, selbst der Serenissimus im kleinsten Kleinstaat der deutschen Lande hielt sich eine. Die seine, eine Trompeterstochter namens Wilhelmine Encke (von der in einem anderen Kapitel ausführlich die Rede sein wird), hatte ihm fünf Kinder geboren; auch darüber sah man hinweg. Bedenklicher war des Königs Neigung, jede Schürze zu jagen, derer er ansichtig wurde, womit er sich einen Ruf erwarb wie Donnerhall. Nicht umsonst hieß er der Vielgeliebte. »Frische Fische, gute Fische«, war im Grunde das Wesentliche, was der künftige Schwiegervater über Frauen zu sagen wusste.

Die Brautsuche wurde zusätzlich erschwert durch des Kronprinzen Schüchternheit, sein linkisches Wesen, seine Wortkargheit, die ihn jeden Satz dreimal wenden ließ, ehe er ihn aussprach. Hinzu kam etwas, was den Vater besonders enervierte. Der junge Mann hatte eine wunderliche Neigung, eine Marotte sozusagen: Er wollte aus Liebe heiraten. Anscheinend hatte er nicht begriffen, dass es auf »Liebe« nicht ankam. Weder beim Adel noch bei den Bürgern, noch bei den Bauern; und schon gar nicht bei den höchsten Häusern. Dynastien, so Friedrich der Große, müsse man führen wie ein Gestüt. Das klang zynisch, entsprach aber der Realität.

Nun ging die Rede, dass der Herzog von Mecklenburg-Strelitz seine beiden Töchter unter die Haube zu bringen gedachte: Die 15-jährige Friederike und die 17-jährige Luise. Den Mangel an Mitgift würden sie ausgleichen durch die Schönheit ihres Antlitzes, die Schlankheit ihrer Gestalt, durch die Anmut und Grazie ihrer Erscheinung. Dass es gleich zwei Töchter waren, die auf dem prinzlichen Heiratsmarkt angeboten wurden, betrachtete der Preußenkönig als eine Occasion, war doch neben Friedrich auch der jüngere Bruder Ludwig, Louis gerufen, zu verheiraten. Nach Betrachtung der Medaillons der Schwestern, die ihr Aussehen einigermaßen genau wiedergaben, meinte Louis, der Bruder solle die wählen, die ihm am besten gefiele, er würde sich mit dem »Rest« begnügen.

Das Rendezvous der Prinzessinnen mit den Prinzen wurde sorgfältig inszeniert. Schauplatz war Frankfurt. Luise und Friederike verbanden mit der Stadt Erinnerungen der besonderen Art. Am Main wurden die deutschen Kaiser gekrönt, und beim letzten Krönungsfest hatten sie als Zaungäste teilnehmen dürfen und Quartier bei Frau Aja genommen, der Mutter Goethes. Sie schrieb später ihrem Sohn in ihrer eigenwilligen Orthografie »... von einer steifen Hofetikette waren sie dan in voller Freyheit – Tantzend – sangen und sprangen den gantzen Tag – alle Mittag kamen sie mit drei Gabeln bewaffnet an meinen kleinen Tisch – gabelten alles, was ihnen vorkam – es schmeckte ihnen herrlich – nach Tisch spielte die spätere Königin auf dem piano forte.«

Sie begegneten sich dann, wie der Zufall so spielt, am Eingang des Komödienhauses. Und die Damen übertrafen die kühnsten Erwartungen des künftigen Schwiegervaters. »Wie ich die beiden Engel zum erstenmal sah, so war ich frappiert von ihrer Schönheit, dass ich ganz außer mir war, als die Großmutter sie mir präsentierte. Ich wünschte sehr, dass sie meine Söhne sehen möchten und sich in sie verliebten.« Am liebsten hätte er sie für sich behalten, erfand der Hofklatsch sogleich.

Die Großzügigkeit, besser die Gleichgültigkeit, mit der der jüngere Bruder dem älteren den Vortritt ließ, bereitete Friedrich die Qual der Wahl. Wen sollte er nehmen? Luise oder Friederike? Er wechselte mehrmals den Platz während der Aufführung, um die beiden Mädchen, die in ihrer Loge mit ihren Fächern spielten, besser beobachten zu können. Friederike jedenfalls schien die Hübschere, sie hatte etwas Verlockendes, besaß, wie man heute sagen würde, Sex. Der Bildhauer Schadow, der später das berühmte marmorne Doppelbildnis schuf, sagte von der Jüngeren: »Wer die sah, wollte sie haben.« Aus Luises Gesicht strahlte mehr Seele, mehr Liebreiz. Entscheidungsschwäche hat Friedrich auch in seinem späteren Leben gezeigt, zum Unheil seines Landes.

Hier lässt man ihm Zeit, arrangiert Festlichkeiten, auf denen er mit beiden Mädchen tanzt. Walzer natürlich. Dieser Tanz ist gerade en vogue. Luise walzt leichtfüßig, sie schwebt geradezu, scheint kaum den Boden zu berühren. Friederike steht ihr nur wenig nach. Es war schon zum Verzweifeln. Über den Charakter und die Eigenschaften beider Prinzessinnen zieht er schließlich Erkundigungen ein: Sie fallen zugunsten der älteren aus, und der entscheidende Schritt in seinem Herzen ist getan.

Der Vater wirft sich in das beste blaue Tuch, in seine Galauniform, legt die große Ordensspange an und fährt vor dem »Weißen Schwan« vor, wo die Großmutter, die Prinzessin George, mit ihren Enkelinnen abgestiegen ist. Großmama schickt die beiden aus dem Zimmer (»Nun geht mal einen Augenblick vor die Tür…« – Wir kennen diese Sprüche). Er trägt seine Werbung vor und trifft auf Geneigtheit. Allerdings müsse noch der Vater gefragt werden, der in Hildburghausen weile. Das ist eine bloße Formalie: Der alte Herr, seit langem Witwer, ist im Grunde froh, die süße Last zweier Töchter so feudal loszuwerden. Seine Stimmung wird nur etwas getrübt durch den Gedanken an die Mitgift. Er ist, wie viele Kleinstaatfürsten, zwar nicht pleite, aber arm am Beutel. Er könne allerhöchstens…, nein, selbst das ist zu viel. Aber der Preußenkönig will nicht lange handeln: Kurzerhand unterschreibt er den Ehevertrag.

Am Nachmittag erscheinen die beiden Kandidaten. Louis, der sich ausbedungen hatte, die Liaison mit seiner Geliebten weiterführen zu dürfen, andernfalls wollte er nicht heiraten, begrüßt die künftige Gemahlin mit Handkuss. Friedrich Wilhelm dagegen, in Liebesdingen wenig erfahren, hat großes Lampenfieber. »So froh ich war, so verlegen war ich denn doch, und nach vielem Stottern und unzusammenhängenden Phrasen, fasste ich endlich Mut und trug ohne viel Umstände mein Anliegen vor. Wir standen am Fenster, meine Auserwählte mit dem Rücken an die Fensterwand gelehnt. Mit jungfräulicher Bescheidenheit, aber mit herzlichem Ausdruck, willigte sie ein, ich frug, ob ich dürfte, und ein Kuss besiegelte diesen feierlichen Augenblick.«

Kehren wir zurück zu dem Prunkwagen der Bräute, der am Brandenburger Tor gehalten hat. Die Fröhlichkeit, die unbändige Heiterkeit der beiden Prinzessinnen wirkte geradezu ansteckend. Ihre süddeutsche Lebenslust stand im wohltuenden Gegensatz zur preußischen Steifheit, sie brachte Farbe in das graue Einerlei der hiesigen Gesellschaft.

Da war der Ball, der zu Ehren der Prinzessinnen im Weißen Saal des Schlosses gegeben wird. Luise und ihre Schwester

Friederike, die Frau des Prinzen Louis, tanzen Walzer, jenen neuen Tanz, der nichts mehr gemein hatte mit den bisher gepflegten Gesellschaftstänzen, mit dem verschnörkelten Menuett, den gezierten Contres und Ecossaisen. Die beiden sind die ersten, die den Wiener Walzer am preußischen Hof tanzen. Im Arm zweier Offiziere schweben sie über die schimmernde Fläche, weit zurückgebeugt die Oberkörper, mit der linken Hand die weiten Röcke schwingend, halb geschlossen sind ihre Augen, leicht liegt die Rechte der Tänzer auf der Hüfte ihrer Partnerinnen und dreht sie in kraftvollem Schwung – es ist ein Rausch im Dreivierteltakt. Begeistert applaudieren Hofdamen und Kavaliere.

Nicht alle teilen die Begeisterung. Luises Schwiegermutter, die regierende Königin, verbot es ihren Töchtern strikt, dem »lüderlichen Beispiel der Schwägerinnen aus Darmstadt« zu folgen. Sie ließ es die Damen des Hofes wissen, dass »Preußen nichts daran liegen könne, wohlbehütete Prinzessinnen mit Offiziers liebestrunken im Taumel der Freude walzen zu sehen«. Es gelang ihr, beim König ein offizielles Verbot des »Walzens bei Hoffestlichkeiten« durchzudrücken. Es wurde ein Verbot, das bis in die Zeit Wilhelms II., des letzten deutschen Kaisers, wenigstens für die großen Hofbälle Gültigkeit hatte.

Luise ließ sich nichts verbieten. Sie tanzte weiter, ließ keinen Ball aus, verachtete die Etikette bei der Wahl ihrer Tänzer, erzählte lachend dem König, dass mecklenburgische Knochen nicht zu ermüden seien, scherte sich nicht um das Gezeter der Oberhofmeisterin, schwebte im neunten Monat noch über das Parkett, lud ein, wen sie mochte, fuhr aus, mit wem es ihr beliebte, verlachte die Warnungen ihres Gatten – bis eines Tages von allerhöchster Stelle die bitterernste Warnung kam, dass »wir hier gewohnt sind, uns bei unseren Frauen Gehorsam zu verschaffen«.

Luise hatte verstanden. Sie verließ das geräuschvolle Gesellschaftsleben Berlins und nahm mit ihrem Manne im stillen Potsdamer Stadtschloss Wohnung. Sie wurde brav. Aber sie ergab sich nicht in ihr Schicksal, sie ging daran, dieses Schicksal zu meistern. Sie stellte sich die Lebensaufgabe, von nun an nur noch Mutter und Gattin zu sein. Bald konnte die Oberhofmeisterin voller Befriedigung in ihr Tagebuch notieren: »Die Prinzessin betrug sich den ganzen Tag vortrefflich. Die Prinzessin ist glücklich.«

Nun, glücklich war sie nicht, aber zufrieden. Sie bemühte sich in einer Zeit, da man vor den sittenlosen Höfen wie vor einem Ort der Ansteckung mit Weib und Kind flüchten musste, das Beispiel einer sorgenden Mutter und treuen Gattin zu geben. Sie lebte, genauso wie ihr Mann, mehr bürgerlich als majestätisch, ohne etwas von ihrer Würde einzubüßen; sie kaufte Lebkuchen auf dem Weihnachtsmarkt am Lustgarten, sie nahm am Stralauer Fischzug teil, sie spazierte über die Linden. Der österreichische Gesandte Fürst Dietrichstein berichtete erstaunt-mißbilligend, wie die Kronprinzessin mit einem Töchterchen auf dem Arm im Park von Sanssouci promenierte, »mitten unter dem gemeinen Volke«. Ihr Beispiel eines behaglich-bescheidenen Familienlebens aber wirkte. Die glückliche Ehe wurde wieder häufiger und Häuslichkeit geradezu eine Mode.

Friedrich Wilhelm III. ist von seiner Zeit besser beurteilt worden als von seiner Nachwelt. Man nannte ihn den »guten König« oder »Friedrich den Gerechten«. Seine Ordnungsliebe und Sparsamkeit imponierte den Berlinern, die Schlichtheit seines Auftretens und die sichtbare Tatsache, dass er die Kerzen am gerade erfundenen Weihnachtsbaum höchst eigenhändig entzündete, desgleichen.

Die Historiker wurmt seine Hilflosigkeit in allen Fragen der Politik. Für sie ist er bestenfalls *der Mann der Königin*

Luise. Dabei war er als Herrscher beseelt von den besten Absichten. Auch als Ehemann. Hier wie dort hinderte ihn seine krankhafte Entschlusslosigkeit, diese Absichten in die Tat umzusetzen. Hinzu kam, dass er seine Tugenden im Laufe der Ehe zu Untugenden übertrieb: Aus Rechtschaffenheit wurde Biederkeit, aus Sparsamkeit Geiz, aus Ordnungsliebe Pedanterie, aus Wahrhaftigkeit Einfalt. Er war oft launisch und muffig. Er nörgelte morgens beim Kaffee und quengelte nachmittags beim Tee. Er quälte sich und andere durch Haarspaltereien und Kleinlichkeiten. Wenn seine Ehe trotzdem gut war, dann lag es nicht an ihm. Es war Luise, die ihn immer wieder aufheiterte, sich seinen Eigenheiten anpasste und alles nach seinem Willen richtete. Sie verleugnete dabei nicht selten ihren eigenen Geschmack und entsagte vielem. Sie opferte sich, weil sie es für ihre Pflicht ansah, den König zufrieden zu sehen. Sie war nicht unglücklich dabei, denn sie war und blieb ihm trotz all seiner Fehler verbunden. Auch er liebte sie. Auf seine Art.

Selbst wenn man die Berichte als Übertreibung abtut, wonach er mit der Trommel hereinmarschierte, wenn sie musizieren wollte, ihr jedes Buch mit der Bemerkung »dummes Zeugs« wegnahm, ihr ständig über den Mund fuhr, wenn sie etwas sagte, es muss auch ohne das ein hartes Stück Arbeit gewesen sein, an der Seite des »trockenen Gamaschenknopfes«, wie ihn manche nannten, zu leben. Die Schilderung der Prinzessin Wilhelmine vermittelt einen Begriff davon. Man liest sie nicht ohne Frösteln:

»Ein Tag ist wie der andere. Den ganzen lieben Morgen hört man nichts als den Lärm der Waffen, der Kanonen und Gewehre, nicht zu vergessen das ewige Rufen der Offiziere. Von halb elf bis zwölf ist die Königin bei mir oder ich bei ihr, um zwölf ziehen wir uns für das Mittagessen an, genau zehn vor ein Uhr muss man bei der Königin sein, und wenn das langweilige Glockenspiel sagt, dass es ein Uhr sei, setzt man sich zu einem sehr einfachen Mahl mit vier oder fünf Offizieren. Nach dem Essen langweilt man sich im Zimmer bis drei Uhr. Um vier Uhr bin ich im Wagen zu zweien mit der Königin, gewöhnlich gehen der König und seine Brüder und sein Schwager zu Fuß, und wir treffen uns in der Allee vor Sanssouci, wo wir nach Belieben spazieren gehen bei einer schneidenden Kälte. Um sechs Uhr muss man wieder in dem Gelben Zimmer sein … Jetzt naht der schreckliche Augenblick, wir sitzen um einen Tisch, um zu arbeiten und den Tee zu nehmen; wenn er genommen ist, beginnen der König und seine Brüder zu lesen, so sind wir natürlich verpflichtet zu schweigen, manchmal setzen die Königin und ich uns in ein anderes Zimmer, das geht dann sehr gut, aber das ist dem König nicht recht. Niemand geniert sich, man bleibt sitzen, wenn die Majestäten stehen. Um ein halb neun Uhr setzt man sich zum Nachtessen, ich immer zwischen den Majestäten an einem kleinen runden Tisch, mit der lieben Familie zu sechsen, die Damen und Herren sind an einem anderen Tisch, gewöhnlich spricht niemand, und man unterhält sich mit dem Lesen der Speisekarte. Um neun Uhr tritt der wachhabende Offizier ein mit dem Rapport, man steht auf, zieht sich durchs Zimmer oder arbeitet auch bis ein halb elf, das ist die späteste Stunde, in der man sich zurückzieht.«

Luise gelang es, sich in dieser Wüste der Langeweile eine Oase zu sichern. Sie las und las, dass »ihr Hören und Sehen verging«. Sie wollte mehr wissen als die Einfaltspinseleien, die man sie als junges Mädchen gelehrt hatte. Zum ersten Mal machte sie die Bekanntschaft mit der zeitgenössischen deutschen Literatur, die wir heute »Klassik« nennen. Sie studierte Schillers »Jungfrau von Orleans« und erklärte »Maria Stuart« zu ihrem Lieblingsstück. Herder, Jean Paul, La Fontaine, selbst Goethe wurden ihr vertraut. Marie von Kleist, eine Verwandte des Dichters, half ihr dabei. Sie schmuggelte die Bücher in die Räume der Königin. Friedrich Wilhelm war nämlich wieder einmal dagegen. Er fürchtete, dass ihm seine Frau entgleiten würde, hatte sie erst einmal eine höhere Bildungsstufe erreicht. Außerdem passte ihm die »janze Richtung« so wenig wie später seinem Urenkel Wilhelm II. der Naturalismus. Er wetterte gegen die »unberufenen Personen«, die seiner Frau »unverständliche Schriften deutscher Modeliteratoren in die Hände spielten«, worunter er die Klassiker und die Romantiker begriff.

Als Schiller Berlin besuchte und ihm zu Ehren drei seiner Dramen aufgeführt wurden, lud Luise ihn zum Frühstück nach Sanssouci ein. Auf der Terrasse trug sie ihm ihren innigsten Wunsch vor: Wolle der große Mann nicht Weimar Valet sagen und sich in Berlin niederlassen, in einer Stadt, in der er aller finanziellen Sorgen ledig sein würde, ihr Gemahl sei dafür Bürge. Schiller kam ins Grübeln. Berlin gefiel ihm: Hier herrschte eine große persönliche Freiheit und eine Ungezwungenheit im bürgerlichen Leben. Bedürfe er doch eines neuen, eines größeren Elements, um seine Horizonte zu erweitern. Hier lebten zweihunderttausend Menschen und boten mit ihren Museen, ihren Salons, ihren Theatern eine Fülle kultureller Reize. Vielleicht ließe sich ein Teil des Jahres an der Ilm verbringen, der andere Teil an der Spree. Ein interessanter Gedanke.

Dass Schiller sich letztlich nicht für Berlin entschieden hat, dafür waren verschiedene Gründe maßgebend. Letztlich war es Goethe, der ihn davon überzeugte, dass er in Weimar im eigentlichen Sinne zuhause war. Und Schiller wusste, dass er hier etwas Kostbares besaß: Die Freundschaft mit einem wesensverwandten großen Mann.

Friedrich Wilhelm liebte seine Ruhe und die seines Landes und wäre statt eines Königs lieber Dorfschulze von Paretz geworden, wie der ländliche Ruhesitz an der Havel hieß. Das war nicht friderizianisch gedacht, und doch war Fridericus Rex sein Leitstern. Unvergesslich waren ihm die Worte geblieben, die der Alte im Park von Sanssouci zu ihm gesprochen hatte. »Ich fürchte, lieber Fritz, du wirst einmal einen schweren Stand haben. Habilitiere, rüste dich; sei firm, denke an mich. Wache über unsere Ehre und über unseren Ruhm.«

Friedrich Wilhelm wachte auf seine Weise: Indem er sich aus allem heraushielt. »Man mische sich nicht in fremde Händel, die einen nichts angehen«, schrieb er in seinen Gedanken über die Regierungskunst. »Und lasse sich nicht durch einen vermeintlich zu erlangenden Ruhm verblenden. Um aber nicht wider seinen Willen in fremde Händel gemischt zu werden, so hüte man sich vor Allianzen, die uns früh oder spät in solche verwickeln könnten.«

Die Engländer, der Kaiser in Wien, der Zar klopften in Berlin an, um Preußen für ein Bündnis gegen Frankreich zu gewinnen, und holten sich einen Korb. Als daraufhin die Franzosen Morgenluft witterten, und ihrerseits an Berlin herantraten, wurde ihnen die gleiche abweisende Antwort zuteil. Diese Preußen wollten partout keine Kriege führen, sie wollten tanzen, sich verlustieren, ins Schauspiel gehen, in die Oper, sich verkleiden.

Luise verstieß immer noch gegen das, was die Etikette erlaubte. Man war befremdet, als man erlebte, dass sie bei Maskenbällen sich ihren Partner selbst wählte, und man war entsetzt, als man erfuhr, dass sie nach der Hochzeitsnacht ihrem Mann das Du angeboten hatte. Auch in der Kleidung war sie leicht skandalös, zog sich *à la grecque* an: raffiniert einfach geschnittene Kleider aus Musselin oder Baptist, darunter ein dünnes Hemd, tief der Ausschnitt, und das Ganze so leicht, dass es nicht über sechzehn Lot wiegen durfte (etwa zweihundertsechs Gramm). Directoire hieß diese Art sich zu kleiden, später Empire genannt. Im Grunde ein Aufstand des Natürlichen gegen die Tortur von Reifrock, Korsett, Schnürbrust, Turmfrisur. Eine Mode, die entzückte und schockierte. Sie musste allerdings mit Anmut und Grazie getragen werden, wollte sie wirken.

Beides besaß Luise und die meisten Herren waren entzückt und empfanden das, was Goethe fühlte, als er sie im Feldlager von Marienborn für eine »himmlische Erscheinung« hielt. Dem Schwiegervater, bekanntlich kein Kind von Traurigkeit, wurde sie bald etwas zu himmlisch, und er sah sich genötigt, dem Sohn zu raten, er möge die Gemahlin »nach seiner Hand reiten und bisweilen die Sporen gebrauchen«. Der König jedoch war stolz auf seine schöne Frau und genoss das Aufsehen, das sie überall erregte. Er, sonst sparsam bis zum Geiz (»Uniformrock noch ganz gut. Ihn noch manches Jahr tragen…«), sah großzügig darüber hinweg, dass sie die ihr zustehenden Taler bereits zur Mitte des Monats überschritt, und selbst bei den Schneiderrechnungen in Höhe von 64 000 Talern brachte er nur ein knappes »fatal« heraus, das zu seinen Lieblingswörtern zählte. Nicht umsonst gilt er als der Erfinder des »Leutnantdeutsch«, an dem sich die satirischen Blätter bis in das 20. Jahrhundert hinein delektierten.

Als Schadow ihm seine jüngste Schöpfung präsentierte, das marmorne Doppelstandbild der Schwestern Luise und Friederike, deren Faltenwurf mehr enthüllte als verhüllte, sagte er: »Mir fatal.« Bei den Sitzungen im Kronprinzenpalais Unter den Linden, das das junge Paar den prunkvollen Gemächern des Schlosses vorgezogen hatte, war er stets zugegen und sah missbilligend, wie der Künstler es wagte, die Maße der schönen Schwestern »nach der Natur« zu nehmen. Er rächte sich, indem er das lebensgroße Standbild in ein unzugängliches Zimmer des Stadtschlosses verbannte. Heute steht Schadows

Meisterwerk aus weißem Marmor auf der Museumsinsel in der Nationalgalerie.

Seine Infinitive entsprangen der Sprachscheu eines komplexbeladenen Menschen. Diese Scheu machte ihm Luise geradezu unentbehrlich. Auf ihre Schultern lud er alle Pflichten königlicher Repräsentation. Der schlanke hochgewachsene Mann, der sich neben seiner schönen Frau durchaus sehen lassen konnte, verabscheute jede Art höfischen Zeremoniells.

»Sie musste ihm alles abnehmen«, berichtet der preußische Edelmann F. A. L. von der Marwitz in seinen *Nachrichten aus meinem Leben*. »Sie hielt die Kur in Berlin mit unbeschreiblicher Anmut und Würde, sie hielt die Höflichkeitsgespräche mit den Gesandten und vornehmen Personen. Auf allen seinen Revuen musste sie mit hinaus, in Hitze und Kälte, in Sturm und Regen, und wenn sie erschöpft nach Hause kam, musste sie sich sogleich in den größten Staat werfen und die Behörden, die Generäle und die Menge der Fremden, die nirgends fehlten, empfangen und unterhalten …«

Strapaziöser noch waren die Huldigungsreisen in die einzelnen Provinzen: Sie gehörten zum Pflichtprogramm eines jeden frisch gekürten Herrschers und dienten dazu, sich, wie der Name sagt, huldigen zu lassen. Zwar waren die Könige keine Reiseherrscher mehr wie die deutschen Kaiser des Mittelalters, die durch körperliche Anwesenheit beweisen mussten, dass es sie gab, doch etwas von der Aura, die ein Monarch ausstrahlte, sollte dem Volk schon vermittelt werden. Beinahe mittelalterlich allerdings waren die Straßen noch, besonders im Osten des Landes, in Polen und Ostpreußen. Ungepflastert, von Schlaglöchern zerwühlt, machten sie das Reisen nicht selten zur Qual.

»Den ersten Tag schaffe ich nur sechs Meilen«, schreibt Luise an ihren Bruder, »um mich allmählich ans Fahren zu gewöhnen und das stärkste ist zwölf Meilen des Tages. Ich habe meinen eigenen Kutscher und Vorreiter und die kleine Frau Schultzen, die mich warten und pflegen soll, wenn ich des Tages Last und Hitze getragen werden habe. ... Allerdings bin ich auch gestürzt, und das tüchtig, denn das Wagenverdeck lag viel tiefer als die Räder. Die Sache ging so langsam vor sich, dass ich Zeit hatte zu denken: wir werden fallen, wir fallen, wir sind gefallen. Die Sorgfalt, mit der man mich aus der Karosse zog, bewirkte, dass ich bei meinem Zustand (sie ist im siebten Monat schwanger) keine verderblichen Folgen verspürt habe.«

Sie erträgt alles mit Gelassenheit und Humor. Auch die Empfangskomitees vor den Toren, die Begrüßungschöre weißgekleideter Jungfrauen, die Blumenkinder, das Vivat-Geschrei, die Polonaisen, Konzerte, Empfänge und die endlosen Reden. Es war nicht so, dass es ihr *nur* lästig war. Sie konnte den Jubel auch genießen, weil sie spürte, dass die Herzlichkeit, die ihr überall entgegengebracht wurde, aufrichtig war. Am Ende manchen Tages, wenn man sie aus der Kutsche heben musste, mag sie sich gefragt haben, warum sie sich dem aussetzte, anstatt in ihren Gemächern im Charlottenburger Schloss, wo sie am liebsten weilte, die Rückkehr des Königs abzuwarten. Sie hat das einmal selbst beantwortet in einem ihrer Briefe. »Nun warum reise ich? Dieses lässt sich leicht erraten, weil mein Mann es wünscht; dieser Wunsch macht mich sehr glücklich, ein neuer Beweis seiner Liebe kann mir nicht gleichgültig sein. Alsdann weiß ich mit Zuverlässigkeit, dass ich ihm von Nutzen bin. Er liebt nicht Cour, Gêne, Etiquette, und wie die Dinger alle heißen. Ich werde also diese Last ehrlich mit ihm teilen.«

Es kam der Tag, da Luise sich in einen anderen Mann verliebte. Schauplatz war die Stadt Memel, an der nordöstlichen Ecke Preußens, wo man politischer Geschäfte halber, eine Woche verbrachte, Geschäfte, die Friedrich Wilhelm nichts brachten. Luise dagegen einen *coup de foudre*. Die Liebe auf den ersten Blick galt Alexander I., dem Zaren aller Reußen, einem Mannsbild, strahlend schön, kultiviert, geistreich. Er sei wunderbar gebaut, sehe aus wie ein junger Herkules, habe die loyalsten, edelsten und gerechtesten Grundsätze. Luises Verliebtheit steigerte sich zu Liebe, und es beruhigte einigermaßen zu erfahren, dass die Tugendsame, ihrem Ehemann so Ergebene von weiblichen Schwächen nicht frei war.

Die Frage »haben sie nun oder haben sie nicht«, schon bei Goethe und Frau von Stein unbefriedigend beantwortet, wurde heftig bei Hofe durchgehechelt. Ein Luise-Biograf unserer Zeit kommt mit an Sicherheit grenzender Wahrscheinlichkeit zu dem Ergebnis: Sie haben nicht! Wie hätten sie im Gedränge des kleinen Memel Zeitpunkt und Ort für ungestörte Zweisamkeit finden können? Eine Begründung, die nicht jeden überzeugen wird, denn die Liebe ist nicht nur eine Himmelsmacht, sondern auch erfinderisch.

Die Politik der Neutralität um jeden Preis schien sich noch einmal auszuzahlen, als Preußen alte Wechsel präsentieren durfte, die Frankreich seinerzeit im Baseler Frieden ausgestellt hatte. Sie besagten, dass rechtsrheinisch wieder gutzumachen sei, wenn linksrheinisch etwas verloren ging. Ohne einen Schwertstreich getan zu haben, sah sich Preußen plötzlich im Besitz von 190 Quadratmeilen Land mit 4300 Einwohnern und 2,5 Millionen Talern Jahresertrag. In den stillen Jahren, wie man die Zeit zwischen 1792 und 1802 nannte, erlebte das preußische Berlin eine kulturelle Blüte ohnegleichen. Namen wie Kleist, Novalis, Eichendorff, Tieck, Brentano, E. T. A. Hoffmann sind mit der deutschen Romantik eng verwoben. Das Theater des Herrn Iffland war in ganz Europa bekannt. In den Salons der Rahel Varnhagen und Henriette Herz traf sich die geistige Elite. Die Brillanz der Konversation war nicht frei von Klatsch.

Luise hatte daran keinen Anteil. Sie durchlebte mit ihrem Mann eine biedermeierliche Idylle. Sie gingen Arm in Arm im Tiergarten spazieren, zogen sich auf die Pfaueninsel zurück oder gingen nach Paretz, ihr Arkadien an der Havel. Luise befand sich regelmäßig, und das war das Schicksal der meisten Frauen, in anderen Umständen. Verhütung war nur durch Enthaltsamkeit möglich, und dazu waren die Männer nicht bereit. So war dieser Brief Luises nicht der einzige Brief dieser Art: »…würdest Du gewiß daran zweifeln, ob ich es bin, die die Ehre hat, Deine Frau zu sein. Ich bin ein kleines dickes Ungetüm, nichts als Bauch, von welcher Seite Du mich auch betrachten magst.« 1795 wurde der Thronerbe geboren, der spätere Friedrich Wilhelm IV., zwei Jahre später wieder ein Sohn, der als Wilhelm I. einmal Kaiser sein wird; dann liegt Charlotte in der Wiege, später als Alexandra Feodorowna Zarin in Russland. Weitere sechs Kinder folgen, von denen zwei bald sterben werden. Zehnmal insgesamt liegt Luise im Wochenbett.

Am 17. Oktober 1806 haben sich Tausende von Menschen vor dem Kronprinzenpalais Unter den Linden versammelt. Sie rufen nach der Königin, sie möge sich auf dem Balkon zeigen und einige Worte zu ihnen sprechen. Sie sind nicht gekommen, um Luise zu feiern, wie so oft, sie wollen wissen, wie es nun weitergeht nach den verlorenen Schlachten. Bei Jena und Auerstedt, so viel weiß man, hat Napoleon die preußischen Truppen geschlagen. Aber was ist mit dem König?

»Wo ist der König?«, fragt auch Luise. Sie ist völlig aufgelöst. Packt Koffer, packt sie wieder aus. Sie war mit ihrer Karosse in die flüchtenden Kolonnen geraten, mehrfach in Lebensgefahr hatte sie über Weimar und Magdeburg die Stadtgrenzen von Berlin erreicht. Der Rittmeister von Dorville, an den die Frage gerichtet ist und der soeben als Kurier von der Front eingetroffen ist, zuckt mit den Achseln.

»Ja, ist der König denn nicht bei der Armee?«

»Die Armee, Majestät, existiert nicht mehr.«

Luise wirft sich weinend auf das Bett. Gegen Morgen gelingt es Doktor Hufeland, einen Reisewagen zu rüsten, mit dem sie in den frühen Morgenstunden des nächsten Tages, die Stadt in Richtung Stettin verlassen.

Was war geschehen? Der Himmel über Preußen war eingestürzt: Die mit allen Mitteln verteidigte Neutralität hatte sich, von manchem vorhergesagt, als Nullität herausgestellt. Das ständige Lavieren und Taktieren, gegen Frankreich, mit Russland, gegen England, mit Österreich und umgekehrt musste dazu führen, dass man zwischen allen Stühlen saß und sich plötzlich in einem Krieg befand – in einem Krieg gegen Napoleon. Eine schlecht ausgerüstete Armee, ungenügend verproviantiert, geführt von einem Dilettanten, dem Herzog von Braunschweig, kommandiert von Offizieren, deren Arroganz nur von ihrer Unfähigkeit übertroffen wurde, mit nach dem Exerzierreglement in Kolonnen angreifenden Soldaten, ging dem Ungeheuer, wie Luise den Korsen nannte, bei Jena und Auerstedt in die Falle und wurde aufgerieben; wie man den Tod Tausender und Zehntausender zu nennen pflegte. Gleich zu Beginn war Prinz Louis Ferdinand im Reiterkampf gefallen, ein Mann, den Fontane in einem Gedicht als einen Kriegsgott, den Abgott schöner Frauen gefeiert hatte. Sein Tod wurde von Friedrich Wilhelm mit den Worten kommentiert: »Hat wie ein toller Mensch gelebt, ist wie ein toller Mensch gestorben. Scharte nur klein.« Für Luise war die Scharte etwas größer. Noch nach vielen Jahren sei sie rot geworden, wenn sein Name fiel.

Preußens Weg in seine tiefe Erniedrigung setzte sich fort, als nach der Katastrophe des Rückzugs die Schande der Kapitulationen folgte: Die Festungen, die noch genügend Kampfwert besessen hätten, um den Vormarsch der Franzosen aufzuhalten, hissten eine nach der anderen die weiße Flagge. Darunter Erfurt, Spandau, Küstrin, Stettin. Napoleon, der alten Weisheit eingedenk, wonach der Verrat gefällt, der Verräter aber missfällt, zeigte sich angeekelt von so viel Perfidie. Er mag spöttisch gelächelt haben, als er von dem Schwur erfuhr, den Luise, ihr Mann und der Zar am Sarkophag Friedrich des Großen in der Potsdamer Garnisonkirche mit verschränkten Händen geleistet hatten, während das Glockenspiel die Melodie »Üb immer Treu und Redlichkeit« erklingen ließ.

Luise, verwirrt, ratlos, ohne jede Contenance, fühlte sich der Situation nicht gewachsen.

Ihre Tante aus Weimar schien da aus anderem Holz geschnitzt. Die Herzogin war nach der Besetzung durch die Franzosen allein im Schloss zurückgeblieben und trat Napoleon, der in der Stadt Quartier bezogen hatte, couragiert entgegen, um Schlimmeres zu verhindern. Der Korse war von so viel Mut beeindruckt und garantierte dem Land Sachsen-Weimar – ausdrücklich »mit Rücksicht auf die tapfere Herzogin« – die weitere staatliche Existenz.

Wäre Luise bei etwas mehr Zivilcourage ebenso erfolgreich für ihr Land gewesen? Die Frage lag so nahe, dass der bayrische Gesandte von Bray sie in Dresden dem Korsen tatsächlich stellte. »Ich fragte den Kaiser, ob die Königin nicht mehr ausgerichtet hätte, wenn sie unmittelbar nach der Schlacht von Jena bei Euer Majestät erschienen wäre?« »Ja«, erwiderte er, »in diesem Falle hätte ich alles bis zur Elbe wiedergegeben.«

Luise hatte über Küstrin und Stettin Königsberg erreicht. Bald schien auch die alte Krönungsstadt nicht mehr sicher vor den anrückenden Franzosen. Als letzter Zufluchtsort blieb nur noch Memel, im nordöstlichen Zipfel Preußens. Der Weg dorthin führte über die Kurische Nehrung, jene Landzunge, die an einigen Stellen so schmal ist, dass sich die Wasser der Ostsee und des Haffs mischen. Die Nächte verbrachte man in elenden Strandbuden, der Schnee wehte durch die zerbrochenen Fenster, Luise hustete qualvoll, und der getreue Doktor Hufeland vermochte ihr nur wenig zu helfen.

»Wer nie sein Brot mit Tränen aß, wer nie die kummervollen Nächte auf seinem Bette weinend saß, der kennt euch nicht, ihr himmlischen Mächte.« So die Goethe-Verse, an denen sie sich aufrichtete, die sie in ihr Tagebuch schrieb, jedoch nicht in die Wand einer Fischerkate auf der Nehrung ritzte, wie die Luisen-Legende es will.

Nun kann man meinen, dass es nicht schaden könnte, wenn die, die im Lichte stehen, ihr Brot einmal mit Tränen essen, weil sie dann spüren, wie schwer es jenen im Dunkeln fällt, es täglich zu verdienen. Ein Standpunkt, der uns Heutigen selbstverständlich ist, auf eine über anderthalb Jahrhunderte zurückliegende Epoche aber nicht anwendbar erscheint. Geschichte sollte auch aus ihrer Zeit heraus beurteilt werden, aus einer Gegenwart, wie der weise Ranke es formulierte, die ihre Zukunft nicht kannte.

Kennten wir von Luise nichts anderes als jenen Brief aus Königsberg an den Vater, sie hätte es verdient, in unserem Gedächtnis bewahrt zu bleiben.

»Bester Vater! Die göttliche Vorsehung leitet unverkennbar neue Weltzustände ein, und es soll eine andere Ordnung der Dinge werden, da die alte sich überlebt hat und in sich selbst als abgestorben zusammenstürzt. Wir sind eingeschlafen auf den Lorbeeren Friedrichs des Großen, welcher, der Herr seines Jahrhunderts, eine neue Zeit schuf. Wir sind mit derselben nicht fortgeschritten, deshalb überflügelt sie uns … Von Napoleon können wir vieles lernen, und es wird nicht verloren sein, was er getan und ausgerichtet hat. Es wäre Lästerung zu sagen, Gott sei mit ihm; aber offenbar ist er ein Werkzeug in des Allmächtigen Hand, um das Alte, welches kein Recht mehr hat ... zu begraben.«

Es folgt jene Szene, um die kein Luise-Biograf herumkommt, die oft auf die Bühne gebracht und noch öfter beschrieben worden ist, von der ein Dutzend Gedichte und Gemälde existieren, die immer wieder verfilmt wird: Die Begegnung der Königin Luise mit dem Kaiser Napoleon in Tilsit.

Man wird zugeben müssen, dass diese Szene es verdient hat. Der Versuch, das bronzene Herz des Usurpators durch den Seelenerguss einer bürgerlichen Monarchin aufzuweichen, hat etwas hochstaplerisch Kühnes und gespenstisch Naives zugleich. Es ist ein Gedanke, der so bieder deutsch ist, wie er delikat französisch sein könnte. Er zeigt, wie sehr man am Ende war mit den branchenüblichen Mitteln höherer Diplomatie. Eine deutsche Biedermeieridylle gegen den apokalyptischen Reiter Galliens – selten war die Geschichte so (kitsch-)romanhaft.

Luise stand auf dem Flur des ersten Stockwerks im Quartier Friedrich Wilhelms. Von der Straße her dröhnte der Hufschlag galoppierender Pferde. Es konnte nur Napoleon sein; er ritt mit Vorliebe Galopp, um seinem Namen als der »jagende Bote des Schicksals« gerecht zu werden; dabei war er ein mäßiger Reiter. Man hörte, wie er den Kammerherrn von Buch begrüßte. Dann eilte er in großen Sätzen die steile Treppe hinauf und stand im nächsten Augenblick Luise gegenüber.

Beide sind so überrascht, dass einige Sekunden vergehen, bis das erste Wort fällt.

Napoleon hat viel von der Venus am preußischen Hof gehört, so bezaubernd hat er sie sich nicht vorgestellt. Tatsächlich versichern Augenzeugen, dass ihre Schönheit niemals heller strahlte als in den dunklen Tagen von Tilsit: die glänzend großen Augen in Schwermut leicht verschleiert, die sonst schon zur Vollschlankheit neigende Figur durch die Strapazen der letzten Monate zu zartem Ebenmaß verfeinert, gehüllt in ein weißes, silberdurchwirktes Kreppkleid, auf dem biegsamen Hals das stolz erhobene Haupt unter dem Perlendiadem, so steht sie da, fragil, anmutig, ein Denkmal von Trauer und Schönheit.

Die Königin hatte von dem Korsen nie anders gesprochen als von dem »Ungeheuer, dem Quell des Bösen, der Geißel der Erde«. Friedrich Wilhelm hatte ihr von der Gemeinheit seiner Visage geschrieben. Mit eigenen Augen erkennt sie, dass nichts davon wahr ist: Ein Cäsar tritt ihr entgegen, aus den Augen spricht der Denker und Herrscher, der lächelnde Mund zeigt den Charmeur. Erleichtert wie ein Kind stellt sie fest, dass der Schwarze Mann gar nicht so schwarz ist. Sie geht unbefangen auf ihn zu, entschuldigt sich in einem Atemzug wegen der steilen Treppe und des rauen Klimas des nordöstlichen Preußens und lässt sich von dem Kaiser in den Salon führen. Sie sind allein, als Luise ohne Umschweife die Unterredung eröffnet.

Sie spreche als Gattin und Mutter zu ihm und nicht als Politikerin, von der Materie verstehe sie nicht allzu viel, womit sie gleichzeitig allen Gerüchten entgegentreten möchte, die ihr politische Quertreibereien nachsagten. Napoleon heuchelt galant, er habe diesen Gerüchten nie einen Wert beigemessen. Wovon sie aber etwas verstehe, fährt Luise fort, das sei die historische Tatsache, dass es keinem Sieger bekommen sei, wenn er seine Siege missbraucht habe. Rachegefühle ständen dem guten Staatsmann schlecht zu Gesicht. Napoleon erwidert, dass es nicht seine Schuld sei, wenn die Würfel so lägen wie jetzt, er habe Preußen einst umworben wie eine spröde Geliebte und nichts weiter erzielt als einen Korb; im Übrigen beabsichtige niemand die Vernichtung Preußens. Es komme aber einer Vernichtung gleich, antwortet die Königin, trenne man Provinzen von ihrem Lande, die seit Jahrhunderten dazugehörten, entreiße man ihnen Untertanen, die unter anderen Sternen unglücklich werden müssten. Sie wird konkreter und bittet um die Gebiete links der Elbe, besonders um Magdeburg.

Napoleon hat sich erhoben; in langen Schritten durchmisst er den Raum. Zum ersten Mal scheint ein Gespräch seiner Führung zu entgleiten (was er später freimütig zugab), er bringt einige verwaschene Einwände vor von »allgemeinen politischen Kombinationen« und »weltweiten Aspekten«, dann bleibt er plötzlich vor der Königin stehen und sagt:

»Sie tragen da ein schönes Kleid. Wo lassen Sie arbeiten? In Breslau? Ich wusste nicht, dass man Krepp in Ihren Fabriken macht.«

»Sollen wir von Putz reden in diesem Augenblick?!« Luise sieht ihn fest an und lenkt das Gespräch zurück.

Sie versucht ihm zu schmeicheln, ihn an seiner Ehre zu packen, fragt, ob er das Werk Friedrichs des Großen zerstören wolle, dem er bekanntlich doch so viel Verehrung entgegenbringe. Sollte das Genie denn das Genie nicht achten? Napoleon flüchtet sich in Komplimente, diese Frau wird ihm lästig, er kann ihr nur schwer widerstehen – da öffnet sich die Tür, und Friedrich Wilhelm III. kommt hereinstolziert. Instinktsicher hat er wieder einmal den falschen Moment gewählt. Der Kaiser erhebt sich aufatmend, dankt im Stillen diesem unglückseligen Herrscher, den er weder fürchten noch achten kann. Einige kühle Dankesworte, gemessene Verbeugungen, eine Einladung zu Tisch für den Abend desselben Tages – er wendet sich lachend Murat zu, der in seiner Paradiesvogeluniform draußen auf ihn gewartet hat.

Das Ergebnis der Unterredung war in politischer Hinsicht gleich Null. Menschlich erzielte Luise einen großen Erfolg. Napoleon sagte am anderen Tage zu Talleyrand: »Man ist versucht, dieser Königin noch eine Krone auf das Haupt zu setzen, statt ihr eine zu nehmen.« Und zu Goltz, dem Nachfolger Hardenbergs, meinte er: »Sie ist nie meine Freundin gewesen, ich weiß es wohl, aber ich vergebe es ihr leicht: Sie hat Charakter im Unglück bewiesen, sie hat mit mir gesprochen, ohne irgendeinen Schritt zu tun, der ihre Würde beeinträchtigt hätte.«

Charakter im Unglück, daran fehlte es in der Götterdämmerung Preußens. Luise hatte, ohne es zu wollen, wieder ein Beispiel gegeben, sie war zum Gewissen des Landes geworden, zur Verkörperung jener unwägbaren Kräfte, die da heißen Geist, Gemüt, Idealismus, und die selten hoch in Rechnung gestellt werden, wenn man politische Bilanzen zieht.

Königin Luise von Preußen starb im Alter von vierunddreißig Jahren an einer Lungenentzündung. Die Berliner stellten eine andere Diagnose als der berühmte Arzt Heim. »Gebrochenes Herz« konstatierten sie in der unwissenschaftlichen Manier des Volkes. Ihre letzten Stunden erlebte Luise auf dem Schloss ihrer Väter, Hohenzieritz in Mecklenburg.

Der Bericht, den der König von ihrem Sterben gab, zeigte noch einmal jene Charaktereigenschaften, die sie in Berlin erworben hatte und durch die sie zur Berlinerin geworden war: Furchtlosigkeit, Humor und Unsentimentalität.

»Ich sank an ihrem Bett auf die Knie, ihre Hand küssend, und sprach zu ihr ohngefähr in folgenden Worten: ›Es ist nicht möglich, dass es Gottes Wille sein kann, uns zu trennen. Ich bin ja nur durch dich glücklich, und nur durch dich hat das Leben allein noch Reiz für mich, du bist ja mein einziger Freund, zu dem ich Zutrauen habe‹ – ›und Hardenberg‹, fiel sie ein, ›sollte Gott aber anders gebieten, so nimm mich mit.‹ Als ich sie frug, ob sie etwa etwas auf dem Herzen oder sonst einen Wunsch hätte, sagte sie zuerst: ›Nein!‹, nach wiederholter Frage aber: ›Dein Glück und die Erziehung der Kinder.‹

Dieses Gespräch, wobei mir allerdings öfter die gehörige Fassung mangelte, hatte sie, obgleich es mit aller Sorgfalt behandelt wurde, dennoch sehr gerührt und angegriffen, und bald nachher sagte sie: ›Mache mir nicht noch so eine Szene und bedauere mich nicht, sonst sterbe ich.‹«

Hedwig Courths-Mahler

Märchen für Erwachsene

Sie sah zu ihm auf mit ihrem goldig leuchtenden Blick und schmiegte sich zitternd in seine Arme. »Ich fasse es nicht, dass du bei mir bist wie hergezaubert durch meine Sehnsucht«, sagte sie, von ihrem starken Gefühl durchbebt. Und das Übermaß ihres Empfindens trieb Tränen in ihre Augen.

Er küsste diese Tränen fort. »Britta, meine Britta, bist du mein – ganz mein?«

Selig vertrauend lächelte sie zu ihm auf. »Weißt du es immer noch nicht, Walter, lieber Walter?« So sagte sie leise zu ihm in tiefer Bewegung. Sie sahen einander tief in die Augen, und die Welt versank um sie her. Seine Lippen suchten die ihren, und sie fanden sich im ersten Kuss der Liebe. Lange standen sie so, innig vereint. Und das hohe Lied des Lebens umbrauste sie wie Orgelton und Glockenschlag.

Der Roman stand in der *Gartenlaube*. Mehrere Bände dieses illustrierten Familienblatts lagen auf dem Tisch im Lesesaal der Berliner Staatsbibliothek. Der Student (sprich der Autor einst im Mai), der in ihren Seiten nach Theaterkritiken fahnden sollte, Kritiken, die sich mit Ibsen und Hauptmann befassten, zwei Autoren, die um die Jahrhundertwende das Theater in Deutschland revolutionierten; er aber las *Der Scheingemahl* und *Ich lasse dich nicht* und *O Menschenherz, was ist dein Glück*. Näherte sich ihm jemand, legte er rasch seinen Notizblock auf den Namen der Autorin. Dieser Name war ein Synonym für Kitsch, Banalität, Schund, ein verachteter, verspotteter Name, und deshalb durften seine Kommilitonen nicht wissen, und schon gar nicht sein Doktorvater, was er hier in der Stabi trieb: Statt Material für die Dissertation, las er Courths-Mahler.

Ach ja, die jungen Damen mit ihrem wie Gold schimmerndem blonden Haar, den tiefblauen, Bergseen ähnlichen Augen, dem tannenschlanken Wuchs, der melodischen Stimme, und alle im besten Alter: Keine jünger als sechzehn, keine älter als dreiundzwanzig; manche sind arm, aber immer von edlem Charakter, sie lieben einen Mann, und sie ahnen, dass ihre Liebe nicht erfüllt werden wird, denn er ist von Adel oder reich wie Krösus und sie selbst nur bürgerlich oder bitterarm.

Da ist Maria, Witwe eines von Wilderern im tiefen Forst totgeschossenen Ehemannes, für den gräflichen Schwiegervater eine gute Gelegenheit, die ungeliebte Maria samt ihrem süßen Töchterchen Liselotte zu verstoßen. Da sitzt sie nun, bei einer gutmütigen Wirtin in einer blitzsauberen kleinen Pension, unterhalb des Schlosses Bodenhausen und malt zarte, duftige Blumenstücke, deren Verkauf ihr ein paar Mark einbringen. Doch das Schicksal gönnt ihr selbst dieses bisschen Glück nicht: Die durchgehenden Rösser des Barons treffen sie tödlich, doch am Sterbebett verspricht ihr der Baron, sich Liselottchens anzunehmen. »Bettelprinzess« wird sie dort genannt: Die Baronin verachtet sie, die Baronesse Lori quält sie, umso mehr, da Liselotte sich zu einer ausgesprochenen Schönheit entwickelt. Nur der Sohn des Hauses, Junker Hans genannt, ist nett zu ihr, ja, er verliebt sich, darf aber nicht, soll eine reiche Erbin heimführen, hat doch die Verschwendungssucht der Baronin die Familie ruiniert. Da wird, an ihrem achtzehnten Geburtstag ist es, jenes versiegelte Couvert geöffnet, das die Mutter beim Pastor hinterlegt hatte: Es enthält einen Adelsbrief der Bettelprinzess. Sie heißt jetzt nicht mehr Lilo Hochberg, sondern Komtess von Hochberg-Lindeck und reich ist sie auch noch. Hochherzig verzeiht sie der bösen Lori all das Ungemach und schreitet mit dem Junker Hans zum Altar. Und wenn sie nicht gestorben sind … Die aus dem Märchen bekannte Schlussformel passt auf alle Courths-Mahler-Romane. Die Autorin selbst hat bekannt: »Ich schreibe Märchen für Erwachsene.« *Die Bettelprinzessin* ist eines dieser Märchen.

Ihre männlichen Helden sind um die dreißig Jahre alt, haben scharf geschnittene Gesichtszüge, gebräunte Wangen, sind hoch gewachsen bei straffer Haltung. Wenn sie nicht von Adel sind, haben sie eine Fabrik, oder bestreiten dortselbst eine führende Position. Auf jeden Fall sollten sie Geld haben. Es genügt schließlich, wenn die Auserwählte keins hat. Ihre Liebe aber steht unter keinem guten Stern. Das Unglücklich-ineinander-verliebt-sein gehört zu den Spielregeln; wie anders ließ sich Dramatik entfachen.

Fritz Rottmann, Inhaber eines altehrwürdigen Hamburger Handelshauses, hat seine Frau verloren. Was ihn weniger schmerzt als die Tatsache, dass sie ihm nur eine Tochter hinterlassen hat. Der heiß ersehnte Sohn war ihm versagt geblieben. Rottmann schmiedet einen Plan. Er holt seine Tochter aus der Schweiz zurück, wo sie in einem vornehmen Pensionat eine sorgfältige Erziehung genossen hat. Dann lädt er Heinz Salfner zu Tisch, seine rechte Hand, einen Kerl wie Samt und Seide, und, das Wichtigste überhaupt, er ist noch ungebunden.

In einem längeren Gespräch macht er Salfner einen Vorschlag. »Seit ich Sie an meiner Seite arbeiten sah, hab ich immer denken müssen: So wie dieser prächtige junge Mensch hätte dein Sohn beschaffen sein müssen, hättest du einen gehabt. … Ich habe darüber nachgedacht, Tag und Nacht, wie ich Sie unlösbar an mich binden könnte. Und da ist mir endlich eine Erleuchtung gekommen. Salfner, Sie könnten mein Sohn werden, und zwar über meine Tochter hinweg.«

Das war ein verlockendes Angebot für den jungen Mann, so verlockend, dass es ihm den Atem nahm. Immerhin wendet er ein: »Aber Ihr Fräulein Tochter hat in dieser Frage das erste Wort zu sprechen, hat einzig und allein über sich selbst zu bestimmen.« Rottmann hob die Hand. »Meine Tochter ist im strengen Gehorsam gegen mich erzogen. … Aber aus Rücksicht auf das Feingefühl der Frauen will ich vorläufig gar nicht in Aktion treten. Ihnen wird es sicherlich nicht schwer fallen, ein so junges unberührtes Mädchenherz zu erobern.«

Und Heinz eroberte. *Sie* verfiel ihm in leidenschaftlicher Liebe, *er* war ihr nur gut. Und nie durfte sie erfahren, was für einen Handel er mit seinem Schwiegervater abgeschlossen hatte. Doch am Abend der Hochzeit, die natürlich in einem der besten Hotels Hamburgs stattfindet, wird Carla im Lesezimmer Zeugin eines Gesprächs. Rottmann: »Ich merkte wohl, dass es dich große Überwindung gekostet hat, auf meinen Wunsch einzugehen.« Salfner: »Es hat mich gar nicht so viel Überwindung gekostet … Ich hätte dir auch ein größeres Opfer gebracht …«

Originaltext Courths-Mahler: »Es schien ihr, als sei ein unerhörter Betrug an ihr verübt worden, als habe man ein frevles Spiel mit ihren heiligsten Gefühlen getrieben. Der Vater hatte sie preisgegeben, verkauft. Eine tiefe qualvolle Verbitterung erfüllt ihre Seele, dass der Vater alles mädchenhafte in ihr bis in den Staub demütigte, indem er sie einem Mann antrug.«

Es war eine andere Carla, die das Lesezimmer verließ. Alle demütige Schüchternheit war von ihr gewichen. Sie reckte sich hoch und schien gewachsen zu sein. Der Leser erkennt: Diese Carla hat Format. *In der Hochzeitsnacht verweigerte sie sich.* Doch diesen Satz hätte Hedwig niemals schreiben dürfen; er kam in die gefährliche Nähe des Sexuellen. Sexualleben aber findet nicht statt, nur Küsse sind erlaubt, ja heiße Küsse, auch allenfalls leidenschaftliche Umarmungen.

Die jungen Mädchen, deren Tugenden Schlichtheit, Natürlichkeit, Sauberkeit sind, die gern duftige weiße Kleider tragen, was ihnen einen Hauch von Frühlingsfrische verleiht, haben nur eins im Sinn: die Ehe. Die Ehe mit einem Mann, der in seinem Wesen möglichst ihrem Vater ähnelt – so ritterlich, so beschützend, so klug und überlegen. Sie wissen nichts von ihrem Körper, von seinen Funktionen und nichts von dem, was in der Hochzeitsnacht geschieht.

Courths-Mahlers Heldinnen wurden seit jeher von Kritikern verrissen, von Kabarettisten lächerlich gemacht, von Literaten verdammt. Was schon deshalb ungerecht ist, weil sie dem Bild der Frau am Ende des 19. Jahrhunderts in etwa entsprachen. Auch deren Welt war das Heim, ihr Ziel der Mann, ihre Erfüllung die Familie. Sie konnten nicht wählen und nicht studieren. Als die Tore der Universität sich endlich öffneten, durften einige wenige von ihnen Vorlesungen besuchen. Ihre bloße Anwesenheit im Hörsaal genügte, um, nach Meinung der Professoren, die Sitte und die Moral zu gefährden. Die Frau sei ohnehin ihrer physiologischen Beschaffenheit nach der inferiore Teil des Menschengeschlechts – was sich besonders am geringeren Gehirngewicht zeige.

Der Münchner Professor für Anatomie Theodor Bischoff entwirft ein Horrorgemälde, wenn er schreibt: »Nun denke man sich eine Vorlesung in Gegenwart von Dutzenden junger Mädchen und Frauen, in welchen von Geschlechtsorganen gesprochen werden muss, dieselben in nature gezeigt, ihr Gebrauch erörtert wird!! Oder eine Vorlesung über Zeugung und Entwicklung, in der die Zeugungsmaterialien, die Funktionen der Geschlechtsorgane, Begattung, Befruchtung ausführlich behandelt werden!«

Im Reichstag erregte die Erwähnung einer weiblichen Medizinalperson, laut Parlamentsstenogramm, »ungeheure Heiterkeit«. Der *Kladderadatsch* witzelte zum Vergnügen seiner

Leser über Rechtsanwältinnen, Richterinnen, Wissenschaftlerinnen. Die bürgerliche Gesellschaft glaubte, dass Bildung das Weibliche im Weibe verderbe und die Heiratschancen mindere. Denn: Welcher Mann wünsche sich schon eine Frau, die genauso viel wusste wie er – oder sogar mehr? »Warten auf den Mann« lautete im Allgemeinen der Titel des allgegenwärtigen Dramas. Warten auf den Richtigen natürlich, auf den begüterten, gutsituierten, aus guter Familie stammenden Ehekandidaten.

Die höhere Tochter hatte als Jungfrau in die Ehe zu gehen. In einem Benimmbuch für die gehobenen Stände, erschienen 1895, lesen wir: »Der Brautstand gestattet den Brautleuten einen herzlichen Verkehr. Die Augenblicke des Alleinseins werden jedoch gezählt sein, denn die gute Sitte gebietet, dass möglichst eine Anstandsperson gegenwärtig sein soll. Doch wird eine verständige Verwandte das Wächteramt nicht gar zu streng üben, sondern maßvolle Zärtlichkeiten erlauben.«

Derselbe Autor, der sich hier beinahe großzügig gibt, verurteilt das gemeinsame Baden der Geschlechter, obwohl die badende Venus ohnehin von Kopf bis Fuß verhüllt war. Noch degoutanter fand er es, dass Damen bei einem Schwimmlehrer Unterricht nahmen, der häufig in der Hand ehemaliger Unteroffiziere lag. »Ich kann es nicht verstehen«, so der Verfasser streng, »wie die Damen es fertig bringen, vor Herren sich im Badecostüm sehen zu lassen. Dass aber ein Unteroffizier ein Mann ist, kann kaum bestritten werden.«

Die Prüderie ging mit der Heuchelei Hand in Hand und so weit, dass Wörter wie Hose, Lende, Bein in Gegenwart von Damen als unaussprechbar galten. Verklemmung und Verdrängung, oder wie man heute sagen würde, Frustration waren die Folge. Unerschöpfliches Reservoir für einen Mann wie Sigmund Freud und seine Lehre von den ins Unbewusste verdrängten Ängsten. Die Jungfräulichkeit, die von den jungen

Mädchen verlangt wurde, war bei den jungen Männer noch nicht einmal erwünscht. Sie sollten sich, bevor sie heirateten, die Hörner abstoßen, wie man das nannte. Voreheliche Erfahrungen wurden ihnen zugestanden. Wie im wirklichen Leben, so auch bei Courths-Mahler.

»Die Verkümmerung wesentlicher Anlagen und Fähigkeiten spiegeln auch ihre Frauengestalten wieder. Während aber in der Wirklichkeit Möglichkeiten zur Überwindung dieser Deprivation erkämpft wurden«, schreibt Ingrid Müller in ihrer Untersuchung der trivialen Literatur, »erscheinen die schönen und guten Romanheldinnen als mit ihrem Los völlig zufrieden. Durch ihre totale Anpassung an den Mann entsprechen sie den Normen, ihr Verhalten wird vom Schicksal belohnt. Glück ist nur zum Preis der Selbstaufgabe erhältlich.«

Für Hedwig Courths-Mahler selbst war das Glück niemals ein Thema in ihrer Jugend, eher das Unglück. In Nebra wird sie geboren, einem trostlosen Nest im nordöstlichen Thüringen. Ihre Mutter ist die Seilerstochter Henriette Mahler. Unter der Rubrik »Vater« steht »Unbekannt«. Henriette verrät später, wer es war: der Friseurssohn Ernst Schmidt, der 1866 in den Krieg gegen die Österreicher gezogen war und nach der Rückkehr, kaum dass er das Aufgebot bestellt hatte, an der Cholera starb. Es gibt aber eine wesentlich dramatischere Version, die bereits an einen ihrer Romane erinnert. Hiernach habe die Mutter sich als Marketenderin verdingt, war der Truppe gefolgt und habe ihren Mann, der schwer verwundet auf dem Schlachtfeld von Königgrätz dahindämmerte, auf ihrem Rücken ins Lazarett geschleppt. Mutter Henriette heiratet ein zweites Mal, diesmal den Ökonomen Brand, mit dem es nur zwei Jahre gut geht. Als Erstes setzt er das Töchterchen Ernestine Friederike Elisabeth vor die Tür (»Der Bankert muss raus …«), die spätere Hedwig, denn auf diesen Namen hatte sie bestanden, nachdem sie bei einem Wanderzirkus der Kunstreiterin Hedwig begegnet war.

Zwei, allenfalls drei Jahre, geht sie in die Volksschule, lernt immerhin Lesen und Schreiben, dann gibt die Mutter sie zu einem Schusterehepaar in Pflege und zahlt dafür Kostgeld. Hedwig trägt die frisch besohlten Schuhe in einer großen Kiepe über Stock und Stein zu den Bauern. Abends kriecht sie auf ihre auf den Dielen liegende Matratze, ist aber sogleich hellwach, wenn sie das »Da gab es einmal« hört, mit dem der Schuster Birkner seine Erzählungen beginnt. Es sind spannende, gruselige Geschichten von Piraten, Räuberbräuten, Schatzsuchern, und die unter der Karbidlampe versammelten Kinder lauschen mit angehaltenem Atem.

Am Tage ist der Friedhof ihr Lieblingsspielplatz. »Vor dem Relief eines in Sandstein gehauenen Ehepaars aus altem Adelsgeschlecht, das an der Friedhofsmauer sein Erdbegräbnis hatte«, schreibt sie in ihren Erinnerungen, »blühte ein Rosenstrauch. Dieses Sandsteinbild und der Rosenstrauch begeisterten mich eines Tages so sehr, dass ich meinen ersten literarischen Versuch wagte. Wie er ausgefallen ist, weiß ich nicht mehr – ich weiß nur, dass ich darüber meine Schularbeiten versäumte. Manche Strafe, mancher Tadel waren die Folge, und die Brüder waren empört, dass ich nicht mehr mit ihnen herumtollte, sondern in irgendeinem Winkel jedem erreichbaren Stück Papier meine Gedanken anvertraute.«

Bei den Schustersleuten Birkner hat Hedwig zum ersten Mal so etwas wie Geborgenheit gespürt. Dann kam der Brief der Mutter, die inzwischen nach Leipzig gezogen war und dort eine Pension betrieb. Sie brauche die Tochter als Küchenhilfe und Zimmermädchen. Hedwig nahm tränenreichen Abschied von den Birkners, andrerseits freute sie sich auf die große Stadt. Mit der Pension musste irgendetwas nicht stimmen: Die Männer, die hier tagein, nachtaus verkehrten, waren eigenartige Typen; und die Frauen auch. Sie war zwar erst zwölf, aber alt genug, um zu ahnen, dass es hier nicht mit rechten Dingen zuging. In Leipzig blühten Handel und Gewerbe; seine Rauchwaren, sprich die Pelze, waren weit gerühmt, desgleichen die Buchverlage; das Theater galt vielen Schauspielern als ein Sprungbrett für Berlin. Der allgemeine Wohlstand war seit dem gewonnenen Krieg 1870/71 und den fünf Milliarden Goldfranken, die die Franzosen als Kontributionen hatten leisten müssen, sichtlich gewachsen. Auch die andere Seite der Medaille zeigte sich in ihrem trüben Glanz: die Prostitution. Die gute alte Zeit war so gut nicht. Leipzig nahm nach Berlin und Hamburg, was die Zahl der käuflichen Fräulein betraf, den dritten Rang ein. Die jungen Mädchen durften sich keine Erfahrungen holen, waren also für die jungen Männer tabu, womit denen nur der Weg ins Bordell blieb. Davon gab es an der Pleiße sechsundsechzig und ungezählte Absteigequartiere. Eines davon betrieb offensichtlich Mutter Henriette.

Hedwig hatte die Courage, ihr zu kündigen und sich eine eigene Stelle zu suche. Erst als Dienstmädchen, dann als Reinigungsfrau, dann als Laufmädchen. Dass eine reiche alte Dame sie zur Gesellschafterin machte, mit der Verpflichtung, ihr täglich etwas vorzulesen, gehört wohl mehr zur Familienlegende. Die Courths-Mahler-Töchter jedenfalls meinten später, dass ihre Mutter dafür nicht gebildet genug gewesen sei. Schließlich landete sie als Verkäuferin bei Roßmäßler, Am Markt 12, einem bekannten Geschäft für Wäsche, Spitzen, Samt und Seide. Tagsüber stand sie hinter dem Ladentisch und beriet die Damen von Welt und die der Halbwelt gleichermaßen; was sie auch im Hutgeschäft von Ahlemann und bei Mey & Edlich tat.

In der Nacht begann ihr eigentliches Leben. Sie entzündete ein Talglicht und begann zu schreiben. Traurige Geschichten waren es meist, so traurig wie sie selbst. War es ihr gelungen, eine alte *Gartenlaube* zu ergattern, waren zwei weitere schlaflose Stunden die Regel. Die Zeitschrift verstand sich als ein Volksblatt, das alle Fragen beleuchtete, die das Wohl des Bürgerstands betrafen, und allen im Hause, der Frau wie dem Manne, den Söhnen wie den Töchtern, so der Herausgeber, schöne Erzählungen und nützliche Belehrungen brachte, den häuslichen Herd schmückend und das tägliche Leben veredelnd. Die Marlitt war die beliebteste unter den Erzählerinnen und wurde zum Vorbild für das Fräulein Mahler, das jedes Mal todtraurig war, wenn die Zeile *Fortsetzung im nächsten Heft* erschien. Übermüdet traf sie des Morgens im Geschäft ein, nicht selten verspätet, und sie bekam, wie damals in der Schule, Schimpfe. Der Juniorchef versprach, er werde dafür sorgen, dass man sie nicht vor die Tür setze, vorausgesetzt, sie würde seine Geliebte werden. Hedwig verabreichte ihm zwei Ohrfeigen, nun stand *sie* vor der Tür. Wer sich die Lichtbilder des königlich-sächsischen Hoffotografen anschaut, wird den jungen Mann verstehen: Hedwig sah gut aus. Sie war schlank, hatte einen feingeschnittenen Mund, schöne Augen, das braune Haar ringelte sich in tausend Löckchen um die Stirn. Dass ihre Augen leicht melancholisch umschattet waren, erhöhte ihre Anziehungskraft. Kein Wunder, dass die jungen Männer sich immer wieder in sie verliebten, hoffnungslos allerdings. Sie wartete auf den Richtigen, aber der wollte nicht kommen. Sie schrieb sich ihren Kummer von der Seele mit einem Roman, dem sie den Titel *Die Verlassene* gab. Als sie zum Redaktionsgebäude des Leipziger Generalanzeigers ging, um ihr beidseitig beschriebenes Manuskript in den dortigen Kasten zu werfen, war sie hohläugig und verhärmt von den zehn Nächten, die sie für die Arbeit gebraucht hatte.

Wie etliche andere Zeitungen hatte auch der Generalanzeiger einen »Sitzredakteur«, der bei einer Majestätsbeleidigung –

und Majestät waren oft beleidigt – die paar Tage Gefängnis absaß, in der großen Tasche einen Stoß unverlangt eingesandter Manuskripte. Zeit hatte er jetzt, und vielleicht war doch was dabei. Diesmal wurde er tatsächlich fündig. Jedenfalls bekam die Autorin Mahler per Postanweisung hundert Mark. »Das war damals unglaublich viel Geld für mich. Es ermunterte mich natürlich sehr und befestigte mein Selbstvertrauen. Als das Honorar eintraf, wusste meine Mutter nicht, ob sie schelten oder sich freuen sollte. Aber sie zankte nun nicht mehr, wenn sie mich beim Schreiben ertappte.«

Endlich konnte sie sich eine Tafel Sarotti leisten – und einen Parkettplatz im Neuen Theater am Augustusplatz. Bisher hatte es nur zu Stehplätzen im Dritten Rang gereicht. Das Theater war die beste Bildungsanstalt; nicht umsonst befahl der sächsische König seine jungen Leutnants in die Premieren, damit sie wenigstens einen Hauch Kultur mitbekämen. Von dem Schauspiel bis zur Oper, vom Lustspiel bis zur Operette, Hedwig sah alles, bis ihr die Augen übergingen. Sie hatte am Wasser gebaut und brach bei rührseligen Szenen stets in Tränen aus, was ihrem Verlobten höchst genant war. Verlobt war sie seit einer Ewigkeit, genauer seit vier Jahren, auf die Heirat musste sie bis zur Volljährigkeit warten. Die Mutter meinte, Fritz Courths verdiene in seinem Beruf als Dekorationsmaler nicht genug, um eine Familie über Wasser zu halten. Der vier Jahre ältere Mann machte rein äußerlich was her, war stets penibel gekleidet, trug Kneifer und einen Schnurrbart, dessen Spitzen er mit einer nächtens getragenen Bartbinde empor zwirbelte – man lebte ja im wilhelminischen Deutschland. Ob Hedwig ihn geliebt hat, steht dahin. Sie wollte wohl eher durch die Ehe sich ein Stück Freiheit erkaufen: Loslösung von der Mutter und ihrem zwielichtigen Milieu.

Die Freiheit musste teuer bezahlt werden. Frau Sorge war täglicher Gast in der Grassistraße unweit des Gewandhauses:

Schulden, Krankheiten, Pfändungen, die beiden Mädchen, die sie geboren hatte, Margarete und Frieda, gediehen nicht; Streitigkeiten, eine tyrannische Schwiegermutter, ein betrügerischer Chef und, das war für Hedwig das größte Übel, ein Ehemann, der ihr das Schreiben verbieten wollte. Selbst, als sie damit Geld verdiente, war er gegen diesen Firlefanz und vertrat die in der Männergesellschaft des Bürgertums übliche Ansicht: Meine Frau hat es nicht nötig zu arbeiten.

Doch eines Tages, um mit Courths-Mahler zu sprechen, stahl sich aus düsteren Wolken ein goldener Schein, der die Welt um sie herum in rosarotes Licht tauchte. Courths hatte Fuß gefasst bei einer Textilfirma in Chemnitz, durfte sich *Procurist* nennen mit einem Jahresgehalt von 6000 Mark. Sechs–tau–send? Das war viel, aber seiner Frau zu wenig. Sie zog das Schwarzseidene an mit den Samtbändern, den Rüschen, der silbernen Schmucknadel und ließ sich bei dem neuen Chef melden. Ihr Mann sei auf dem Gebiet eine Art Genie, ihm gebühre der Titel künstlerischer Direktor – und zehn–tau–send Mark! Der Chef war so verschreckt wie beeindruckt: Frauen pflegten nicht derart selbstbewusst aufzutreten. Er sagte knapp: »Genehmigt, junge Frau.«

Über die Zeit in Chemnitz hat Hedwig noch kurz vor ihrem Tode – sie lebte bereits in ihrem Haus am Tegernsee – geschrieben:

»In Chemnitz gehörten wir zur ersten Gesellschaft, unser Bekanntenkreis war sehr ausgedehnt. Zu unseren Freunden gehörten Künstler aller Sparten, darunter auch der Redakteur des *Chemnitzer Tageblatts*, Paul Hermann Hartwig, ein kluger Mensch, aber mit einer unerträglichen Spottlust. Gelegentlich einer Gesellschaft war er mein Tischnachbar und überfiel mich mit seiner Spottlust geradezu. ›Schöne Frau! (Das mir!), wissen Sie, dass Sie Dichteraugen haben?‹ Der Spott reizte mich, ich wurde rot und trotzig und stieß hervor: ›Ich schreibe ja *auch*!‹ ›Der Tausend?! Das muss ich zu lesen bekommen!‹ Natürlich sträubte ich mich, diesem Spötter meine geliebte Arbeit auszuliefern, aber er ließ mir kein Ruhe und ich sagte zu. Am anderen Tag brachte ich ihm meine Arbeit ›Licht und Schatten‹. Am nächsten Tag rief man mich ans Telefon. Mein Herr Spötter war am Apparat: ›Kleine Frau, sie haben mir eine schlaflose Nacht bereitet. So etwas von Fehlern in einem Manuskript habe ich noch nicht erlebt. Und zweiseitig beschrieben! Sind Sie von allen Göttern verlassen? Aber Spannung und Herz. Wir bringen den Erstdruck!‹ Schrumm! Schon wollte ich beglückt einhängen, da rief er nochmals zurück: ›Halt! Wir brauchen einen schwungvollen Namen. Denn ich habe das Gefühl, eben einen Stern geboren zu haben. Aber auch einen Namen muss das Kind haben!‹ Daraufhin ich schnippisch: ›Meine Arbeit soll unter meinem Namen erscheinen.‹ ›Prachtvoll! Stolz lieb ich den Spanier! Was sind Sie für eine geborene?‹ ›Mahler.‹ ›Na also, das klingt gut. Hedwig Courths-Mahler!‹ Und das, meine lieben Leser, war meine Taufe.«

250 Mark, Friedensmark, wie sie stolz schreibt, also Goldmark, bekam sie für den in achtzehn Folgen erscheinenden Roman. Da klopfte der stellvertretende Chefredakteur der *Chemnitzer Allgemeinen* an, des Konkurrenzblattes, und bot mehr: Das Doppelte würde er zahlen für einen neuen Courths-Mahler. Sie sagte ohne Zögern zu. Dass sie ihren Entdecker auf diese Weise verriet, schien ihr keine Skrupel zu bereiten. Hartwig mag enttäuscht gewesen sein, er blieb dennoch ein guter Freund, gab ihr sogar Nachhilfeunterricht: In der Setzung von Kommata zum Beispiel, Satzzeichen, die sie bis dato wie mit einer Salzbüchse über die Seiten gestreut hatte. Und dann etwas, was den Sachsen bis heute Schwierigkeiten macht: Wann wird das Weich-Pe angewandt und wann das Hart-Pe. Sie »blädden« ihre Wäsche, und kaufen den Kindern

»Bubben« und wundern sich, wenn die Nichtsachsen den Vornamen Dankwart für eine Berufsbezeichnung halten.

Wenn es mit ihrer Ehe gut ging, so war das dem Umstand zu verdanken, dass nicht nur sie Erfolg hatte, sondern auch ihr Fritz. Die Firma hatte ihn zur Weltausstellung 1900 nach Paris geschickt. Mit einer Goldmedaille für seinen Chef kam er zurück; auch eine silberne war in seiner Aktentasche, und die war für ihn. Seine Freude, sein Stolz währten nur kurz. Eines Abends, er war gerade aus dem Bureau zurückgekommen, führte ihn die Gemahlin in die Küche und wies auf die Anrichte. Die hatte sie mit vierundzwanzig 100-Mark-Scheinen sorgfältig dekoriert. Eine Summe, die ihr gerade von der Union Deutsche Verlagsgesellschaft überwiesen worden war. Für das Manuskript eines neuen Romans. Das war mehr als Fritz in einem Vierteljahr verdiente. Nach heutigem Geld wären das dreizehntausend Euro.

Um die Wende vom 19. zum 20. Jahrhundert war das Wilhelminische Zeitalter auf dem Höhepunkt seiner Entwicklung. Herrlichen Zeiten wolle er die Deutschen entgegenführen, hatte der Kaiser getönt. In Berlin – bei Chemnitz um die Ecke, wie Hedwig zu sagen pflegte – wurde das neue Zeitalter augenfällig. Benz, Daimler, Maybach, Otto hießen die Herren, die die Kräfte des Pferdes auf scheinbar magische Weise in einen so genannten Motor bannten. Was unter anderem zur Folge hatte, dass man den Potsdamer Platz nur unter Lebensgefahr überqueren konnte. Bei der Premiere des elektrischen Lichts Unter den Linden, waren die Berliner so perplex, dass sie sich in die Bemerkung flüchteten »Det wird nie 'n richtijer Jas.« In einem Haus an der Friedrichstraße fuhr man in einem Drahtkorb bis in den fünften Stock. In den neuen riesigen Warenhäusern brauchte man die Treppen nicht mehr hinaufzu*steigen*, man konnte hinauf*rollen*. Ein gewitzter Mann hatte eine schwarze Scheibe entwickelt, in deren Rillen man

Töne speichern und mithilfe einer Nadel wieder hervorholen konnte. Dazu der Cinematographen-Apparat zur Erzeugung beweglicher Bilder vorgeführt in sogenannten Kinos, die sich an allen Berliner Ecken auftaten – das allerdings hatten die Experten als Spielerei ohne Zukunft abgetan.

Die Courths-Mahlers hatten viel davon gehört, aber das Wenigste wirklich geglaubt, die beiden Mädchen waren inzwischen vierzehn und sechzehn Jahre alt, nun mussten sie es glauben: Fritzens Firma war dorthin verlegt worden, wo der Fortschritt zuhause war, nach Berlin, und die Familie fand sich in der Dönhoffstraße zu Karlshorst wieder, eine bessere Wohngegend, aber glücklich waren sie dort nicht. Hatten die Courths in Chemnitz zur Hautevolee gehört, in der Berliner Gesellschaft waren sie wenig bekannt. Der Literaturagent Richard Taendler allerdings kannte den Namen Courths-Mahler umso besser. Er wusste auch, dass sie momentan keine Aufträge hatte. Die verlegerischen Kontakte, die sie sich in Chemnitz aufgebaut hatte, waren abgerissen. Taendler hatte ein *Litterarisches Bureau*, eine Verlagsbuchhandlung und zwei Korrespondenzen. Eine ganze Reihe von Autoren waren bei ihm unter Vertrag, denen er bis zu 800 Mark für Erstabdrucke zahlte. Der Courths-Mahler bot er, ihre Notlage ausnutzend, für drei Romane pro Jahr je 200 Mark, unter Abtretung sämtlicher Weltrechte. Hedwig unterschrieb und lieferte sich diesem »Teufel von Agenten«, wie sie ihn später nannte, als Schreibsklavin aus. Drei Jahre arbeitete sie für ihn, dann las sie eines Morgens in der *Vossischen*, dass Taendler bei einer Segeltour nach Helgoland ertrunken sei. Seine Witwe erklärte sich umgehend bereit, ihr die Rechte an den Romanen in Form eines Rückkaufs wieder zu überlassen. Sie verlangte das Zehnfache dessen, was ihr Mann ursprünglich bezahlt hatte. Diese Berliner, die schienen in der Tat Haare auf den Zähnen zu haben, wie schon Goethe bei seinem einzigen

Aufenthalt in Berlin festgestellt hatte. Jedenfalls wehte der Wind an der Spree rauer als an den Ufern der Chemnitz.

In der Schlüterstraße zu Berlin-Charlottenburg gab es eine der nach Hunderten zählenden Leihbüchereien. Sie wurde von einem dürren Mann in grauem Kittel geleitet. »Wieder einen Wallace?«, fragte er. »*Der Frosch mit der Maske* wäre jerade da.« »Den neuen Courths-Mahler aber bitte auch.« Darum hatte die Nachbarin den Autor dieses Buches unter dem Siegel der Verschwiegenheit gebeten. Hedwig war inzwischen die Königin der Leihbibliotheken geworden, die in den zwanziger Jahren die literarischen Tankstellen für Arbeiter und Angestellte bildeten.

Es gab die Romane nämlich neuerdings in Buchform. Was in der *Gartenlaube*, in *Freya*, in der *Hausfrau*, in *Herz und Heim*, in der *Illustrierten Romanwelt*, in *Das Buch für alle* in Fortsetzungen erschienen war, lag nun gebunden vor. Friedrich Rothbart in Leipzig gehörte zu den ersten Verlegern, die mit der Autorin die Ehe eingingen. Es wurde eine gute Ehe. Allein fünf Bücher überschritten die halbe Million, darunter *Der Scheingemahl*, *Meine Käthe* und *Das Glück steht am Wege*. Eine Million erzielte *Eine ungeliebte Frau*, 1 110 760 *Die schöne Unbekannte*. 56 Romane erschienen bis zum Jahre 1919 bei Rothbarth und anderen Verlagen und machten die kleine Frau Mahler aus Nebra zur Millionärin.

Dass Franzosen sie lasen, Engländer, Italiener, Holländer, Tschechen, Finnen, Schweden, Ungarn, Spanier, Norweger, Polen, Esten, Flamen, erfüllte sie mit Genugtuung. Die Bücher mit den Übersetzungen zeigte sie regelmäßig ihren Gästen voll Stolz.

Der Lesehunger der Menschen war unvorstellbar groß in einer Zeit, in der das Radio und das Kino keine große Rolle spielten, und das Fernsehen noch gar nicht erfunden war.

Allmählich begann das Theater sich für sie zu interessieren.

Was im Druck so erfolgreich war, würde auf der Bühne nicht durchfallen, kalkulierten die Dramaturgen. *Der stille See* war der erste Roman, der zu einem Schauspiel in fünf Akten verwandelt wurde und am Luisentheater zu Berlin seine Premiere erlebte. Ernst Ritterfeld, der Direktor, entwickelte sich zu einem Spezialisten der Adaptionen von Courths-Mahler-Romanen. *Gib mich frei* war die nächste Inszenierung, es folgten *Aus erster Ehe* und *Was Gott zusammenfügt* und so endlos, sprich dreizehn Jahre lang, weiter. Da bekanntlich nichts erfolgreicher ist als Erfolg, waren die Spielpläne vieler Bühnen in ganz Deutschland mit Hedwigs Stücken durchsetzt, die Dutzende von Aufführungen erlebten. Um die Tantiemen allerdings mussten die Autoren der den Bühnenbearbeitungen zugrundeliegenden Werke erbittert kämpfen, nicht selten auf dem Prozessweg. Es gab Direktoren und Dramaturgen, die nicht einsehen wollten, dass man für das geistige Eigentum anderer zahlen müsse. Die Honorare für die Fortsetzungsromane, die Tantiemen von den Buchverlagen, die Gelder aus den Leihbüchereien, die Gewinnanteile aus den Aufführungen ließen das Bankkonto Hedwig Courths-Mahlers anschwellen. Sie verdiente sogar am Kriege, wenn auch ungewollt: Die Verlage hatten Bücher in Postkartengröße drucken lassen, die in jeden Tornister passten. Offiziere hatten ihren »Faust« oder ihren »Cornet« im Feldgepäck, die Landser ihre Courths-Mahler.

Es kam der Tag, da eine *Gartenlaube* eine Million Mark kostete, ein Preis, der stieg und stieg. Der Wert des Geldes schwand von Tag zu Tag, ja stündlich, und wer nicht rechtzeitig zum Bäcker lief, zahlte eine Milliarde drauf für die Frühstücksschrippe. Im November 1923 kostete die *Gartenlaube* bereits vierzig Milliarden. Die großen Vermögen schmolzen dahin wie Butter unter der Sonne, und aus der Millionärin Courths-Mahler wurde das, was sie einmal geschrieben hatte: eine Bettelprinzess.

Hatte der Aufstieg der Frau aus Nebra einem Wunder geglichen, die Art wie sie aus der Asche ihrer Existenz wieder hervorging, dem viel zitierten Phönix gleich, schien noch wunderbarer. Mit einem Vorschuss von zehn Mark, den ihr Rothbarth zahlte, holte sie die goldene Taschenuhr ihres Mannes aus dem Pfandhaus, das silberne Besteck dazu und setzte sich an den Schreibtisch. Der stand jetzt in Charlottenburg, dem Goldenen Westen Berlins, und wurde abermals zur zweiten Heimat der nunmehr 57-Jährigen. Bis zu sechzehn Stunden saß sie dort. »Ich habe meine Bücher mit dem Hintern geschrieben, hat Balzac einmal gesagt, und das trifft auch auf mich zu.« Furz-Mahler nannte man sie daraufhin, Kotz-Malheur kannte sie schon. Die Feuilletonisten, darunter so bekannte Leute wie Robert Neumann, Hans Habe, Alfred Hein verrissen sie mit schneidendem Hohn und beschuldigten sie der Heuchelei, der Verlogenheit, der Vergiftung ihres Publikums. Ein Schreiber namens Reimann aus Leipzig schrieb wahre Hasstiraden; er ist längst vergessen, und wenn man sich seiner erinnert, dann nur durch den Brief, den ihm Hedwig geschrieben hat.

»Seit Sie mir die Ehre erweisen, mich in verschiedenen Intervallen wegen meiner harmlosen Märchen, mit denen ich meinem Publikum einige sorglose Stunden zu schaffen suche, anzupöbeln, werden diese noch mehr gekauft als bisher. Jedenfalls fühle ich mich veranlasst, Ihnen meine tiefgefühlten Dank zu stammeln … In gebührender Demut und Verehrung, großer Meister, Ihre noch nicht ganz zerschmetterte H.C.-M.«

Die zwanziger Jahre, als Golden Twenties zum Begriff geworden, waren die hohe Zeit der Autorin. Der Film war aus seinen Kinderschuhen herausgewachsen, die Zahl der Cinematographen-Theater stieg von Monat zu Monat. Entsprechend groß war der Stoffhunger der Produzenten. Sie hatten rasch erkannt, dass die Romane Courths-Mahlers wie geschaffen waren für die Traumfabrik namens Film. Was die Autorin kürzlich über ihre Arbeit ausgesagt hatte, lasen sie genießerisch. Besser hätte man das, was die meisten von ihnen auf ihre Fahnen schrieben, nicht ausdrücken können.

»Die modernen Schriftsteller geben dem Volk nicht, was es haben will. Ich muss meinen Leuten etwas bringen, wodurch sie aus allem Elend befreit werden ... Das gute Ende ist ein so unerhörtes Glück im Leben, dass es so gut wie gar nicht eintrifft, aber weil meine Leute sich an die Hoffnung klammern, lasse ich es immer gut ausgehen ... Ja, lieber Gott im Himmel, unsere Zeit ist so arm an Idealen, was ist das ganze Leben ohne Poesie und Ideale? Ich *lehre* die Leute erst lesen; wenn sie das gelesen haben, was ich schreibe, wagen sie sich an ein besseres Buch, an literarische Sachen. Es gibt so viel Literatur und so wenig Leute, die fürs Volk schreiben, gäbe es mehr, hätte ich selbst nicht den großen Erfolg.«

Die These des Sich-hinauf-Lesens, die auch der Verleger vertrat, dessen Verlag jetzt die Weltrechte an Courths-Mahler besitzt, Gustav Lübbe, mag umstritten sein. Umstritten deshalb, weil die Soziologen und Psychologen zwar viel über das Leseverhalten der Massen geschrieben haben, *dieser* These aber nicht nachgegangen sind. Sie suchten eher Antworten zu finden auf die Fragen, ob die Romane der Courths-Mahler ein Spiegel ihrer Zeit sind oder keinen zeitgeschichtlichen Bezug aufweisen; ob ihre Helden in ihrer adligen Gesinnung bereits Faschistoid-Autoritäres verraten; oder der Erfolg ausschließlich auf Eskapismus zurückzuführen ist, auf die Flucht aus der Wirklichkeit; warum ihre Heldinnen keinen Beruf ausgeübt haben und immer Wachs in den Händen der Männer sind, bequeme widerspruchslose Objekte, diesen Zustand aber genießen; warum nur Menschen der Oberschicht eine tragende Rolle spielen, die der Unterschicht allenfalls als Dienende vorkommen, Domestiken genannt; ob diese Romane das Frauenbild mitgeformt oder Vorhandenes nur bestätigt haben?

Viele Fragen, wenige gültige Antworten; auch nicht auf die immer wieder gestellte Frage nach dem *Geheimnis* ihres Erfolges. »Für den Gebildeten unbegreiflich angesichts der ewig gleichen Geschichten, der ähnlichen Charaktere, des gleichen Grundschemas.« So Gabriele Strecker in ihrer Untersuchung des Frauenromans. »Die Courths-Mahler war in ständiger Kommunikation mit ihrem Publikum, weil sie es liebte. Sie erhob sich nicht darüber, sondern stand auf Du und Du mit ihm. … Weil sie tatsächlich einfach, im besten Sinne ohne Arg war, hatte sie die Wirkung auf die einfachen Menschen. Außerdem befriedigte sie in hohem Maße das Gerechtigkeitsverlangen.«

Hedwig hatte das etwas schlichter ausgedrückt, wenn sie schrieb: »Weil ich immer aus dem Herzen geschrieben habe, konnte ich meine Leser erreichen.«

In der Charlottenburger Beletage, Knesebeckstraße 15, bildete sich alsbald, und das ist ein Phänomen, ein *jour fixe.* Eine Art Salon tat sich auf mit Schauspielern wie Paul Hartmann, Emil Jannings, Albert Bassermann, Wilhelm Bendow, Max Pallenberg, mit Aktricen wie Henny Porten, Asta Nielsen, Käthe Dorsch, Sängern wie Michael Bohnen, Richard Tauber, Komponisten wie Franz Léhar, Autoren wie Hermann Sudermann. Curt Goetz widmete ihr die Buchausgabe seiner Komödie *Das Haus in Montevideo,* und da sie ihm in der Hungerszeit des letzten Kriegsjahres gelegentlich ein Töpfchen mit ausgelassenem Schweineschmalz geschickt hatte, schrieb er ihr die Widmung »Man soll Gleiches mit Gleichem und Ausgelassenes mit Ausgelassenem vergelten …«

Alle diese Prominenten gehörten natürlich nicht zu ihren Lesern, aber sie schätzten eine Gastgeberin, die sich bescheiden zurückhielt, stets andere zu Wort kommen ließ und so gut kochen konnte. Einige von ihnen wie Hans Stüwe, Maria Paudler, Hans Schweickart hatten auch Rollen in ihren Filmen verkörpert: einundzwanzig Romane hatten inzwischen den Weg auf die Leinwand gefunden. Hedwig erschien auf dem Presseball am Zoo, dem gesellschaftlichen Ereignis Berlins, wo sich alles traf, was Rang, Ruhm und Renommee hatte. Dass hinter der Liebenswürdigkeit, mit der sie hier begrüßt wurde, nicht selten sanfte Ironie stand, merkte sie wohl; sie besaß genug Souveränität, um darüber hinwegzusehen.

Die Reichshauptstadt war für sie schon deshalb wichtig, weil hier das beste Theater Europas gespielt wurde. Und das Theater war und blieb ihre Leidenschaft. In der Königgrätzer Straße erlebte sie Strindbergs Stücke und war empört, wenn Adele Sandrock anderntags im 8-Uhr-Abendblatt verlauten ließ: »Ich spiele nicht, was der Sohn einer Magd geschrieben hat.« Sie sah Gründgens als Hamlet, Werner Kraus als Wallenstein, Fritz Kortner in der Rolle des Geßler, der Gestalt gewordenen Bosheit. Sie besuchte Hauptmanns *Biberpelz* mit der Lehmann, Zuckmayers *Hauptmann von Köpenick*, amüsierte sich über Hans Albers, der im Admiralspalast seine Couplets sang, sah Eugen Klöpfer im Deutschen Theater mit seinem Tartuffe und war auch im Großen Schauspielhaus, wo das Weiße Rössl seine Heimat gefunden hatte und … und … und. Wer zählt die Bühnen, nennt die Namen. Auf einer Reise nach Paris lernten sie die Mistinguette kennen, die im Moulin Rouge weltbekannt wurde, und, mehr aus Zufall, Josephine Baker, deren nackten Körper der berühmt-berüchtigte Gürtel aus Bananen zierte. »Diese Frau war ja so unfaßbar schön«, schrieb sie ihren Töchtern, »das werde ich nie in meinem Leben vergessen.«

Margarete und Frieda – beide hatten sie versucht, in die Fußstapfen der Mutter zu treten: die ältere sogar mit einigem Erfolg – unter dem Pseudonym Friede Birkner erschienen

Dutzende von Romanen im Stil ihrer Mutter. Nach Hedwigs Tod kam es zu heillosem Streit zwischen den Schwestern um das Erbe, der darin gipfelte, dass Frieda vor dem so genannten »Mutterhof« in Tegernsee ein Feuer entfachte, das tagelang schwelte und unersetzliche Dokumente des Nachlasses vernichtete – aber das ist eine andere Geschichte.

An diesem See, damals einem der romantischsten Gewässer Oberbayerns, hatte sich die Courths-Mahler kurz nach der Machtergreifung durch die Nationalsozialisten zurückgezogen. Ihr Kreis, dem viele jüdische Künstler angehörten, existierte nicht mehr. In Berlin hatte sie nun nichts mehr verloren. Andreas Graf, der das gründlichste Buch über die Autorin verfasst hatte, bringt den Bericht eines Lesers, der sich 1942 aufgemacht hatte, die alte Dame zu besuchen.

»Noch vor dem Tor des Grundstücks, das sich in beträchtlicher Ausdehnung hangwärts zog, zögerte ich …, denn ein Schild warnte vor dem bissigen Hund und vom Tor bis zum Haus war es recht weit. … Niemand zeigte sich, weder Mensch noch Tier, langsam umschritt ich das geräumige Haus, und dann sah ich den Hund, vor dem die Tafel am Zaun unten gewarnt hatte. Es war eine niedliche, fünf Wochen alte Bulldogge. … Daneben saß die Besitzerin des Hauses auf einem niedrigen Holzschemel, in einem abgetragenen Bauernkittel und mit einem breiten Strohhut auf dem Kopf. Sie sortierte Kartoffeln. … Als sie aufschaute, sah ich in ein schönes Gesicht, alt, mild und gütig, und in Augen, die ruhig und klar dreinblickten. … Insgesamt bot sie das Bild einer Frau, die von der Höhe des Alters mit gelassenem Gleichmut auf das Leben blickt.«

Sie schrieb schon lange nicht mehr. Die Nazis lehnten ihre Bücher ab, weil das Leben und die Lebensziele hier in oberflächlicher, unwahrer und süßlicher Weise dargestellt werde. Am liebsten hätte man sie verboten, aber dazu war sie beim Volk zu beliebt und »rein arisch« war sie auch. Man kürzte die Papierzuteilung, die Verlage hatten die Verträge in vorauseilendem Gehorsam längst gekündigt. Dass Hedwig den Fragebogen der Reichskulturkammer unausgefüllt, als Protest sozusagen, zurückgeschickt hatte, gehört zu den Legenden. Wahr dagegen ist, dass sie zu den fördernden Mitgliedern der SS gehörte, mit Mitgliedsbuch und Beitragsmarken. Das kann nur den erschrecken, der die Zeit nicht erlebt hat. Es gab Zehntausende, die diesen Weg wählten, der eine Art Absicherung für Mitläufer war.

Noch einmal haben die Leute von der Reichsschrifttumskammer versucht, die Courths-Mahler für ihre Ideologie zu retten. Mit einem Vorschlag, der so komisch ist wie pervers: Sie möge doch ihre Helden, die Adligen, die Fabrikanten, die Gutsherrn durch SS-Generale, Gauleiter, hohe Parteibeamte ersetzen und ihre Intriganten, Hasardeure und andere Bösewichter durch Juden.

In den Jahren nach 1945 war es, als eine Schulklasse im Garten ihres Tegernseer Hauses ausschwärmte. Die jungen Mädchen hatten ihre Schulhefte gezückt und baten um das Autogramm einer Frau, von der sie wussten, dass sie 208 Romane geschrieben hatte mit einer Auflage von 80 Millionen.

Hedwig Courths-Mahler erfüllte ihre Bitte. An ihre Töchter gewandt meinte sie lächelnd: »Ihr seht, ich werde nie aussterben …«

Schicksal einer Briefeschreiberin

»Er möge das Schloß zerstören, auf dass nichts mehr bleibe...« So lautete der Auftrag, und der Feldmarschall Ezéchiel de Mélac führte aus, was sein König Ludwig XIV., befohlen hatte. Er ging, wie berichtet wird, so gründlich wie vergnügt an die Arbeit. Seine Sappeure hatten das Gelände vermint und ihre Sprengladungen an den Türmen angebracht, an den Stützpfeilern, den Mauern, den Gewölben. Um sechs Uhr in der Früh, man schreib den 6. März 1689, flog das erste Gebäude in die Luft. Einer der Türme zerbarst, die Trümmer zerschlugen die Dächer, und ein gewaltiger Brocken von jenem rosafarbenen Sandstein, aus dem das Heidelberger Schloss besteht, verkeilte sich unlösbar und ist noch heute an derselben Stelle zu besichtigen.

Vier Jahre später wurde Heidelberg erneut von den Franzosen heimgesucht und das zerstört, was noch nicht zerstört worden war, darunter die Weinberge, die Obstgärten, die Wälder. Auf dem Schloss schien ein Fluch zu lasten: Als man Jahrzehnte später die Dächer erneuert hatte, zündete ein Blitzstrahl, und fast alles, was noch brennbar war, wurde vernichtet. Seitdem ist das Schloss eine Ruine, laut Baedeker die schönste und großartigste Ruine Europas, sie zog die Romantiker aus aller Welt magisch an. Efeuumrankt, legendenumwoben steht sie dort auf dem bewaldeten Vorsprung des Kaiserstuhls. »Es weht ein leises Klagen um dieses Hügels Rand, das klingt wie alte Sagen vom lieben deutschen Land...«

Bevor das Schloss in die Luft flog, hatten die Franzosen die Familienportraits des pfälzischen Hauses in Sicherheit gebracht. »Das sind die Väter, Mütter und Großmütter von Madame«, wurde dem Kriegsminister übermittelt. »Wir wollen sie zu ihr bringen, und ihr damit eine Ehre erweisen, wenn sie sich ein wenig von dem Kummer um ihr Geburtsland erholt hat.«

Vielleicht war das gut gemeint, aber im Grunde an Zynismus nicht zu überbieten. Madame, wie die Herzogin von Orléans, so ihr offizieller Titel, in Versailles genannt wurde, war in Heidelberg aufgewachsen. Ihr Vater, der Kurfürst Karl Ludwig von der Pfalz, hatte lange überlegt, mit wem und wohin seine einzige Tochter Elisabeth Charlotte zu verheiraten wäre, was am meisten einbrächte an verwandtschaftlichen Verbindungen, am wenigsten Mitgift kostete, mit einem Wort: Wie ließe sich das Kind am günstigsten verkaufen? Verschiedene Projekte waren bereits in Angriff genommen worden: England hatte sich angeboten, dort hätte sie sogar Königin werden können; ein dänischer Prinz war vorstellig geworden und der Kurprinz von Brandenburg, der Prinz von Oranien-Nassau und Friedrich Casimir, der Erbprinz des polnischen Herzogtums Kurland, dessen Mutter eine jährliche Rente von 10000 Talern in Aussicht gestellt hatte (aber wissen wollte, ob von pfälzischer Seite mit ebenso viel gerechnet werden könne) und der Markgraf Friedrich von Baden-Durlach, und, und, und …

Einige der Herren baten um Portraits von Elisabeth Charlotte. Was der Kurfürst aber ablehnte. Um seine Tochter zu portraitieren, dazu bedurfte es eines Künstlers, der es verstand, die »Ungerechtigkeiten der Natur mit feinem Pinselstrich zu korrigieren«, und bei Liselotte waren etliche Striche nötig. Sie war nicht hässlich, aber eine Schönheit war sie auch nicht. Französische Portraitisten verstanden sich auf dieses Metier, die Deutschen galten als zu ehrlich. Ein Franzose aber war dem Kurfürsten zu teuer.

Sie ahnte lange nichts von dem Handel, der mit ihr getrieben wurde, doch nach ihrem achtzehnten Lebensjahr war einiges bei ihr durchgesickert. Dass mit »Liebesheiraten« in ihren Kreisen nicht zu rechnen war, wusste sie, und dennoch betrübte es sie, wie hier geschachert worden war. »Gute ehen seindt in allem rar«, schrieb sie in ihr Tagebuch. »Aber ich habe vielle gesehen, so sich auß purer liebe geheuraht haben und sich hernach gehast wie den teufel und sich noch Hassen. Wie froh were ich geweßen, wenn man mir hette erlauben wollen, eine gutte einsambkeit zu führen und mich nicht zu Verheurathen.«

Eines Tages meldete sich beim Kurfürsten eine Schwägerin, Anna Gonzaga, beiderseits des Rheins bekannt als Kupplerin, oder sagen wir Ehestifterin ersten Ranges, der es, wie man ihr nachsagte, nicht schwer fallen würde, eine Enkelin Suleimans mit einem schottischen Clanchef unter die Haube zu bringen. Sie habe, so berichtete sie, die Nachricht erhalten, dass die Gemahlin des Herzogs von Orléans, bekanntlich der Bruder Ludwigs XIV., verstorben sei, was sie sehr betrübe, andererseits die Aussicht eröffne, den Witwer wieder zu verheiraten, welcher bekanntlich eine gute Partie sei.

Die Gespräche mit dem Kurfürsten zogen sich in die Länge. Karl Ludwig, von sprichwörtlichem Geiz, rechnete und rechnete, wie er von der hohen Mitgift herunterkäme. Außerdem war da noch die unterschiedliche Religion: Der in Aussicht genommene Gemahl war katholisch, seine Tochter protestantisch. Ihm war ein Glaubenswechsel gleichgültig, alles hatte sich dem Geschäft unterzuordnen; und Liselotte hatte einmal selber gesagt, dass der Prinzessinnen Heirat selten aus Liebe geschehe, sondern aus Raison. In Versailles war man anfangs gegen eine Verbindung mit einer unschönen ketzerischen, armen und nicht einmal ebenbürtigen Partnerin.

Andererseits wäre die Pfälzerin eine wichtige Figur auf dem politischen Schachbrett Ludwigs XIV. Der Einfluss jenseits des Rheins ließe sich verstärken, immerhin gehörte der Deutsche zu den Wahlmännern, die den deutschen Kaiser auf den Thron hoben, von späteren Ansprüchen auf die Pfalz nicht zu reden; er ließ außerdem durchblicken, dass man auf die Auszahlung der Mitgift vorläufig verzichten könne. Eine verstecktes Angebot, auf das Karl Ludwig begierig einging; mit anderen Worten, er kroch auf die ausgelegte Leimrute, weil er nicht wusste, dass die aufgeschobene Mitgift ein Trick war, den der Sonnenkönig schon einmal angewandt hatte, bei der Tochter des spanischen Königs, was für selbigen katastrophale Folgen zeitigte: Er hatte dem *Roi Soleil* einen Vorwand geboten, die Niederlande zu überfallen.

Liselotte schrieb später, dass »papa die sache nicht müsse verstanden haben, mir solche sache unterschreiben zu machen; aber er hatte mich auf dem halß, war bang, ich mögte ein alt jungfergen werden, hat mich also fortgeschafft, so geschwindt er gekonnt …«, und sie fügt in einem Postskriptum hinzu: »Das hat so sollen sein, war mein verhengniß.«

Nachdem man handelseinig geworden war, nahm Liselotte tränenden Herzens Abschied vom Heidelberger Schloss und der schönen Pfalz. In der Kutsche sangen Vater und Tochter ein Lied aus der Jugendzeit; »Live, live min, nuen meutten wey nun scheyden, scheyden bitteres scheyden ist denn Todt«. In Straßburg stiegen sie im Gasthof »Zum Ochsen« ab, wo ein Jesuitenpater in Zivilkleidung ihrer harrte, betraut mit der Aufgabe, sie den alten Glauben abschwören zu lassen und in den neuen Glauben einzuführen. Anderntags brachte der Marquis de Béthune, der Gesandte Ludwigs, den Ehevertrag. Die einzelnen Klauseln waren von den Juristen in Versailles so gefasst, dass nur andere Juristen sie verstanden hätten. Liselotte unterschrieb Paragrafen, die Frankreich später vorbrachte, um

Teile der Pfalz für sich zu beanspruchen. Der künftige Ehemann, der Herzog von Orléans, durfte alle beweglichen und unbeweglichen Güter behalten, die ihm zurzeit gehörten und alles einstecken, was ihm von Seiten seiner Gemahlin zufallen würde. Die nicht bezahlte Mitgift war es, die den Franzosen jeden Vorteil zuschanzte.

Ein reitender Bote brachte den Vertrag nach Versailles, wo er gegengezeichnet und flugs nach Straßburg zurückgeschickt wurde. In der Satteltasche trug der Kurier einen Brief, in dem der Sonnenkönig seine Hochachtung, ja Freundschaft für das Haus des Kurfürsten von der Pfalz ausdrückte. Schmeicheleien, die Karl Ludwig derart entzückten, dass er mit dieser Trophäe sich eilends nach Hause begab, nicht ohne seiner Tochter zum Abschied einen Zettel zu überreichen, auf dem er den 45. Psalm notiert hatte: *Obliviscere populum tuum et domum patris tuis*. Vergiss dein Volk und dein Vaterland. In ihm war ein Gefühl überschäumender Freude und des Triumphes. Kein anderer deutscher Fürst hatte seine Tochter so günstig an den Mann gebracht wie er. Als dann die Nachricht eintraf, die Trauung sei in der Kathedrale von Metz vorgenommen worden, es nun also kein Zurück mehr gebe, da ließ er in Heidelberg die Kanonen donnern, die Fahnen wehen und das Volk auf dem Marktplatz sich versammeln.

Liselottes Stimmung war weniger fröhlich. Schon auf der Fahrt nach Metz schluchzte sie hemmungslos (»... die gantze nacht nichts getan als schreyen, denn ich kont den abschid nicht verschmerzen«). Der Bischof sprach sie frei von allen Sünden ihrer ketzerischen Kindheit und Jugend, platzierte sie in den Beichtstuhl, nahm sie feierlich in den Schoß der allein seligmachenden katholischen Kirche auf. Einmal begehrte sie innerlich auf, sagte dort ja, wo sie hätte nein sagen sollen, fand sich dann mit allem ab, zuckte nur zusammen, als der Geistliche ihre Bekehrung dem Wirken des Heiligen Geistes zuschrieb. Der Höhepunkt der Komödie war erreicht mit dem verabredeten Brief an den Vater, in dem sie ihn um Vergebung bat, dass sie ihren Glauben gewechselt habe. Der Kurfürst teilte postwendend sein Erstaunen mit über die Konversion, einst müsse sie vor Gott dem Herrn Rechenschaft ablegen, aber er sei guten Mutes, dass sie Gnade finden werde. Beide Briefe wurden an die protestantischen Kanzleien ganz Europas geschickt.

Die Trauung hatte *per procurationem* stattgefunden. Ein hochrangiger Adliger war als Stellvertreter *Monsieurs* vor den Altar getreten. *Monsieur*, wie ihr Gemahl der Herzog von Orléans in Versailles genannt wurde, wartete vor Châlons auf *Madame*. Auf dieser Reise zog Madame wieder eine Tränenspur: Die Gedanken an das romantische Heidelberg, an die lieblichen Gestade des Neckar, an die Menschen dort mit ihrer Herzlichkeit und Lebensfreude quälten sie. Das Wetter war so elend wie die Straßen katastrophal, man schrieb den 20. November, und nach endlosen neun Tagen hielt die Kutsche auf einem großen weiten Platz; ihr gegenüber eine vierspännige Staatskarosse, der ein untersetzter dicklicher Mann entstieg. Eine Wolke von Parfüm wehte an ihm vorbei, als er auf seinen hochhackigen mit Bändern und Diamanten geschmückten Schuhen ihr entgegenging, den federbesetzten Hut abnahm und seine Reverenz machte.

»Monsieur sah nicht abstoßend aus«, schrieb sie später, »aber er war sehr klein, hatte pechschwarze Haare, schwarze Augenbrauen und Augenlider, ein gar lang und ziemlich schmal Gesicht, eine große Nase, einen zu kleinen Mund und hässliche Zähne, hatte mehr weibliche als Mannsmanieren an sich …«

Dem Regierungsrat von Spanheim, der sie in Heidelberg gut gekannt hatte, verdanken wir die Schilderung des Eindrucks, den sie bei der Begegnung machte: »Was die Person Madame angeht, so zeichnete sie sich durch ihr Alter von neunzehn Jahren aus, eine schöne und freie Gestalt, eine ungezwungene Haltung, ein offenes und unbefangenes Wesen, ein Gesicht, das zwar nicht die Züge einer ebenmäßigen Schönheit trug, an Liebreiz aber nichts zu wünschen ließ. Sie strahlte Noblesse und Sanftmut aus.«

Zur Erleichterung der Entourage Philipps glich sie nicht dem deutschen Trampel, der Speck, Wurst, Sauerkraut für die höchsten kulinarischen Genüsse ansah, wie böse Zungen am Hofe zu Versailles kolportiert hatten. Von einem schönen Paar allerdings konnte nicht die Rede sein. Sie passten auch nicht zueinander. Der Niederländer Dirk van der Cruysse, der das beste Buch über *Madame* geschrieben hat, spricht von einem Hermaphroditen, der mit einer Amazone verheiratet ist.

Nach der offiziellen Begrüßung zog sich das Paar in das ganz von Wald umgebene Schlösschen Villers-Cotterêts zurück. Der erste Besucher von Rang war ihr neuer Leibarzt. Er brachte eine Schatulle mit Medikamenten und empfahl, ohne sie untersucht zu haben, einen Aderlass. Sie erklärte ihm, dass sie weder Pillen bräuchte noch zur Ader gelassen werden wolle. Wenn sie krank sei, mache sie sich durch einen zweistündigen Spaziergang in frischer Luft oder einen Ritt zu Pferde Bewegung und fühle sich dann so munter wie ein Fisch im Wasser. Der Doktor, gewohnt, von den Damen des Hofes bei den geringsten Verstimmungen gerufen zu werden, sah sich ungnädig entlassen. »Mit artzneyen leben ist nicht mehr leben«, schimpfte sie. Auch Schminke, Puder, Schönheitspflästerchen mochte sie nicht, lehnte die Maske ab, die man für notwendig hielt, um die Haut vor den Unbilden der Witterung zu bewahren.

Ähnliche Auseinandersetzungen gab es mit den Schneidermeistern, die den Auftrag hatten, ihre germanischen Klamotten – man hatte ihr gerade mal sechs grobe Hemden in Heidelberg eingepackt – durch die in Versailles üblichen Gewänder zu ersetzen. Sie wunderte sich, mit welcher Hingabe ihr Gemahl den Schneidern zur Hand ging, die Stoffe aussuchte, die Schnitte bestimmte, in Spitzen, Bändern und Accessoires aller Art wühlte. Später wunderte sie sich nicht mehr …

Philipp konnte stundenlang vor dem Spiegel stehen, sich drehen und wenden, als wollte er sagen »Bin ich nicht der Schönste im ganzen Land?« Das höchste Vergnügen bereitete es ihm, wenn er sich als Frau verkleiden durfte. An einer Unterhaltung beteiligte er sich nur, wenn sie sich um Putz, Tand, Klatsch drehte. Small talk, wie man heute sagen würde, mochte er, die Lektüre eines Buches schien ihm sinnloser Zeitvertreib, und er hätte auch keine Zeit dafür gehabt, denn er war dem Spiel verfallen, verlor hohe Summen und spielte aufs Neue.

Ende November ließ sich der Prinz von Condé bei Liselotte melden und verkündete, dass die Ankunft Ludwigs XIV., des *Roi Soleil*, bevorstehe. Die Nachricht versetzte das Haus in Villers Cotterêts in fieberhafte Aufregung. Die Bankette, ohnehin so üppig wie erlesen, sollten diesmal an achtzehn Tischen stattfinden, die einzelnen Gänge serviert von in Silber gekleideten Meernymphen und Liebesgöttern. Elisabeth Charlotte von Orléans war von dem Glanz und dem Luxus, von dieser für sie völlig neuen Welt beeindruckt, aber nicht überwältigt. Diesmal schien sie von äußerster Nervosität. Der Sonnenkönig, in ganz Europa gefürchtet und bewundert, ein Mann, dem das Wort *L'état c'est moi* zugeschrieben wurde, ihm zu begegnen, erfüllte sie mit banger Erwartung.

Dann steht er vor ihr: Die großen Augen, wahre Sternenaugen, beherrschen das Gesicht, ein sinnlicher Mund, das braune Haar fällt in langen Locken bis auf die Schultern, er macht im wahren Sinne gute Figur. Gekleidet ist er von ausgesuchter Eleganz, reich, doch nicht bunt. Er strahlt Autorität aus, Erhabenheit, Würde, aber keine Spur von Hochmut; obwohl ihn alle umschmeicheln, ist er nicht eitel wie sein Bruder, dem er nun mit einem Schuss Ironie gratuliert. Wie alle wirklich Großen wirkt er auf Männer *und* auf Frauen. Mit einem Wort, jeder Zoll ein wahrer Herrscher.

Liselotte ist wie verzaubert. Die Befangenheit fällt von ihr ab. Erstaunt registrieren die Umstehenden, dass die beiden sich sofort in ein Gespräch vertiefen. Ludwig mag ihren Witz, ihre Offenheit, ihre amüsante Direktheit. Er, sonst von Schmeichlern umgeben, spürt, dass ihre Art sich zu geben, nicht gespielt ist, und genießt es, die Wahrheit zu hören. Er ist in dieser Hinsicht nicht gerade verwöhnt von den Hofschranzen. Der König zeichnet Madame damit aus, dass er, zusammen mit Monsieur, in ihrem Gemach das Diner einnimmt. Bei diesem Zusammensein findet er bestätigt, was er schon lange erahnt: dass sein Bruder die Frauen liebt, die Männer aber ein wenig mehr. Er jagt, wie man zu sagen pflegte, dem Hahn *und* der Henne nach.

Sieben Tage lang wurde im Schloss zu Saint-Germain, wo der Hof residierte, die Hochzeit gefeiert. Liselotte wurde allen vorgestellt, die Rang und Namen hatten: den *ducs*, den *princes*, dem *dauphin*, schließlich der Königin höchstpersönlich. Die Deutsche wurde hier wesentlich kritischer betrachtet. Man spottete über ihre Kleidung, über ihr Benehmen, über ihre Art zu sprechen. »Wie ich nach Saint-Germain kam, war ich, als wenn ich vom Himmel gefallen. Ich machte die beste Miene, so mir immer möglich war; ich sah wohl, dass ich Monsieur gar nicht gefiel, das war auch kein Kunststück, so hässlich wie ich bin; ich nahm aber meine Resolution, so wohl mit meinem Herrn zu leben, dass sie sich an meine Hässlichkeit gewöhnen möchten, und mich doch leiden, wie es endlich geschehen.«

Der Hof zog sich immer mehr nach Versailles zurück, das

zu diesem Zeitpunkt einer riesigen Baustelle glich. 36000 Menschen waren damit beschäftigt, die Pläne des genialen Trios Le Vau, Le Brun, Le Nôtre zu verwirklichen. Das bescheidene ursprüngliche Schloss wurde von mächtigen Anbauten fast zum Verschwinden gebracht. Die langen Süd- und Nordflügel wuchsen aus dem Boden, die Terrasse des Mittelbaus wurde durch den Spiegelsaal ersetzt, der Große Kanal war bereits ausgehoben worden, und die westliche Gartenanlage, parterre d'eau genannt, zeigte sich bereits in seiner ganzen atemberaubenden Schönheit. Der Glanz und das Raffinement des Grand Siècle, die ungeheure Pracht, die des Königs Träume von Ruhm und Größe widerspiegeln sollten, würden zum Vorbild der Könige und Fürsten in ganz Europa werden und besonders der Serenissimi im Reich der Deutschen, deren Sucht nach höfischer Pracht in keinem Verhältnis zu ihren Möglichkeiten stand, und die meisten von ihnen verschuldeten sich hoffnungslos. Sie hatten nicht bedacht, dass neben den Baukosten die Kosten des Unterhalts bestritten werden mussten.

Versailles ist im Wesentlichen ein Werk des Sonnenkönigs persönlich, der sich überall einmischte und die Arbeiten ständig überwachte. Le Nôtre, den berühmten Landschaftsarchitekten, beauftragte er damit, wüstes Gelände in paradiesische Parks und Gärten zu verwandeln. Liselotte, die frische Luft so notwendig brauchte wie der Fisch das Wasser, gehörte zu den wenigen, die davon Gebrauch machten: »Die leutte hier sein so lam wie die gänsse undt ohne den König undt ich ist kein seel, so 20 schriett thun kann ohne schwitzen und schnauffen…«. Die Damen des Hofes ließen sich allenfalls in einer Sänfte über die Alleen tragen. Und Monsieur, der Gemahl, war schon gar nicht zu überreden, sie bei einem ihrer Spaziergänge zu begleiten; das hätte seinem Teint schaden können. Liselotte war – ungewöhnlich für ihre Zeit – durch und durch Naturkind, sah lieber »bäume und ertreich alss paläste, lieber einen küchengarten alss die schönsten gärten mit marmel und springbrunnen geziret. Wasser, wiessen und wälder kann ich mein leben nicht müdt werde.«

Häufig war ihr »lieber Herr«, wie sie den König Ludwig nannte, an ihrer Seite, meist auf Jagdausflügen, bei denen es auf Fasanen und Reiher ging; Vögel, die man in Gehegen aufzog, um sie dann auszusetzen und abzuschießen. In den tiefen Wäldern von Fontainebleau waren Hirsche die bevorzugte Beute. Liselotte war in ihrer pfälzischen Heimat auf kein Pferd gestiegen, hatte hier aber sofort Reitunterricht genommen und sich zu einer wahren Amazone entwickelt. Aus der Schilderung eines Jagdunfalls geht hervor, dass der Sonnenkönig sie mochte und sie ihn.

»Er war selber der erste bey mir so bleich wie der Tod, undt ob ich ihn schon versicherte, dass ich mir gar kein wehe getan und nicht auff den kopff gefallen were, so hette er doch keine ruhe gehabt, biß er mir selber den kopff visitieret; hat mich selber in mein cammer geführt undt ist noch etlich zeitt bey mir geblieben, um zu sehen, ob ich auffs wenigst nicht taumblich were ...«

Ludwig höchstpersönlich war es dann, der sie Maria Thérèse von Österreich vorstellte, seiner Gemahlin, die ihm angetraut worden war; aus politischen Gründen, denn aus Liebe heirateten die Fürsten nicht, wie wir wissen. Sie fasste sofort Vertrauen zu der bescheidenen, beinahe schüchternen Frau, und Liselotte war erschüttert, dass der erste Satz, den sie von ihr hörte, aus den Worten bestand: »Der König hat mich so sehr lieb, und ich bin ihm dafür sehr dankbar.« Ihr Einfluss am Hof war gleich Null. Sie dämmerte dahin und durfte glücklich sein, wenn die Marquise de Montespan sie in ihren Salon bat.

Françoise-Athénaise de Montespan, Herzogin de Mortemart, war die *maîtresse en titre*. In ihrem Salon verkehrte

Frankreich. Hier wurden Ehen gestiftet, Ehen geschieden, Favoriten auf den Schild gehoben, andere gestürzt und vom Hof verbannt. Liselotte war, zumindest vorerst, tabu, unangreifbar, denn jeder wusste, dass sie des Königs Gunst und damit seinen Schutz genoss und bei den Nachtmahlen der Montespan teilnehmen durfte.

In einem ihrer Briefe berichtet sie: »Dieses macht auch, dass ich jetzt sehr à la mode bin, denn alles, was ich sage und thue, es sei gutt oder überzwerch, das admieren die hoffleute auch dermassen dass, wie ich mich jetzt bei dieser Sach bedacht, meinen alten zobel anzutun, um wärmer auff dem halss zu haben, so lest jetzt jederman auch einen auff diesen Schnitt machen undt es ist jetzt die gröste mode, welches mich woll lachen macht.« Denn als sie bei ihrem Entre mit diesem Pelz erschien, wurde sie erbarmungslos verspottet. »So geht's hir bei diesem hoffe zu; wenn die courtisans sich einbilden, dass einer in faveur ist, so mag einer thun was er will. Wan sie sich das contrarir einbilden, so werden sie einen vor ridicule halten, wenn er gleich von himmel käme.«

Von Liselotte von der Pfalz sind uns etwa 5000 Briefe erhalten – von etwa 60000! Eine ungeheuerliche Zahl, bedenkt man, dass sie nicht einem Sekretär diktierte, sondern mit der Hand schrieb. Zwei Drittel davon in deutscher Sprache, ein Drittel auf Französisch. Wir erfahren, wie die Gesellschaft sich am Hof vergnügte, bei Jagd, Komödie und Bällen, etliches über Intrigen, die Mätressen, auch von sehr intimen Dingen ist die Rede. Da sie auch mit anderen europäischen Höfen korrespondiert hat, wird das Briefwerk zu einem kulturgeschichtlichen Dokument ersten Ranges. Ihre Sprache ist so wie sie selbst: deftig, unmittelbar, spontan und von kritischem Geist. Sie baut französische Wörter ein und Dialektausdrücke aus ihrer Heimat. Sie weiß, dass am Hof eine geheime Briefzensur herrscht und auch ihre Briefe, stichprobenartig, geöffnet werden, aber das stört sie nicht. Sie *muss* schreiben. »Ich were erstickt, wenn ich dieses nicht hätte gesagt. Wie alles hir ist, sollte es niemand wunder nehmen, dass ich nicht mehr lustig bin. Ein anderer an meinem Platz were villeicht an kummer lengst gestorben …«. Ihre Briefe dienen der Erleichterung ihres Gemüts, der Linderung der Melancholie und Betrübnis, die sie immer wieder überfallen. Sie *muss* schreiben, weil kein Mensch da ist, dem sie genug vertrauen kann, um ihr Herzeleid zu klagen. Sie ist, was ihr Äußeres betrifft, von erbarmungsloser Selbstkritik. »Mein Fett hat sich gar übel placiert, ich habe einen dicken, met verlöff, hintern, bauch und hüften und gar breite achseln. Hab aber das glücke, gar nicht danach zu fragen, bin persuadieert (überzeugt), dass die, so meine guten fründe seyndt, nur mein gemüt und nicht meine figur betrachten werden.«

Liselottes Ehrlichkeit und Direktheit, ihre Zähigkeit, an der deutschen Sprache festzuhalten (»das gute Lob, dass ich von teutscher Parole bin, will ich nicht verlieren.«), sich nicht von der Fremde »polieren« zu lassen, hat sie frühzeitig zu einer Symbolfigur deutschen Wesens gemacht. »Eine der seltsamsten, anziehendsten und, für ein deutsches Gemüt, herzerregendsten Erscheinungen in der Geschichte der europäischen Höfe«, schreibt der Hallenser Professor für Philosophie Schütz um die Jahrhundertwende, »ist unstreitig der kräftige Gegensatz wahrhaft altdeutscher Einfachheit, Treue, Redlichkeit und Tüchtigkeit, den das Leben einer deutschen Fürstin an dem französischen Hofe Ludwigs des Vierzehnten zu dem Glanze, der Üppigkeit, der Etikette und Galanterie wie dem Intrigengeist und der systematisch ausgebildeten Frivolität dieses Hofes dargestellt hat.«

Die Höfe der deutschen Serenissimi jedoch waren von ähnlicher Sittenlosigkeit. In ihren Mini-Versailles geriet alles, wie man heute sagen würde, eine Nummer zu klein und lieferte sich damit der unfreiwilligen Komik aus. Liselotte von der Pfalz wurde im Laufe der Zeit immer mehr zu jener Symbolfigur gemacht, besonders im Zeitalter des Wilhelminismus. Bezeichnend hierfür war Paul Heyses Schauspiel »Elisabeth Charlotte«, in dessen Mittelpunkt altdeutsches Menschentum und französische Lasterhaftigkeit stehen. Die Pfälzerin war daran nicht ganz unschuldig: Sie war von einem nicht zu überbietenden Stolz auf ihren alteingesessenen Adel. Während sie vom französischen Adel nicht viel hielt, weil alle die *princes, ducs, comtes, barons* vom König gemacht würden, in ihrer Heimat dagegen der Adel von Gottes Gnaden, und schon deshalb ein lumpiger Duc mit einem Pfalzgrafen nicht in einem Atemzug zu nennen sei.

Die Verachtung, die sie dem französischen Adelspack entgegenbrachte (»Mäusedreck vermischt mit Pfeffer …«), stand im Gegensatz zu der Hochachtung den Künstlern gegenüber. Sie lernte Corneille kennen, den Begründer der klassischen französischen Tragödie, und Racine, der neben seinen Dramen die Geschichte seines Königs schrieb, La Fontaine, den Fabeldichter, und den mit niemandem zu vergleichenden Molière, dessen Stück *La femme savants (Die gelehrten Frauen)* im Palais Royale Premiere hatte, und der seine Komödie *Le malade imaginaire (Der eingebildete Kranke)* inszenierte. Die Komödien, so glaubte sie, nährten die Seele und taten mehr Gutes, denn jede Predigt. Hatte sie ihren Platz im Theater eingenommen, wagte man rundum nicht einmal mehr zu flüstern. Molières *Tartuffe*, der Heuchler aller Heuchler, war ihr Lieblingsstück, gab es doch für diese Spezies Mensch keinen geeigneteren Nährboden als den Hof. Sie betrachtete das Theater als moralische Anstalt. In ihrer praktischen Art empfahl sie in Molières »Der Geizige« alle wegen ihrer Knauserigkeit berüchtigten Hofleute hineinzuschicken, würden sie doch vielleicht einsehen, wie abscheulich diese Untugend ist.

Monsieur, ihr Gemahl, mochte die Bretter, die anderen später die Welt bedeuteten, überhaupt nicht. Während Madame im Theater saß, hockte er am Spieltisch, wo er, wie bereits erwähnt, viel verlor und wenig gewann. Wenn es ihr gelang, ihn von den Karten loszueisen, führte er sie trotz der späten Stunde zum Nachtmahl. Womit er sie nicht sonderlich erfreute. Liselotte mochte die raffinierte französische Küche nicht mit tausenderlei Hors d'oeuvres, Entremets, Ragouts, Pasteten, Saucen, Konfitüren. Sie liebte derbere Kost, Pfälzer Würste mit Sauerkraut, Specksalat, Biersuppe wären ihr eine Reise wert gewesen. Sie versuchte, es den Köchen in Versailles beizubringen. Schließlich klagte sie der Tante Sophie in Heidelberg ihr Leid. Einige Wochen darauf hielten zwei Vierspänner vor ihrem Palais, beladen mit Kisten voller Mettwürste aus Braunschweig, Pumpernickel aus Hannover, Töpfen mit Sauerkraut. »Ich hab mein teutsches Maul noch sehr auf teutsche Speis verleckert«, schrieb sie in ihrem Dankbrief. Die Mettwürste aus Braunschweig verleckerten bald auch französische Mäuler.

Dass die Ehe mit Herzog Philipp I. von Orléans die Hölle gewesen sei, ist durch kein Dokument zu belegen. Diese Meinung ist eher darauf zurückzuführen, dass sich Monsieur keines guten Leumunds erfreute, wegen seiner Spielschulden, des Klüngels von Günstlingen, die ihn umgaben und die er mit Geld und Pfründen bestach, der Lustknaben, die er sich im Palais-Royal heranzog. Seiner Gemahlin dagegen war er herzlich zugetan. Von Leidenschaft konnte nie die Rede sein zwischen ihnen, und die Schilderung einer Liebesnacht, die sie in einem ihrer Briefe gibt, ist so undelikat, dass sie nicht wiederzugeben ist. Sie ist es zufrieden, als er ihr nach der Geburt einer Tochter – zwei Knaben gingen voraus – vorschlug, von nun an *lit à part* zu machen, getrennte Betten, denn »ich habe das Handwerk kinder zu bekommen, gar wenig gelibt.«

Im März 1675 lag sie von heftigen Fieberanfällen geschüttelt zu Bett, den Ärzten fiel wie üblich nichts anderes ein als Klistiere zu setzen, Schröpfköpfe anzubringen, sie zur Ader zu lassen, ihr dubiose Medizin einzuflößen, darunter eine Droge, die ein Quacksalber aus Deutschland gemixt hatte, bis es ihnen allen gelungen war, sie dem Tod immer näher zu bringen.

Ein Priester erschien, die letzte Ölung vorzubereiten, er traf auf den König, der drei Stunden Krankenwache gehalten hatte. Dann kam Monsieur und entwickelte ungeahnte Talente: Er setzte die Ärzte vor die Tür, warf die Arzneien ins Kaminfeuer, öffnete alle Fenster, wich nicht mehr von der Seite der Patientin, setzte sie eigenhändig auf den Nachtstuhl und umsorgte sie mit Liebe und Sorgfalt; besser als jede Kammerzofe. »Ich glaube auch vestiglich, dass Monsieur mich eher vom fieber geholffen und wider zu meiner gesundtheit gebracht als die 72 clistiere, welche mir die ärzte gegeben haben.«

Es war eine angenehme Zeit, die Liselotte in den ersten Jahren in Frankreich erlebte, die Zuneigung des Königs ließ alle Intrigen, die gegen sie gesponnen wurden, zunichte werden, so auch den Versuch, ihr eine Affäre mit einem anderen Mann anzudichten und Drachenzähne zwischen ihr und der neuen Favoritin des Königs, Madame Maintenont, zu säen. Doch es kam der Tag, da sie, wie viele Prinzessinnen, die man an fremde Höfe verschachert hatte, gezwungen wurde, entweder ihr Vaterland oder ihre Wahlheimat zu verraten.

Um den Frieden und die Sicherheit seiner Grenzen im Osten zu sichern – verkündete Ludwig XIV. 1688 –, sowie die unveräußerlichen Rechte der Herzogin von Orléans auf die rheinische Pfalz zu gewährleisten, sehe sich Frankreich gezwungen, zu den Waffen zu greifen. Das Ungeheuerliche wurde Ereignis: Die Vermählung mit dem Herzog von Orléans, von Liselottes Vater einst zu dem Zweck eingefädelt, die Pfalz vor Frankreichs Aggressionen zu schützen, hatte sich in ihren Auswirkungen ins Gegenteil verkehrt. So genannte *chambres de réunion* wurden gegründet, um mit fadenscheinigen Gründen eine Wiedervereinigung der Pfalz mit Frankreich in Gang zu setzen.

Liselotte ließ sich beim Dauphin melden, dem Kronprinzen, der im Begriff stand, *nach der Armee zu verreisen*. »Wenn Ihr meinen Rat befolgt, werdet Ihr nicht aufbrechen, denn ich gestehe Euch, dass ich nichts anderes als Schmerz empfinden kann, dass man sich meines Namens bedient, um mein armes Vaterland zu zerstören …« Auch ihr bestes Französisch half nicht. Der Dauphin reiste.

Für Elisabeth Charlotte beginnt ein wahres Martyrium: Der Vater erleidet einen Schlaganfall, die Reue darüber, seine Tochter sinnlos geopfert zu haben, kommt zu spät. Der Nachfolger, Liselottes geliebter Bruder, wird nach wenigen Jahren der Regierung vom Fieber hinweggerafft. Tante Sophie, die ihr ein Leben lang die Mutter ersetzt hatte, macht ihr nur Vorwürfe, dass sie die Gunst des Königs zu wenig für die Interessen ihrer Heimat ausnütze. Inzwischen hatten die französischen Truppen begonnen, die Pfalz systematisch zu verwüsten, ein wehrloses Land, denn es war einst durch Verträge entmilitarisiert worden.

»Eine Verwüstung«, schreibt der niederländische Historiker van der Cruysse, »die ebenso absurd erscheint wie die Zerstörung Dresdens im Januar 1945.« Mannheim wurde das gleiche Schicksal zuteil wie Heidelberg. Dem Befehl, alles mit Stumpf und Stiel auszurotten, kam man hier mit besonderer Gründlichkeit nach: Die Bewohner wurden vertrieben, ihre Häuser angezündet, ihre Kirchen gesprengt; es wurde geplündert und gemordet, auf die Dörfer links des Neckars warfen die Sappeure ihre Brandfackeln. In Worms brannten fünfzehn Kirchen und Klöster, in Speyer raubte die Soldateska die Grabstätten der deutschen Kaiser aus. Als der französische Schriftsteller Saint-Simon Jahre später die Pfalz besuchte, schrieb er: »Wir fuhren weiter nach Speyer, dessen Verwüstung zu beklagen ich mich nicht enthalten konnte.« Eine der schönsten und blühendsten Städte des Reichs war durch das Feuer noch immer verwüstet, ein Feuer, das Monsieur Louvois hier wie in der ganzen Pfalz hatte legen lassen. Die Apokalyptischen Reiter, die die Pest brachten, die Krankheit, den Hunger und den Tod, rasten über das Land.

Der Wahnsinn hatte durchaus Methode: Eine Wüste sollte Frankreich vor den zu erwartenden Gegenschlägen schützen, die Pfalz als Aufmarschgebiet ausschalten. Louvois, Kriegsminister, und Mélac, General, rühmten sich ihrer Siege. Es gab jedoch nicht wenige unter den hohen Offizieren, zu ihrer Ehre sei es gesagt, die sich dessen schämten und die Meinung vertraten, dass Frankreich in den Augen der zivilisierten Welt solche Siege teuer zu stehen kommen würden.

»Alle nacht, sobaldt ich ein wenig einschlaffe, deucht mir, ich sey zu Heidelberg oder zu Mannheim und sehe all die verwüstung und dann fahr ich im schlaff auff und dan kompt mir in den Sinn, wie alles zu meiner zeit war, in welchem standt es nun ist undt dan kann ich mich des flennens nicht enthalten. Wenn ich darüber schreye, weiß man mirs gar großen undank. Sollte man mir aber das Leben darüber nehmen, so kann ich doch nicht lassen zu bedauern, dass ich so zu sagen meines vatterlandts untergang bin.«

Schmerzlich ist es besonders, dass der König ihr seine Gunst entzieht, als ihm zugetragen wird, Madame, die Schwägerin also, weine um ihre Pfalz. Er empfängt sie endlich zu einem Gespräch und hört sie schweigend an, bis er endlich mit einer Handbewegung Schluss gebietet. Er sagt dabei die zwei Wörter, mit denen er sich oft vor einer Entscheidung drückt: »Je verrais – ich werde sehen«. Vielleicht spürte er den Widerspruch, dass die Schwägerin seinen Armeen stets nur Siege gewünscht hatte, vorausgesetzt, diese Siege waren nicht mit der Niederlage ihrer Heimat verknüpft. Die Besetzung Straßburgs wider jedes Recht lässt sie jubeln. Die Erfolge bei der Belagerung von Valenciennes und St. Omer, bei der sich Monsieur, ihr Gemahl als tapferer Kriegsmann erwiesen hatte, erfüllten sie mit tiefer Befriedigung. Hier dachte sie als Französin, und die armen Menschen in diesen Ländern waren ihr keine Träne wert. Kamen Meldungen aus der Pfalz, schmolz ihr Herz vor Mitleid oder ließ es schneller schlagen vor Empörung.

»Letztmal hat mir Monsieur was gesagt, dass mich recht in der seelen verdrossen hat, nehmlich, dass der König alle contribution in der Pfalz in meinem nahmen auffgenommen; also werden die armen leut meinen, ich hette von ihrem unglück proffitiert und were an alles ursach.« Noch betrübter war sie, als sie erfuhr, dass ein Teil der Gelder, die in der Pfalz erpresst worden waren, in den Truhen Monsieurs landeten.

Mit der ihrem pfälzischen Charakter eigenen Sturheit, versuchte sie, den Landsleuten in der Heimat zu helfen. »Warum tut die Tochter nichts für uns? Warum nicht?«, war der Kurfürst von den einfachen Leuten immer wieder gefragt worden. Im Dezember 1688, drei Monate nach Beginn des Pfälzischen Erbfolgekriegs, wie ihn deutsche Historiker nannten, ließ sich am Palais-Royale in Paris ein Herr Weingard, Johann melden, mit der Bitte um Audienz bei der Herzogin Elisabeth Charlotte von Orléans. Man wies ihn ab. Als man der Herzogin den Namen nannte, eilte sie zum Portal. »Da seid ihr ja! Ich habe schon voller Ungeduld auf Euch gewartet. Wie steht es daheim?«

Weingard war der Wirt des *Königs von Portugal*, eines renommierten Gasthauses in Heidelberg, wo sie mit ihrem Vater nicht selten zu Gast war. Sie zog sich in ihr Kabinett zurück und stellte einen Posten davor. Bis in die späte Nacht berichtet Weingard über das, was sich am Neckar abgespielt hatte, mehrfach unterbrochen von Liselotte, die an ihren Schluchzern beinahe erstickt wäre. Sie versprach, die Bittschrift, die der Rat der Stadt Heidelberg ihm mitgegeben, dem König zu überreichen. Eine Kopie bekam der Minister Louvois, dieser Teufel in Menschengestalt, den sie für die Gräuel verantwortlich machte. Der König antwortete nicht, und der Minister beschied ihr: »Aber, Madame, begreifen Sie nicht, dass all das nur geschieht, um die Interessen Frankreichs, und damit auch Ihre Interessen, zu schützen?!« Wisse sie eigentlich, fügte er mit boshaftem Vergnügen hinzu, wie jämmerlich feige der deutsche Kommandant gewesen sei, der Heidelberg verteidigen sollte?

Elisabeth Charlottes Stern begann zu sinken: Ludwig streicht ihr die königlichen Neujahrsgeschenke, die Versöhnung mit Madame Maintenon, der neuen Favoritin des Königs, Nachfolgerin der Marquise de Montespan, erweist sich als brüchig, und als *Monsieur,* ihr Mann, vom Schlag getroffen wird und in seinem Testament die Gemahlin mit keinem Wort bedenkt, ist sie urplötzlich eine verarmte Witwe. Sie bekam die Pocken, die die Erkrankten mit schrecklichen Narben, den so genannten Blattern verunstalten – ein Zeichen, wie wenig Widerstandskräfte sie noch hat. Der Aufenthalt im Palais-Royale lässt sie vollends verelenden, liegt doch das Palais in Paris, einer Stadt, die ihr von Grund auf verhasst ist, denn diese Stadt stinkt. Auf mehr als drei Meilen ist die von fauligen Dämpfen vergiftete Luft zu riechen, ausgehend von Schlachtereien, Totenäckern, Hospitälern, Abzugsrinnen, Urinbächen, Kothaufen. Sie sehnt sich nach den Wäldern Fontainebleaus und dem Landsitz Saint-Cloud.

»Madame sein ist ein ellendes handwerck« – dieser abgrundtiefe Seufzer stammt aus jener Zeit.

Sie zieht sich immer mehr zurück. In ihr Kabinett, wo der Schreibtisch aus Nussbaumholz mit den Löwenfüßen steht, wo die Diener ihre Federn schneiden, den Löschsand nachfüllen, das Wachs für die Siegel herrichten und das handgeschöpfte Bütten aus Holland aufschichten. Nach dem Lever, das wie üblich in aller Öffentlichkeit stattfindet, macht sie Toilette, versenkt sich im Gebet und beginnt zu schreiben. Von kurzen Pausen abgesehen, bedingt durch die Messe, die »taffel«, sprich das Diner, und hin und wieder einem »klein nikkerlein«, füllt sie bis zehn Uhr abends Blatt für Blatt, kein Brief unter dreißig Seiten. Sie korrespondiert, wie erwähnt, mit allen Höfen Europas, schreibt französisch, englisch, holländisch, vor allem aber schreibt sie auf Deutsch.

Es war für sie nicht einfach, sich das Deutsche zu bewahren in den fünf Jahrzehnten, die sie am französischen Hof verbrachte. Es gab in ihrer Umgebung keine Menschenseele, mit der sie hätte deutsch sprechen können, sieht man von der braven Frau Rathsamhausen ab, einer ältlichen Hofdame. Die deutsche Sprache war damals mit französischen Brocken derart durchsetzt wie das heutige Deutsch mit Anglizismen. Das ist ihr ein rechtes Ärgernis und sie fürchtet, das »Teutsche« werde sich so verlieren, dass es einst keine teutsche Sprache mehr geben wird.

Ende August 1715 legt sich König Ludwig XIV. zum Sterben nieder. Der Wundbrand in seinem Bein ließ sich durch kein Mittel mehr aufhalten, auch nicht durch Eselsmilch und andere Quacksalbereien. Er versammelte die Prinzen von Geblüt und die obersten Würdenträger um sein Bett und dankte ihnen für ihre Dienste. Dem keine sechs Jahre alten Dauphin, dem späteren Ludwig XV., sagte er: »Ihr werdet ein großer König werden …« Er ließ den Sohn Elisabeth Charlottes, Philipp von

Orléans, holen und ernannte ihn zum Regenten. »Sie werden einen König im Grabe und einen anderen im Kinderbett sehen; wahren Sie stets das Andenken an den einen und die Interessen des anderen.« Dann trat Liselotte an das Sterbebett: »Ich wurff mich auf die Knie«, schrieb sie ihrer Schwester Louise nach Heidelberg, »nahm seine handt und küsste sie. Er versicherte mich, dass er mich allezeit geliebt hette undt mehr als ich selber gemeint undt dass es ihm leydt sey, wenn er jeweils chagrin gegeben, er bätte, ich sollte mich doch seyner etliche mahlen erinnern …«

Sie war jetzt die Mutter des allein herrschenden Regenten, eine Position, die ihr großen Einfluss bei Hofe verschaffte. Sie machte keinen Gebrauch davon und beschied den vielen Bittstellern, die mit Taschen voller Gesuche an ihre Tür klopften: »Ich habe mir ein gesetz gemacht, mich in nichts, was staatssachen betrifft zu mischen. Frankreich ist leyder viel zu lang in weiber hände gewesen, drum will ich an alle weiber in Frankreich das exempel geben sich nicht in politische Dinge zu mengen …«. Und sie fügte hinzu: »Regieren habe ich nie begriffen, ich verstehe mich nicht darauf, bin auch zu alt, noch so was Schweres zu lernen …«.

Ihrer Philosophie der Nichteinmischung wurde sie nur einmal untreu: Als es darum ging, jenen Franzosen zu helfen, die zur Galeerenstrafe verurteilt worden waren, weil sie von ihrem – protestantischen – Glauben nicht lassen wollten. Dreißig Männer holte sie von den Galeeren herunter, die dort, mit Ketten an die Ruderbänke gefesselt, einen langsamen Tod gestorben wären.

Der letzte ihrer nach Zehntausenden zählenden Briefe stammt vom 3. Dezember 1722 und ist an die Schwester gerichtet. Siebzig Jahre ist sie jetzt, ein für damalige Zeiten hohes Alter. Von Krankheit geschwächt kann sie kaum die Feder halten. »Da bringt man mir, herzallerliebste Louise, noch ein

Schreiben von Euch, no 83, kann aber ohnmöglich drauff antworten … Doch halt. Erhält mir gott das leben biss übermorgen werde ich andtwortten.«

WILHELMINE ENCKE

Die preußische Pompadour

Sie hieß Wilhelmine und wurde Minchen genannt. Ihre Geschichte gleicht einem rührseligen Liebesroman, einem Märchen von Prinz und Aschenputtel. Preußens Historikern war die junge Dame die »schöne Wilhelmine« – es ging ja um das Sinnliche –, und einer der ihren, zwischen Widerwillen und Wohlwollen hin und her gerissen, schrieb: »Sie schien ganz und gar des Kronprinzen Geschöpf, von ihm schon als zartes Kind, als leise erblühende Knospe sorgsam gehegt, als eben entfaltete Blume in entzückter Leidenschaft gebrochen.« Schöner kann man es nicht sagen.

Wilhelmine war die Tochter eines Musikers, der im königlichen Kammerorchester das Waldhorn blies. Da auch der Kronprinz die Musik liebte – er war ein ausgezeichneter Cellist –, lernte man sich bald kennen. Minchen, 1753 geboren, war jedoch gerade zwölf geworden. Friedrich Wilhelm, Neffe Friedrichs des Großen und Kronprinz, nahm erst einmal mit ihrer älteren Schwester vorlieb, die »Figurantin« an der Oper war. Regelmäßig tauchte er in der gemütlichen Wohnung in der unweit der Linden gelegenen Mohrenstraße auf, wo ein breites Bett seiner wartete. Die jüngere verlor er nicht aus den Augen: Die machte sich, wurde von Jahr zu Jahr hübscher.

Eines Tages bat er Mutter Encke um die Erlaubnis, das Kind, in allen Ehren versteht sich, in seine Obhut nehmen zu dürfen. Er nahm sie mit nach Potsdam, wo er sie in einem Kavaliershaus am Stadtschloss unterbrachte. Madame G. von der französischen Kolonie wurde zu ihrer Lehrerin ernannt. Schließlich übernahm der Kronprinz – bezaubert von ihrer Lernbegier, Naivität und ungekünstelten Dankbarkeitsbezeugungen – höchstselbst den Unterricht. Er unterwies sie in Geschichte und Geografie, machte sie mit Vergil, Homer, Shakespeare bekannt, lehrte sie das Französische.

Wilhelmine schrieb später: »Es ist keine Prahlerei, wenn ich sage, dass unter tausend Geliebten der Fürsten, welche die Geschichte aufweist, vielleicht nicht eine ist, die sich mit mir vergleichen lässt. Sie können mich an Reizen des Körpers und Vorzügen des Geistes bei weitem übertroffen haben: Aber ihr Geist war nicht durch den Geliebten selbst gebildet.«

Zur Vollendung ihrer Ausbildung schickte Friedrich Wilhelm sie nach Paris, wo sie im Salon der Mademoiselle de Launay ihre Sitten verfeinerte, ihre Sprache vervollkommnete, das Tanzen lernte und ihre Garderobe auf den neuesten Stand brachte; auch in jenen Künsten sich verfeinerte, die zum Rüstzeug einer Kurtisane gehörten: Sie lernte die Liebe. Begleitet wurde sie von ihrer Schwester, die es inzwischen zur Gräfin Matuschka gebracht hatte, und einem Stab ausgesuchter Begleiter. Sechs Monate später kehrte sie nach Berlin zurück, wo sie heimliches Quartier bei einem Förster in der Nähe von Nauen bezog. Der Kronprinz besuchte sie dort nächtens, immer auf der Hut vor Spähern des Onkels, sprich Friedrichs des Großen. Der mochte den Neffen nicht, hielt ihn für einen Nichtsnutz, für einen unberechenbaren Patron, dessen Wege man überwachen musste. Was hatte er doch dem Minister von Hoym bei der letzten Truppenrevue in Schlesien gesagt? »Lebe Er wohl. Ich werde Ihm sagen, wie es nach meinem Tode gehen wird. Es wird ein lustiges Leben bei Hofe werden. Mein Neffe wird den Schatz verschwenden, die Armee ausarten lassen. Die Weiber werden regieren und der Staat wird zugrunde gehen.«

Es kam nicht ganz so schlimm, aber schlimm genug. Aus dem Staatsschatz von 54 Millionen Talern wurden innerhalb von elf Jahren 54 Millionen Schulden. Der Graf Mirabeau, von dem man nicht genau wusste, ob er an einer großen Biografie des Königs arbeitete oder als Agent der französischen Regierung tätig war, schrieb über Friedrich Wilhelm II.: »Anstatt das Volk zu sich zu erheben, stieg er zu ihm hinunter. Sein einziger Wille sind die Leute, die Geist haben. Im Inneren des königlichen Hauses herrscht eine vollkommene Unordnung. Überall Verwirrung und Zeitverschwendung. Kein Papier ist in Ordnung, auf keine Eingabe erfolgt ein Bescheid, keine menschliche Gewalt wäre imstande, ihn dazu zu bringen, vierzig Zeilen hintereinander zu lesen.«

An der Unordnung trug Wilhelmine keine Schuld und an den Schulden auch nicht. Sie kostete ihren Liebhaber 30000 Taler im Jahr, und das war, vergleicht man es mit dem, wie hoch Kurtisanen an den europäischen Höfen normalerweise zu Buche schlugen, der Ausdruck mag gestattet sein, durchaus preiswert. Wilhelmine, dieses wundersame Geschöpf, das war etwas anderes als die bisherigen Flittchen, die Friedrich Wilhelm II. gehabt hatte. Er liebte sie aufrichtig, und sie liebte ihn. Es kam zu einer herzbewegenden Szene, die dem Zeitalter des Romantischen, des Sentimentalen, des Tränenreichen gemäß war.

»Indem er mir gestand, dass er viele Fehler und mitunter Laster gegen mein Geschlecht begangen, gab er mir die heiligste Versicherung, dass er *mich* nie verlassen werde. Mit einem Federmesser machte er sich einen Ritz in den Ballen der linken Hand und schrieb mir diese Versicherung auf einen kleinen Zettel.« Auch Wilhelmine nahm statt Tinte ihr Blut und zeigte noch im hohen Alter stolz die Narbe, die von der Wunde zurückgeblieben war.

Ihr Liebhaber hatte bereits eine Ehe hinter sich – mit der

19-jährigen Elisabeth von Braunschweig-Wolfenbüttel, einer temperamentvollen Frau und nicht umsonst die Lieblingsnichte Friedrichs des Großen. Die Ehe ging nicht gut, konnte nicht gut gehen, weil Neffe Wilhelm sie ständig betrog, und sie Gleiches mit Gleichem vergalt: Unter anderem trieb sie es mit dem Klarinettisten Pietro, dem Pianisten Müller, etlichen Gardeoffizieren und brachte ein Töchterchen zur Welt. Wer nur war der Vater?, hieß es am Hofe. Die Frage schien beantwortet, als Elisabeth das Kind wiederholt »mein Mülleken« nannte. Ihr Gemahl war entrüstet, denn was ihm zukam, gebührte seiner Ehefrau nicht. Sie wurde einem Verhör unterzogen und schwor Besserung. Sie ahnte nicht, dass ihre Post regelmäßig geöffnet wurde. In einem Brief, der nach Weimar gerichtet war, lasen die Kontrolleure: »Mein treuer Pietro! Du musst mich von hier entführen. Ich will lieber trockenes Brot essen, als länger mit einem dicken Tölpel leben!«

Die Ehe wurde geschieden und Elisabeth nach Stettin verbannt, wo sie, gespenstisches Bild, in einem leeren Saal um leere Stühle tanzte, die Sehnsucht im Herzen, eines Tages wieder zurückkehren zu können in die Residenz. Schließlich bereitete sie die Flucht nach Venedig vor. Doch der Husarenoffizier, der sie begleiten wollte, erschien nicht am vereinbarten Treffpunkt.

Eiligst sah man sich nach einer neuen Frau für den Kronprinzen Wilhelm um. In Augenschein genommen wurden die vier noch unverheirateten Töchter des Landgrafen von Hessen-Darmstadt, denen der Brautwerber ein ausgezeichnetes Herz nachsagte. Was darauf schließen ließ, dass sie weder Reichtum, noch Schönheit noch Geist besaßen. Friederike, die man erwählte und dem widerstrebenden Prinzen zuführte, erfüllte ihre Pflicht und gebar dem Hause Hohenzollern einen Knaben.

Behutsam wurde Wilhelmine Encke nun in die Berliner

Gesellschaft eingeführt. Und sie machte sogleich Furore. Gottfried Schadow, der Bildhauer Preußens, von dem das Doppelbildnis der Königin Luise und ihrer Schwester Friederike stammte, schuf von Madame eine Marmorbüste. Angelica Kauffmann, Malerfreundin Goethes in Rom, malte ihr Portrait. Der Kriegsrat Friedrich von Cölln, der sie hasste, konnte nicht umhin, sie zu bewundern. »Die Natur hat ihr alle Reize verliehen, um genuss- und liebebereite Männer zu fesseln. Ihr Körper war wunderschön, ganz Ebenmaß ohnegleichen. Es fehlt ihr auch nicht an Unterhaltungsgabe und an Geschmack in Kunstsachen. Ihr Tisch galt bald als der ausgesuchteste in ganz Berlin, und ihre Zirkel die zwanglosesten und freudvollsten, die es gab.«

Trotz dieses Zirkels hatte sie es nicht leicht in Berlin. Die Damen des Hochadels verabscheuten sie: Ihr Anblick war ihnen ein permanentes Ärgernis. Sie glaubten, dass sie an allem, was faul war im Staate, die Schuld trug. Die Schuld an Korruption, Misswirtschaft und Vetternwirtschaft. Wilhelmine herrsche und nicht das Königshaus. Wer Karriere machen wolle, müsse sich mit ihr gut stellen. Sie sei es, die die besten Posten an der Krippe zuteile. Nun, manche Höflinge benutzten sie in der Tat als Vorzimmer zum Kronprinzen, um ihren Wünschen Gehör zu verschaffen. Als Wilhelmine jedoch einmal versuchte, die Geschäfte zu beeinflussen, wie es die *maîtresses en titre* an den anderen Höfen Europas taten, stieß sie auf einen Gegner, dem sie nicht gewachsen war: Der Alte von Sanssouci war ihr anfangs gewogen; er erkannte sie nicht an, aber er duldete sie. Er, der sonst auf jeden Taler schaute, hatte sogar Geld locker gemacht für den Kauf eines Landhauses in Charlottenburg. Er sagte sich, dass selbst ungeregelte Verhältnisse geregelt sein müssten und der Neffe bei Wilhelmine in besseren Händen sei als bei den Schauspielerinnen der französischen Komödie, die er allesamt für Spioninnen hielt.

Nein, einen Einfluss irgendwelcher Art gestattete er ihr nicht und wies die Kollegien an, auf die Empfehlungen einer gewissen Person keine Rücksicht zu nehmen. Bei einem zufälligen Zusammentreffen im Charlottenburger Schlosspark, wurde er deutlicher. »Heirate Sie, wen Sie wolle, aber heirate Sie!« – hoffend, so ihren Einfluss auf den Thronfolger einzuschränken.

Sie gehorchte. Wenn auch zornbebend. Sie wählte den Kammerdiener ihres Geliebten, der die Männer mehr liebte als die Frauen und schloss mit ihm eine Scheinehe. Es war keine gute Wahl. Der Diener Rietz verkehrte mit seinem Herrn auf der Basis des *frère et cochon*, ließ sich prügeln und durch Geschenke wieder versöhnen. Er war korrupt bis ins Mark, kassierte bei allen, die einen Orden wünschten oder den Adelstitel. Johanniterkreuze und Adlerorden sah man nun an den Röcken jener, deren Verdienste lediglich aus hohen Verdienstspannen bestanden. Und nicht wenige preußische Edelleute, die später auf ihren edlen Stammbaum pochten, verdanken ihre Ahnen einem Kammerdiener.

»Dieser ganz gemeine Mensch«, wie ihn ein Chronist nennt, biederte sich sogar bei Goethe an, indem er bei der *table d'hôte* während der Campagne in Frankreich dem Dichterfürsten schulterklopfend bedeutete: Männer von Genie müssen keineswegs, der landläufigen Meinung gemäß, hager, kränklich und vermickert aussehen, was er, Rietz, und Goethe ja augenfällig demonstrierten. Goethe hat von dieser Begegnung amüsiert berichtet.

So wenig Friedrich Wilhelm von Männern der Couleur eines Mirabeau geachtet wurde, das Volk liebte seinen »dicken Wilhelm«. Sie wussten, dass er hervorragend Cello spielte und Beethoven ihm bei seinem Besuch in Berlin eine Violoncello-Sonate gewidmet hatte, dass er Mozart nach Berlin berufen wollte mit einem ihn von allen Sorgen befreienden Angebot (doch er kehrte dorthin zurück, wo man ihn schlecht behandelte und schlecht bezahlte, nach Wien). Die Berliner verdankten ihm das Brandenburger Tor, gebaut von Langhans, bekrönt von Schadow mit der Quadriga, ein Tor, das zum Schauplatz deutscher Geschichte werden sollte – von Napoleons Einzug in Berlin, 1806, bis zu Hitlers Fackelzug 1933, und der Hissung der roten Fahne nach der Einnahme der Stadt durch die Sowjets 1945; und auch einen Bau, auf den sie gern verzichtet hätten – das Belvedere im Charlottenburger Schlosspark. Hier nämlich spukte es, besser: man ließ es spuken.

Das 18. Jahrhundert war das Zeitalter der Geheimbündelei und des Okkultismus. Es ist nur ein scheinbarer Widerspruch, dass es gleichzeitig als Zeitalter der Aufklärung galt. Es war aber gerade die Herrschaft des Vernünftigen, die das Unvernünftige herausforderte. Der Glaube, dass sich alles, was die Welt im Innersten zusammenhält, mit den Mitteln des Verstandes erklären lasse, förderte den Aberglauben. Eine der nach Dutzenden zählenden geheimen Gesellschaften anzugehören, war zu einer Mode geworden, die der Adlige wie der Bildungsbürger gleichermaßen mitmachte. Von den Loyalisten, den Gasnerianern, Mesmerianern, Kabbalisten, Somnambulisten, Swedenborgianern, Cagliostrojüngern, den schwarzen Magiern und wie die Gesellschaften sich alle nannten, fühlten die *Rosenkreuzer* sich von Gott beauftragt. Beauftragt, die Seelen vor dem Bösen zu retten.

Die wichtigste unter den Seelen war zweifellos die von Friedrich Wilhelm. Bischoffwerder, der Leiter der Außenpolitik, und Wöllner, Kultus- und Justizminister, beides Rosenkreuzer, übernahmen die Rettungsaktion, indem sie im Belvedere eine makabre Veranstaltung inszenierten mit dem Ziel, den König vom verderblichen Einfluss der Encke zu befreien und ihn wieder auf den Pfad der Tugend zurückzubringen. Hierzu wurden die Geister des römischen Kaisers Mark

Aurel, des Philosophen Leibniz und des Großen Kurfürsten zitiert, die sofort nach Erscheinen mahnend und drohend auf den Hohenzollern einzureden begannen, ihm schließlich gestatteten, Fragen zu stellen, doch brachte der König, von Furcht und Grauen geschüttelt, kein Wort über die Lippen.

Nach Beendigung der Séance schwor er prompt dem satanischen Weibe ab, schränkte aber, wieder in Potsdam und einigermaßen erholt, den Schwur insofern ein, sich nur vom Bett Wilhelmines zu trennen, nicht jedoch von ihrem Tisch. Im Belvedere hatten inzwischen Ordensbrüder die beiden metallenen Hohlspiegel abtransportiert, den mit hauchdünnem weißen Flor bespannten Rahmen, drei Theaterkostüme, auch den Bauchredner Steinert entlohnt und zur Verschwiegenheit ermahnt. Das alles klingt, wenn man bedenkt, dass Berlin nicht hinten im fernen Orient lag, sondern inmitten Europas, reichlich fantastisch, und noch in einer neueren Biografie hat man die Geisterseherei Friedrich Wilhelms II. in das Reich historischen Klatsches verweisen wollen. Die Dokumente sprechen eine andere Sprache.

Wilhelmine schloss ihren Liebhaber wieder in die Arme. Aus der Glut der Leidenschaft war längst ein heimeliges Feuerchen geworden. Sie erwartete ihn nicht mehr nackt auf dem mit schwarzer Seide bezogenem Sofa, sondern in einem eleganten Kleid, das allerdings, so viel hatte sie vom Unterricht bei Mademoiselle de Launay noch in Erinnerung, viele Knöpfe, Schleifen, Bänder, Haken, Häkchen aufweisen musste. Der Liebhaber war gezwungen zu *nesteln*, was seine Erregung ungemein steigerte. Auch das Nesteln half bald nichts mehr. Wenn er neue Amouren brauchte, um sich seiner Manneskraft zu versichern, dann wollte wenigstens sie selbst die Damen aussuchen. »Nun wurde sie zur Kupplerin des Königs und unterrichtete die Schlachtopfer seiner Lust«, schrieb der Kriegsrat Cölln, der gern auch ein solches

Schlachtopfer gehabt hätte, »wie sie sich mit ihm zu verhalten hätten.«

Das Wäschermädchen Minette Horst gehörte dazu, auch Madame Baranius vom Theater. Wilhelmine bewies Geschmack. Über die Baranius schrieb Rahel Varnhagen: »Nein, wie sie schön war, noch hab ich Kopfschmerzen davon.« Dann sorgte sie dafür, dass ihm eine Dame ärztlich verordnet wurde: die Tänzerin Schulzki, die so hübsch war wie geistlos. Man griff dabei auf ein altes Rezept des holländischen Arztes Boerhave zurück, der greisen Herrschern blutjunge Mädchen ins Bett legte, damit sie durch der Jungfrauen heißes Blut verjüngt würden. Eine Arznei, an die so mancher Mann heute noch glaubt.

Neben seinen Geliebten und seiner Ehefrau musste Wilhelmine ihren Friedrich Wilhelm noch mit anderen Damen teilen. Mit Julie von Voß zum Beispiel, ihm zur linken Hand angetraut oder morganatisch. Was ursprünglich hieß, dass die Angetraute nur das Recht besaß, die Morgengabe zu beanspruchen, sonst aber keine weiteren ehefraulichen Rechte. Die Voß, bleich, prüde, von vestalischer Strenge, hatte, bevor sie bereit war, mit dem König das Lager zu teilen, die Bedingung gestellt, die Encke müsse in die Wüste geschickt werden, sprich ins Litauische. Doch die blieb. Sie hatte nur zwei Jahre durchzustehen, dann starb Julie, schuld daran war natürlich die Rietz. Sie hatte Julie in der Pause einer Opernaufführung ein Glas Limonade gereicht. Die Limonade war vergiftet. Für Gift sprach auch, dass die Leiche in der Voss'schen Familiengruft partout nicht verwesen wollte. So der Hofklatsch. Der Familie war es wichtig genug, den Corpus obduzieren zu lassen. Man fand kein Gift in den Organen. Nur eine durch Tuberkulose zerstörte Lunge.

Ein Jahr darauf hatte sie es mit einer erneuten hochrangigen Konkurrentin zu tun: der Komtess Dönhoff. Sie sei noch schöner gewesen als die Baranius. Schön, aber teuer. Allein die Mutter verlangte für ihr Einverständnis 50 000 Taler. Auch diese Trauung fand wieder linkshändig statt, auch diese Ehe ging wieder nicht gut. Die Komtess mischte sich in die Politik ein. Seine Majestät waren der Meinung, Frauen würden in der Politik nur Ärger machen. Man trennte sich, und die Gräfin ging – gesegneten Leibes. An einem Novemberabend des Jahres 1793 kehrte sie nach Potsdam zurück, drang zum König vor und legte ihm einen in Leinwand gewickelten Säugling zu Füßen. »Hier haben Sie Ihr Eigentum zurück!« Der warf einen kurzen Blick auf das Bündel und sagte knapp: »Versorgen.«

Versorgen sollte den Säugling Wilhelmine Encke. Das nährte die Gerüchte, wonach sie wieder einmal ihre Finger im Spiel gehabt habe. Viele seien ihr zinsbar geworden, hieß es, wer ins Gefängnis nach Spandau musste, bestimme sie, allerorten habe sie ihre Spione. Sie habe, so des Weiteren, 100 000 Guineen Bestechungsgelder aus London entgegengenommen, um Friedrich Wilhelm vom Abschluss des Basler Friedensvertrags von 1795 mit dem revolutionären Frankreich, abzuhalten, der den Engländern nicht passte. Doch Wilhelmine hatte es schriftlich, wie integer sie war. Auf einer Liste des französischen Gesandten, die die Namen aller zu schmierenden Personen am preußischen Hof enthielt, stand hinter *ihrem* Namen: »Incorruptible – Unbestechlich«. Und sie war es.

Fünf Kinder hat sie ihrem großen Freund geboren; darunter den Grafen Alexander von der Mark, des Königs Liebling. Als er mit neun Jahren starb, schuf kein Geringerer als Gottfried Schadow das Grabmal, eines seiner bedeutendsten Werke. *Einen* Sohn, Wilhelm mit Namen, erkannte der Vater nicht an, weil er eine verdächtige Ähnlichkeit mit dem Rietz, diesem gemeinen Menschen, zu sehen glaubte.

Wilhelmine hatte, inzwischen über vierzig, noch immer eine untadelige Figur. Besonders ihre Arme rühmte man.

Wenn sie in Paskels Galanteriegeschäft am Schlossplatz Handschuhe kaufte, fanden sich, vom Ladenbesitzer benachrichtigt, einige »Kunstkenner« ein, um ihre beim Anprobieren entblößten Arme zu bewundern. Wenn sie nicht in ihrem feudalen Landhaus in Charlottenburg weilte, dann inspizierte sie auf der Pfaueninsel, der »Perle im Havelmeer«, das gerade fertig gewordene Lustschloss. Das Schlösschen gilt als ihre ureigene Erfindung. Sie hatte den Kupferstich eines ruinösen Kastells auf Capri aufgetan, danach eine Skizze gezeichnet und dem Zimmermeister Brendel aus Potsdam den Auftrag erteilt, sofort zu bauen. Es entstand ein Bau, den unsere Kunsthistoriker als ein Monstrum bezeichnen, dessen Inneres aber mit den erlesenen Kostbarkeiten einer Wohnkultur ausgestattet ist, wie sie vom Berliner Handwerk in dieser Qualität nie wieder erreicht wurde.

Ihr Landhaus in Charlottenburg hatte sie inzwischen, ebenfalls nach eigenen Entwürfen, in ein zwei Stockwerke umfassendes Palais ausbauen, den Garten nach Zukauf von fünfzehn benachbarten Grundstücken in einen Park verwandeln lassen. Mit Wasserkünsten, Grotten, Brücken, Statuen, Gewächshäusern. An einem am Spreeufer extra dafür angelegten Kai pflegte der König bei seinen häufigen Besuchen mit einer Gondel festzumachen. Meist wollte er irgendeinen Rat, einen Vorschlag, ein bisschen Lebenshilfe eben; ohne seine Wilhelmine kam er einfach nicht mehr aus. Wilhelmine war jetzt auf dem Zenit ihrer Karriere.

Unter den Linden besaß sie ein weiteres Palais, das eine zusätzliche Attraktion aufwies: ein kleines Privattheater. Es wurde wenig bespielt, doch wenn, dann mit Exquisitem, wie zum Beispiel Goethes Singspiel *Erwin und Elmire*. Hier verkehrte der engere Zirkel – Offiziere vom Obristen aufwärts, Gesandte der europäischen Staaten, die reichen Gutsbesitzer aus dem Osten, hohe Beamte, berühmte Künstler, darunter vor allem Theaterleute. Nur die Prinzen und Prinzessinnen des Hofes wurden nicht gebeten, schließlich luden diese auch Frau Encke nicht ein. Auch hier war sie wieder als eine Art Innenarchitektin tätig gewesen. In einer Mischung aus Selbstbewusstein und Bescheidenheit bekannte sie: »Es ist wahr, dass ich einen ziemlich richtigen Geschmack, verfeinerte Sitten, einige Fertigkeiten in den nötigen Sprachen und endlich einige Kenntnisse in der Malerei, Dichtung und Musik besitze. Aber es ist alles nur Routine, die ich durch die Bekanntschaft mit hoch stehenden Männern, durch meine Reisen nach Frankreich, der Schweiz, Österreich, Italien mir aneignete. Menschenkenntnis, die besaß ich leider nicht.«

In ihrem Salon herrschte die absolute Freiheit des Wortes. Alle durften alles über jeden sagen; mit einer Ausnahme, und die lautete: kein Wort gegen Friedrich Wilhelm. Der war schon lange nicht mehr der Liebling der Berliner, wie er es zu Anfang gewesen war, als er den Kaffee verbilligte, den Tabak, das Brot, den Zucker; niemanden mehr mit »Er« anredete, sondern jeden mit »Sie«. Die Korruption, die sich überall eingefressen, die Günstlingswirtschaft, die Verschwendungssucht und auch die Spökenkiekerei im Belvedere, das alles war den Leuten nicht verborgen geblieben und hatte seinen guten Ruf beschädigt. Auch die Historiker hatten an ihm kein gutes Haar gelassen. Inzwischen sind sie allerdings etwas anderer Meinung. »In Wirklichkeit war er so übel nicht«, meinte etwa Sebastian Haffner. »Es lässt sich sogar die These vertreten, dass er einer der erfolgreichsten Hohenzollernkönige gewesen ist.«

Friedrich der Große hat einmal gesagt: »Meine Offiziere müssen Fortüne haben.« Pflichttreue, Tapferkeit, Ehrgefühl, ja Heldenmut galten als hoch geschätzte Tugenden; ohne das *Glück* aber taugten sie zu nichts. Und der dritte Preußenkönig hatte Fortüne: Ihm fielen die Erfolge, sprich Landgewinne, in den Schoß. Am Ende seiner Regierung reichte Preußen von

Köln bis Warschau, war damit so groß, wie es vorher niemals gewesen war und nachher nie mehr sein würde. Es fing mit den Fürstentümern Ansbach und Bayreuth an, dessen Markgraf des Treibens müde war und 1791 seine Länder zum Verkauf anbot. Der preußische König griff zu, wohl wissend, dass Geld auf die Dauer seinen Wert einbüßte, Landbesitz aber niemals.

Es folgte die zweite Teilung Polens, 1793, und zwei Jahre später, die dritte. Friedrich Wilhelm ging es so wie seinerzeit der österreichischen Kaiserin Maria Theresia bei der ersten polnischen Teilung, als sie zwar *weinte*, aber *nahm*. Auch war er sich bewusst, dass es nicht rechtens sein könne, einen Staat mit einer 800-jährigen Geschichte von der Landkarte verschwinden zu lassen. Es war ihm unbehaglich zumute, aber er griff zu und bekam Masuren mit Warschau, Danzig, Thorn sowie die Distrikte Posen, Gnesen, Kalisch, Teile Litauens und des Gebietes von Krakau. Zusammen ergab das einen Zuwachs von rund 140 000 Quadratkilometern und über zwei Millionen Einwohnern. Der wegen seiner Passivität gescholtene König hatte damit, rechnet man Ansbach/Bayreuth hinzu, das Staatsgebiet um beinahe sechzig Prozent auf über 305 000 Quadratkilometer vergrößert. Und das alles ohne einen Schuss Pulver, ohne Schwertstreich, ohne einen Tropfen Blut.

Kehren wir zurück zur Pfaueninsel und dem Schlösschen. Es war als Liebesnest gedacht, aber von Leidenschaft und Liebe war, wie schon erwähnt, nicht mehr die Rede. In ihren Memoiren schreibt Wilhelmine: »Zwischen mir und ihm gab es nun ein ungleich edleres Band, als es das physische zu knüpfen vermag.« Das war so treuherzig wie unwahr: Beide Partner »knüpften« weiter. *Er* fand mithilfe des Potenz erhaltenden Mittels »Diavolini« eine neue Geliebte. *Sie* bezeigte den Kavalieren der verschiedensten Couleur ihre Gunst. Als sie im Alter von vierundvierzig Jahren nach Italien reiste, war sie im Gegensatz zu den meisten gleichaltrigen Frauen noch nicht verblüht. Begleitet von Reisemarschall, Sekretär, Gesellschafterin, Köchin, Kammerjungfrau, Kammerdienern, wohl versehen mit Blankoschecks für die Banken in Mailand, Florenz, Rom und einer Summe in bar zum Ankauf von Antiquitäten, wurde sie bald zum Mittelpunkt einer internationalen Clique von Globetrottern.

Der Marquis von Lucchesini, der Chevalier de Saxe, der Herzog von Sussex, der Graf Colonna verfielen ihr auf der Stelle. Mylord Bristol, Bischof von Londonderry, drängte ihr sein Castle in Cornwall und seine Güter in Irland geradezu auf. Eine glorreiche Reise war das, die sie von einem italienischen Hof zum anderen führte. Nur in Neapel, wo der Mond, so schrieb sie in einem ihrer zahlreichen Briefe, wärmer scheine als die Sonne in Berlin, gab es einen unangenehmen Zwischenfall.

Hier regierte Marie Caroline, Königin beider Sizilien. Sie war eine geborene österreichische Erzherzogin und sehr stolz darauf. Eine Hofschranze ließ der Rietz-Encke ausrichten, dass ihr eine bürgerliche Mätresse des preußischen Königs zu ordinär sei, eine adlige Mätresse würde sie vielleicht empfangen. Die Rietz setzte sich an ihren Reisesekretär und schrieb: »Ew. Majestät wissen sehr wohl, dass ich für meine Person auf die törichten Eitelkeiten der Hofetikette keinen Wert lege. Alleyn, es bringt mich in eine schiefe Stellung, dass meyne Kinder durch die Gnade Ew. Majestät in den Grafenstand erhoben, ich dagegen noch dem einfachen Bürgerstande angehöre.«

Sie siegelte und schickte den Brief per Kurier nach Berlin. Und bekam anderthalb Wochen später einen Eilbrief aus Berlin, der die Adresse trug »Ew. Hochwohlgeboren der Gräfin zu Lichtenau«. Sein Inhalt bestand aus einem vordatierten Adelsdiplom, mit je vier blaublütigen Ahnen väterlicher – wie mütterlicherseits und einem silberfunkelnden Wappen. Dem

Empfang stand nun nichts mehr im Wege. Bei dieser Gelegenheit lernte sie eine Engländerin kennen, mit der sie auf Anhieb harmonierte: Es war die Gemahlin des Britischen Gesandten Sir William Hamilton. Auch Lady Hamilton war keine Geborene, sondern eine Gewisse. Sie hieß Emma Lyons und hatte auf dem Haymarket zu London Obst und sich selbst verkauft. Sie war jene Karriereleiter hinaufgeklettert, die allein einem Mädchen aus dem Volke das ermöglichte, was man heute Selbstverwirklichung nennt. Meist wurde das teuer bezahlt, denn die Gesellschaft hat es nie verziehen, wenn man ihre Spielregeln durchbrach. Emma, später die Geliebte des Seehelden Nelson, ging im Elend zugrunde.

Wilhelmine hat es später selbst bereut, die Spielregeln nicht eingehalten zu haben. Durch diese eigenmächtige Standeserhöhung wurde der Stolz der Vornehmen beleidigt, und machte sie bei jenen so verhasst wie bei der Schicht, aus der sie stammte.

»Wir standen am Fenster und genossen die prächtige Aussicht. Im Hintergrund die Insel Capri und in der Ferne der in Nebel gehüllte Vesuv. Das Meer war stürmisch; das stimmte uns zu melancholischen Phantasien der Zukunft«, diktierte die Gräfin Lichtenau ihrer Gesellschafterin, die das Reisejournal führte. Zwei Tage später traf die Nachricht von der schweren Erkrankung König Friedrich Wilhelms ein. Sie bestellte umgehend Kurierpferde, ließ anspannen und jagte im Eiltempo zurück nach Deutschland.

Er war wie ein Kind bei ihrem Wiedersehen. »Ach, wie freue ich mich. Gott sei gedankt, dass ich noch solches erleben darf, Gott segne Ihnen!« sagte er – lebte sichtlich auf und ließ seiner Freundin einen Triumph zukommen, den abzulehnen sie diesmal nicht klug genug war. Sie gab in ihrem Palais Unter den Linden ein Geburtstagsfest, zu dem sie, da nun adlig und ebenbürtig, den Hof einladen durfte. Die Kronprinzessin, die spätere Königin Luise, musste ihr die Hand reichen, der Kronprinz sie ihr küssen.

Alles war kostbar in dieser infamen Budike, wie der alte Prinz Heinrich fluchte, auch die kleine Bühne, auf der man Nasolinis Oper »Cleopatra« aufführte, ein Werk, das nicht ganz passte oder vielleicht zu sehr. Als Octavia den Mark Anton der Untreue bezichtigte, sah alles verstohlen zur Königin hin, die zu weinen begonnen hatte, worüber sich der Kronprinz derart alterierte, dass er auf den Gang hinausstürzte und den Degen ziehend ausrief: »Ich töte diese Kreatur auf der Stelle.«

Ansonsten war es ein gelungenes Fest, der König warf den Kindern seiner drei Geliebten, der Encke, der Voß und der Dönhoff, Schokolade in ihre Logen und alles lachte fröhlich.

Friedrich Wilhelm war trotz aller zur Schau getragenen Fröhlichkeit bereits vom Tode gezeichnet. Der Atem ging röchelnd, die Stimme klang kaum verständlich. Auch die Quacksalber konnten ihm nicht mehr helfen: Die Ausdünstungen ungeborner Kälber, das Ausstopfen der Kissen mit ihren Innereien, die mithilfe komplizierter Apparaturen ins Krankenzimmer geblasene »Lebensluft« waren untauglich.

Er hockt in einem Lehnstuhl, die unförmig geschwollenen Füße in Kissen gehüllt. Sein Blick irrt über den Kamin, vor dem die Kinder der Dönhoff spielen. Der Vorleser rezitiert aus Molières Stück »Der eingebildete Kranke«. Ab und zu huscht die Schulzki herein und versucht den Monarchen durch einen Schleiertanz aufzuheitern. Gespenstisches Szenarium …

Die Gräfin Lichtenau sitzt neben dem König und streichelt ihm die Hand. Er beugt sich zu ihr und wiederholt seine Mahnung, sie solle auf der Stelle aus Berlin fliehen. Sie sei in Lebensgefahr. Die Gräfin schüttelt den Kopf. Seit sechs Wochen pflegt sie den Kranken Tag und Nacht.

Gegen Abend betritt die Königin mit ihrem ältesten Sohn,

dem Kronprinzen, das Krankenzimmer. Der Prinz kniet nieder und empfängt den Segen des Vaters. Beim Abschied dankt die Königin im Vorzimmer der Gräfin Lichtenau für ihre aufopfernde Pflege, sie umarmt die Geliebte ihres Mannes und küsst sie.

Der Kronprinz steht neben ihnen und spricht kein Wort. Die Gräfin fängt einen Blick von ihm auf, und da weiß sie, welches Schicksal sie erwartet, wenn dieser Mann den Thron bestiegen haben wird. Hass sprüht der Blick und kalte Verachtung für die Mätresse seines Vaters, diese personifizierte Beleidigung der geliebten Mutter. Als die Gräfin das Krankenzimmer wieder betritt, richtet sich der König auf und fragt: »Was hat mein Sohn zu dir gesagt?« Sie antwortet: »Nichts.« »Wie, kein Wort des Dankes?«, klagte der König. »Ist es möglich? Ich vermag es nicht zu fassen.«

Die Rietz, die ihn wochenlang aufopfernd gepflegt hatte, war erschöpft vom nächtlichen Wachen, in ihrem Zimmer in einen totenähnlichen Schlaf verfallen. Als sie sich erhob, war der Mann gestorben, der ihr Lehrer gewesen war, ihr Geliebter, ihr Freund, ihr Wohltäter, der Vater ihrer Kinder. Den sie während seiner Krankheit bis zum Tode nicht hatte verlassen wollen, obwohl sie die Ungnade seines Nachfolgers fürchten musste. An Warnungen hatte es nicht gefehlt, auch nicht an Angeboten, ihr Vermögen ins Ausland transferieren zu lassen oder selbst zu flüchten. Dass die Geliebte eines Großen sich zu Lebzeiten des großen Mannes versichern müsse, da man sie nach seinem Ableben mit allen Hunden hetzen würde, nach dieser Weisheit hatte sie sich nicht richten wollen. Obwohl Emmy Lyons alias Lady Hamilton es ihr immer wieder eingeschärft hatte.

Das Verhängnis brach schnell herein. Noch am selben Tag ertönte von draußen der schwere Schritt der die Totenwache übernehmenden Garde, betraten der Oberst Zastrow und der

Major Kleist ihr Zimmer. »Im Namen des Königs. Sie sind verhaftet!«

Eine Haupt- und Staatsaktion schloss sich an, während derer sie von einer Kommission in fünfundvierzig Punkten verhört und in sieben Punkten angeklagt wurde. Man beschuldigte sie des Verrats von Staatsgeheimnissen an fremde Mächte, der unrechtmäßigen Bereicherung aus königlichem Gut, der Schädigung der Person des Königs durch Ausnützen seiner Schwächen und Begünstigung seiner spiritistischen Neigungen. In tagelangen Verhören wurde ein ganzes Leben bis ins letzte Detail durchleuchtet, wobei die Gräfin, so das Protokoll, »mit anscheinend vollkommener Unbefangenheit sich ausgelassen, sich nie widersprochen und geändert hat«.

Die Mitglieder der Untersuchungskommission befanden nach sorgfältigem Aktenstudium und Abwägung allen Für und Widers: »Der Rietz-Encke, nunmehrigen Gräfin Lichtenau, ist nichts Strafwürdiges nachzuweisen.« Sie bewegten sich damit innerhalb der Tradition des *Il y des juges à Berlin*, wussten sie doch, dass ein anderes Urteil erwartet worden war. Denn Friedrich Wilhelm III. brauchte ein Opfer, um seinen Vater zu entsühnen. Er kassierte das Urteil, ganz im Stil einer überwunden geglaubten Kabinettsjustiz, ließ das Vermögen der Delinquentin einziehen und verbannte sie für den Rest ihres Lebens auf die Festung Glogau.

Das Mädchen aus der Spandauer Straße, so hoch gestiegen und so tief gefallen, war noch vital genug, ein neues Leben zu beginnen. Und sei es in Niederschlesien. Der Theaterdichter und spätere Burgtheaterdirektor Holbein, in Glogau auf Tournee, machte ihr einen Heiratsantrag, den anzunehmen sie, die Staatsgefangene, eines königlichen Erlaubnisscheins bedurfte. Friedrich Wilhelm III. erteilte ihn überraschenderweise, er gewährte, bei Verzicht auf alle anderen Ansprüche, sogar auf Lebenszeit Pension und ließ das Paar nach Breslau ziehen.

»Übereilt gehandelt damals, Sache übers Knie gebrochen«, lautete sein Kommentar zum überraschenden Sinneswandel.

Ihr Name tauchte später noch einmal im Zusammenhang mit Napoleon auf, der der Gräfin höchstpersönlich half – und so etwas konnte nur Wilhelmine gelingen –, einen Teil ihrer beschlagnahmten Güter zurückzubekommen. Sie bedankte sich bei ihm in Paris, nahm, inzwischen längst von ihrem Mann getrennt, Wohnung in der Seinestadt und war bald Mittelpunkt eines kleinen Salons. 1812 nach Berlin zurückgekehrt, vergrub sie sich in ihrem Palais Unter den Linden. Eine Frau, die durch ihre Vergangenheit interessierte, aber nicht gewillt war, sich damit interessant zu machen. Ein Zug tiefer Trauer, wahrhaften Schmerzes, sprach aus ihren schönen Zügen, wenn auch nur die entfernteste Andeutung dahingehend gemacht wurde, so berichtete einer ihrer Besucher.

Für sie gilt, was der französische Historiker Marc Bloch über die Nebenfiguren der Geschichte einmal schrieb: »Sie bilden für die historischen Ereignisse die farbige Kulisse, ohne die die großen Haupt- und Staatsaktionen blass bleiben würden. Die Handlung, die sich auf dem Vordergrund der Bühne abspielt, wird durch die Beachtung der Nebenrollen verständlicher. Deshalb sind sie wichtig für die Geschichte der Politik, der Kultur, der Sitten.«

Im Jahre 1820 starb sie: Wilhelmine Encke, Musikertochter aus Berlin, eine Frau, die nichts dafür konnte, dass sie als 13-Jährige einer Majestät aufgefallen war. Eine Frau aber auch, die es nie bereut hatte, einer Majestät aufzufallen.

Caroline Neuber

Der Tod des Hans Wurst

»Hört Ihr, lasst sie gut behandeln, denn sie sind der Spiegel und die abgekürzte Chronik des Zeitalters. Es wäre Euch besser nach dem Tode eine schlechte Grabschrift zu haben als üble Nachrede von ihnen.«

Hamlet entlässt seinen Oberkämmerer und wendet sich an die Schauspieler.

»Seid so gut und sprecht von der Zunge weg, aber wenn Ihr den Mund so voll nehmt, so möchte ich meine Verse ebenso gern von einem Ausrufer hören. Sägt auch nicht so viel mit den Händen durch die Luft. O, es ärgert mich in der Seele, wann solch ein haarbuschiger Geselle eine Leidenschaft in Fetzen zerreißt. Ich möchte solch einen Kerl für sein Bramarbasieren prügeln lassen; er übertyrannt den Tyrannen.«

Die berühmte Szene mit den Schauspielern, die Hamlet dazu bringen will, den Mord an seinem Vater nachzuspielen, auf dass er sich verrate, wirft ein Schlaglicht auf die Schauspielkunst seiner Zeit. Auch wenn Friederike Caroline Neuber erst viel später auf die Bretter tritt, die Welt der Komödianten hatte sich nur wenig verändert. Noch immer ziehen sie mit ihrer Truppe über das Land, von Jahrmarkt zu Jahrmarkt, von Messe zu Messe, neben den vierspännigen Wagen hergehend, die vollbepackt sind mit den Kulissen, ihrem Hausrat, ihren Kostümen, dem kostbarsten Besitz; im Frühjahr meist bis zu den Achsen im Schlamm versinkend, von Wegelagerern bedroht, von den Karossen der Vornehmen abgedrängt; fünf bis sechs Meilen schaffen sie pro Tag, und immer wieder sperrt eine Zollschranke den Weg. Abgaben sind fällig, Schikanen der Zöllner, arm am Beutel, krank am Herzen, wandern sie ständig ihre Rollen memorierend unter sengender Sonne, tosendem Regen, eisigen Winden. Nachts schlafen sie in Scheunen oder unter ihren Wagen, was noch besser ist als in den verwanzten Kammern der Posthalterstationen zu nächtigen. Es gibt auch bessere Tage, Tage, in denen ein Fürst sie an seinen Hof berufen hat, sie zum Bleiben einlädt, womit sie für längere Zeit ausgesorgt haben. Doch solche Zeiten sind selten, allzu oft ist Schmalhans Küchenmeister und Frau Sorge zu Gast.

Ein Komödiant brauchte die Liebe zu seinem Beruf, die Begabung zu spielen, die Bedenkenlosigkeit in andere Menschen hineinzukriechen, um sie zu verkörpern; und vor allem brauchte er eine eiserne Gesundheit. Von wenigen Ausnahmen abgesehen: Sie wurde alle nicht sehr alt. Und alle haben sie, im Gegensatz zu den Bürgern, deren Leben von Langeweile bestimmt ist, das, was man ein »Schicksal« nennt.

Das erste schriftliche Zeugnis der »Neuberin«, geborenen Weißenborn, ist ein Steckbrief aus dem Jahre 1712. »Jedermännigliche, denen dieses zukommt zu wissen«, schreibt der Stadtvogt von Zwickau in Sachsen, »was bei Uns Hr. Daniel Weißenborn gebührend hat anbringen lassen, wie dass ihm Gottfried Zorn, ein Studiosus Juris, seine einzige Tochter Fridericam Charlottam, so zur Zeit nicht weiter über 14 Jahre alt sei, aus seinem Hause entführet, auch dem Verlauf nach wirklich geschwängert habe ...«

Friederike hat sich in der Tat verführen lassen. Das Leben mit dem von der Gicht gequälten Vater war kein Leben. Kanaille nannte er sie, Aas, Bestie, verprügelte sie mit dem Leibriemen, warf den eisernen Schlüsselbund nach ihr. Er werde sie erschießen, und er geht in die Waffenkammer, zeigt ihr die Armbrust und die Reiterpistolen. Mithilfe der Ämter holt er sie zurück, schlägt sie erneut.

Sie lässt Gottfried heimlich einen Brief zukommen. »Ich bitte Dich nochmals um Gottes Barmherzigkeit Willen, lasse mich arme Seele nicht in Angst und Jammer vergehen; wenn Du mich verlassen würdest, so würde ich als ein Schaaf, welches von Herde und Hirte verlassen, in der Irre gehen und mit Schmertzen mein jammervolles Ende erwarten.«

Friederike wartet vergeblich, und nach einer erneuten Prügelorgie schlüpft sie aus den Holzpantinen, legt die Schürze ab und klettert aus dem Fenster. Gottfried ist mehr entsetzt denn erfreut. Das junge Mädchen zeigt jetzt jene Tatkraft, die sie im späteren Leben immer wieder auszeichnen wird. Er habe keinen roten Heller, jammert er, und sie zwingt ihn, seine Perücke zu verkaufen, schneidet sich selbst die langen Haare ab, wofür sie auf dem Markt 1 Taler und 16 Groschen erzielt. In Reichenbach bitten sie eine Patin um Asyl, vergeblich, sie verbergen sich in einem elenden Gasthof und werden, der Steckbrief hängt überall aus, schließlich arretiert und auf einem Leiterwagen zum Jubel des Pöbels in den Turm der Festung Hartenstein geworfen. Sieben Monate vegetieren sie dort, wo früher die Hexen auf ihr Urteil warteten. Da Vater Weißenborn jedoch für jeden Tag Haft sechs Pfennige zahlen muss, fordert er seine Tochter zurück.

Friederike schreibt den Richtern, dass sie lieber in diesem Turm verhungern wolle, als sich erneut unter die Fuchtel ihres Vaters zu begeben. Die Entlassung erfolgt erst, nachdem sich kein Geringerer als der Landesherr persönlich, August der Starke, eingeschaltet hat. Seiner königlichen Majestät schien bei aller Anerkennung, dass Recht Recht bleiben müsse, denn Entführung und Vagabundiererei sind wider das Gesetz, hier aber eine gewisse Überstrapazierung stattfinde. Zorn geht nach Dresden und entschwindet unserem Gesichtskreis. Friederike schlüpft bei Verwandten unter; in ständiger Angst, der Vater würde sie irgendwann holen.

Und der Tag kommt. Sie wird nun neunzehn. Vater Weißenborn hat das Haus an der Schneeberger Straße in Zwickau in ein Gefängnis verwandelt. Friederike gelingt trotzdem erneut die Flucht. Diesmal steht Johann Neuber vor der Tür, sprich in der Gartenhecke, er ist Gutsbesitzersohn mit abgebrochenem Jurastudium. Im Gegensatz zu seinem Vorgänger ist er ein tatkräftiger junger Mann. Er geht mit ihr zu den Komödianten.

Junge Männer, die ihren Familien entfliehen wollten, weil sie die Luft der Unterdrückung nicht mehr zu atmen vermochten, die nach Freiheit dürsteten, ließen sich auf einem Schiff anheuern, verdingten sich bei den Werbern als Rekruten oder sie gingen zu den Komödianten. Während sie als Seemann oder Soldat noch ein gewisses Ansehen besaßen, galt der Komödiant nichts im Lande; er gehörte zu den Ehrlosen, die Komödiant*in* gar glich einer buhlerischen Dirne »voll reitzender Brunst«, wie sich ein Magdeburger Geistlicher ausdrückte, »liederlichem Hertzen und verdorbener Seele«, soweit sie überhaupt eine Seele hatte.

Die beiden jungen Leute schließen sich in Weißensee der dort gastierenden Spiegelbergischen Schauspielgesellschaft an. Christian Spiegelbergs Truppe gehört zu den besseren; auf den Anschlagzetteln, die uns überliefert sind, nennt er sein Ensemble eine weltberühmte hochdeutsche Komödiantenbande, deren Kunst imstande sei, alte Weiber wieder jung zu machen. Seine Spezialität sind Haupt- und Staatsaktionen, in deren Mittelpunkt Mord, Totschlag, Tyrannei, Verbrechen grausigster Art stehen und das Blut auf die Bretter spritzt. Die Schauspieler drücken auf mit Ochsenblut gefüllte Schweinsblasen und schreien bei Folter und Hinrichtung markerschütternd.

Historienbücher, biblische Geschichten, Moderomane werden ausgebeutet, die Ausführung aber der Laune und dem blinden Ungefähr überlassen. Politische Vorgänge, erstaunliche Großtaten berühmter Helden, Zauberstückchen und Verwandlungen, Träume und Visionen, Himmel und Hölle in den abenteuerlichsten Verknüpfungen mit feierlich allegorischen Gestalten; Zwischenspiele, Ballette, Chöre, Arien, Illuminationen, Feuerwerke, das alles wird aus dem Stegreif gespielt, der Schauspieler kennt nur die ungefähre Handlung und die Szenenfolge, die er auf einem Zettel in den Kulissen einsehen kann. Für Dialog und Monolog bediente er sich aus dem Phrasenschatz des Liebhabers, des alten Vaters, des trotteligen Lüstlings, der schlauen Tochter, des begriffsstutzigen Dieners. Er musste also von geradezu genialem Improvisationstalent sein, wenn der gesprochene Text gut sein sollte. Das gelang allenfalls den Italienern, die die Comedia dell'arte ja auch »erfunden« hatten. Bei den Deutschen besaßen dieses Talent nur einige wenige. Auf allen Bühnen aber beherrschte Hans Wurst das Feld, und ließ seinen Einfällen freien Lauf.

Diese Einfälle waren von äußerster Primitivität, zielten meist auf die Regionen unterhalb des Gürtels. Hose runter brachte einen sicheren Lacher, Fürze und Rülpser kamen immer gut an, wenn er das riesige Klistier in den After einführte, herrschte helles Vergnügen im Publikum. Hans Wurst ist dumm und schlau zugleich; ständig ist er in Prügeleien verwickelt, teilt kräftig aus, steckt ebensoviel ein, schreit, brüllt, tobt mit der Narrenpritsche über die Bühne. Schlimmer noch: Wenn die Liebhaberin mit dem jugendlichen Helden Süßholz raspelt, geht er um sie herum zeigt ihnen einen Vogel, sagt laut ins Publikum spielend »Alles Scheiße, was die hier quatschen …«

Er lebte auf allen europäischen Brettern: in England als Pickelhäring, in Frankreich als Jean Potage, in Spanien als

Leporello, in Venedig als Arlecchino, in Russland als Petruschka. Das Publikum liebte ihn, und der Erfolg einer Truppe hing von diesen Spaßmachern ab. War der Hans Wurst schlecht, pfiffen die Zuschauer auf ihren Hausschlüsseln.

Caroline und Johann sind von diesem Treiben anfangs verschreckt. Alles scheint ihnen widerwärtig: Die bretterne Bude als Komödienhaus, die jämmerlichen Kulissen, die Schauspieler, Acteurs genannt, die in arg zerlumpten Kostüme gekleidet sind und ebensolche Perücken tragen. »Das ganze Theaterwesen schien eine heruntergekommene Wirtschaft ein verlüderter Hausstand«, schreibt einer der ihren, der später zu Ansehen gekommene Konrad Ekhof. »Die Gauklertruppe, die durch ganz Deutschland zog, belustigte den Pöbel durch niederträchtige Possen. Der Hauptfehler des deutschen Theaters aber war der Mangel an guten Stücken; die, welche man aufführte, waren gleich lächerlich auf dem Papier als nach der Darstellung.«

Caroline Weißenborn und Johannes Neuber sind nicht die einzigen, die sich in Spiegelbergs Komödienbude eingefunden haben. Zwei Studenten sind da, denen ihr Studium graue Theorie war und die sich nach des Lebens grünem Baum sehnen; ein durchgebrannter Kommis, ein entflohener Sträfling. Sie werden abgelehnt; angenommen werden auf der Stelle die beiden jungen Leute. Caroline ist hübsch, jung, hat blonde Locken und eine gute Figur. Johannes weiß sich zu bewegen, und jeder merkt, dass er aus guter Familie stammt.

Über ihre Anfänge auf den Brettern, die später ihre Welt bedeuten, wissen wir nichts. Theaterzettel, heute Programm genannt, auf denen der Name des Darsteller *und* seine Rolle verzeichnet steht, gibt es noch nicht. Zuverlässige Nachricht erfolgt erst wieder aus einem Kirchenbuch, in dem geschrieben steht, dass die Jungfrau Friederike Carolina Weissenbornin mit Herrn Johann Neuber im Februar 1718 kopuliert worden sei; in der Hof- und Domkirsche St. Blasius zu Braunschweig; für einen Acteur und eine Actrice eine ungewöhnlich feudale Hochzeit, noch dazu unter Teilnahme des gesamten Hofes. Denn seine Durchlauchtigste Hoheit, der Herzog Ludewig Rudolph, liebt das Theater und schätzt besonders besagte Jungfrau Weissenborn. Die Herzogin Christine Luise, hat sich sogar gegen den Bischof durchgesetzt, der alle Komödianten für Huren und Hurenböcke ansieht, denen man das Ehebett genauso verweigern müsse wie die Bestattung in geweihter Erde.

Die Haack-Hoffmann'sche Truppe, der sie bald angehören, bedeutet einen Schritt nach vorn. Sie spielt im herzoglichen Blankenburg und auf dem Sommersitz Salzdahlum, gastiert im prunkvollen Dresden, schlägt ihr Bude in Hamburg auf, in Nürnberg, der alten Reichsstadt, in Hannover, in Breslau und immer wieder in Leipzig. Sie besitzt, und das ist nicht mit Gold aufzuwiegen, das von August dem Starken ausgestellte Privilegium, als Hofkomödianten in seinen Kur- und Erblanden zu agieren.

In der Wahl der Stücke unterscheidet sich die Truppe wenig von der anderer Truppen. Meist sind es wieder Haupt- und Staatsaktionen, wobei die Kreuzigung Jesu besonders viel Ochsenblut kostet. Beliebt war auch »Die Vermählung des heldenmütigen Prinzen Perseus oder Belohnung der Tugend in der Person Isabells von Kastilien«. Ein musikalischer Prolog zu Beginn, dann die melodramatische Aktion, schließlich ein Ballett – alles in allem ein wunderliches Gemisch, bei dem Hans Wurst wieder eine wichtige Rolle spielt.

Das königliche Privilegium verschafft den Neubers eine höhere soziale Stellung, und für Caroline ist das lebenswichtig, denn eine Rückkehr ins Bürgertum ist ihr auf ewig verwehrt. »Hängt die Wäsche weg, die Schauspieler kommen!« mit dieser Brandmarkung muss sie fortan leben. Ihre Schauspielerkollegen waren die besten ihrer Zeit, Friedrich Kohlhardt, ein Liebling des Publikums, der später in Molières »Der eingebildete Kranke« brilliert, gehört dazu, ein Name, den niemand mehr kennt, flicht doch die Nachwelt den Mimen keine Kränze. Kohlhardt erwählte die Neuber zu seiner Partnerin. »Beide das gegenwärtige Wesen der deutschen Bühne missbilligend, strebten sie nach etwas Edlerem, Erhabenerem, auch kämpfen sie darum, regelmäßige Stücke aufzuführen.«

Regelmäßige Stücke sind Stücke, die ein Anfang und ein Ende haben, von *einem* Autor geschrieben werden, bei denen ein Akt sich auf dem anderen aufbaut, der Inhalt einer Dramaturgie unterworfen ist, der Lehre von den dichterischen Gesetzen des Dramas und seiner Bühnenwirksamkeit. Caroline hat solche Aufführungen schon gesehen. Sie ist sehr wissbegierig und benutzt jede Gelegenheit, um bei den Gastspielen ausländischer Gesellschaften sich etwas abzugucken, wie sie schreibt. Besonders die Franzosen erregen ihr Interesse: Corneille mit seinem »Cid«, Racine mit seiner »Phädra« und vor allem Molière, dessen »Tartuffe« und »Der eingebildete Kranke« nicht nur in Paris Kasse machen. Warum wollte der Prinzipal partout nicht eines dieser Stücke aufführen? Friederike Caroline ist zäh und gibt nicht nach. Sie hat sich inzwischen einen Namen erspielt, hat keine Rolle abgelehnt, keine Burleske, keine Tragödie: sie singt, sie tanzt, zeigt in der Stegreifkomödie Geist, Gewandtheit, Frische und Übermut. Besonders gern spielt sie die Rollen in Männerkleidern. Sie hat die dazu notwendige Figur, hochgewachsen, lange schlanke Beine. Die Samthosen schmeicheln ihr, dazu die weißen Seidenstrümpfe, weg mit dem Korsett, weg mit den umständlichen Röcken. Darf sie das? Sie tut es einfach. Sie prägt damit einen Stil: Man spricht von Neuberin-Rollen. Die großen Frauenrollen dagegen – verkehrte Welt! – werden grundsätzlich von Männern gespielt: Klytemnästra, Julia, Medea, die heilige Maria, die sündige Magdalena, sie haben tiefe Stimmen und ihre sorgfältige Rasur lässt sich nicht übersehen.

Der Prinzipal gibt endlich nach und bringt ein »richtiges«, ein regelrechtes Stück von Racine; es folgt Corneille, schließlich Molière, der Kohlhardt berühmt machen wird.

1724 gastieren sie in Leipzig, einer Stadt, von der Goethe später sagen wird, sie sei ein Klein-Paris und bilde seine Leute. Besonders das Theater trägt dazu bei. Sie spielen ein Stück mit dem Titel »Gespräche im Reiche der Toten«, eine Satire auf die Studenten mit ihrem hochfahrenden Wesen. Im Parkett sitzt ein unscheinbarer junger Mann, der anschließend an seine Freunde schreiben wird:

»Wenn ihr doch die verschiedenen Personen gesehen hättet, die daselbst auftraten! Vor allen anderen vier Burschen von den berühmtesten sächsischen Akademien; sie waren unvergleichlich charakterisiert, dass ich mein Leben lang nichts Schöneres gesehen habe. Ich will euch nur soviel sagen, dass diese vier verschiedenen Leute von *einem* Frauenzimmer so herrlich vorgestellt wurden, dass ihnen nichts als eine männlich gröbere Stimme gefehlet.«

Die Neuberin wird allmählich zu einer Berühmtheit, und Leipzig zu ihrer Schicksalsstadt. Ihre Darstellung der vier Studententypen ist überall in aller Munde. Der junge Mann meldet sich bei ihr, er heißt Johann Christoph Gottsched und lehrt an der Universität Leipzig Literatur und Ästhetik. Er ist ein stattlicher Mann, der aus Furcht vor den preußischen Werbern, die ihn wegen seiner hoch gewachsenen Figur als »Langen Kerl« ins Auge gefasst hatten, an die Pleiße geflohen ist.

Mit der Neuberin teilte er den Abscheu gegen den Zustand des deutschen Theaters. Nach dem Vorbild des französischen Klassizismus erstrebte er eine ebenbürtige deutsche Literatur. Er versuchte allgemein gültige Regeln für die dichterische Produktion und den literarischen Geschmack zu entwerfen. Die Einheiten im Drama: Naturnachahmung, gesunde Vernunft, Klarheit des Stils, Geschmack und Witz waren die obersten Prinzipien. Verworfen wurden die Regellosigkeit, das Wunderbare und das Irrationale. Es galt, das deutsche Drama zu erneuern und die Schauspielkunst auf ein höheres Niveau zu heben. Gottsched beließ es nicht bei diesen Forderungen: Er setzte sich an den Schreibtisch und schrieb selber Stücke, die diesen Forderungen entsprachen. Darunter »Der sterbende Cato«. Seine Schüler ließ er Musterstücke anfertigen, und Ehefrau Luise übersetzte französische Lustspiele.

Zuallererst musste der Hans Wurst von der Bühne verschwinden! Die Neuberin erschien ihm als ideale Mitstreiterin. Besonders seitdem sie eine eigene Komödiantengesellschaft führte. Die Haack war gestorben, Hoffmann mit einer Magd durchgegangen, und so war sie zur Prinzipalin aufgestiegen; offiziell war es ihr Mann als ihr gesetzlicher Vormund. Immerhin wurde sie namentlich in der Urkunde erwähnt.

»Wir, Friedrich Augustus von Gottes Gnaden König in Sachsen und in Pohlen, Groß Hertzog in Litthauen, zu Reußen, Preußen …«, es folgen weitere 27 Titel, »uhrkunden hiermit, dass Wir Johann Neubern und dessen Eheweib Fridericen Carolinen zu Unseren Hoff Comoedianten auf- und angenommen. Thun auch solches hiermit und krafft dieses offenen Briefes kund, dergestalt und also, dass dieselben nebst ihrer *bande* als unsere Hoff-Comoedianten geachtet und gehalten werden, sie auch befugt seyn sollen in Unseren Chur- und Erblanden bey unverbothener Zeit [verbotene Zeit waren Sonn- und Feiertage, Advent, Fasten, Staatstrauer] aller Orthen, ingleichen in den Leipziger Messen und acht tage vor und acht tage nach den Messen zu agiren und zu spielen. Jedoch sollen sie die gewöhnlichen Abgaben zu erlegen und abzustatten haben, über Gebühr aber nicht beschwert werden. Befehlen demnach jedes Orths Obrigkeit, absonderlich den Räten in Städten, sich hiernach gehorsambst zu achten und besagte Neuber und sein Ehe-Weib nebst ihrer bande hiermit zu schützen.«

Zur Ostermesse 1727 spielte die frisch gebackene Hofkomödiantin zum ersten Mal in Leipzig. Voller Stolz datieren die Leipziger von daher die Gründung der neueren Schauspielkunst, ja sie nennen ihre Stadt die *Wiege* der Schauspielerei. Der Traum der Neubers, ein eigenes festes Theater zu besitzen, so wie die beneidenswerten französischen Kollegen in Paris, eine Comédie française auf Deutsch sozusagen, dieser Traum erfüllte sich nicht, aber sie träumten ihn weiter. Vorerst nahmen sie Quartier auf den »Böden über den Fleischbänken«. Die Bodenräume der Hallen, in denen die Metzger ihre Waren anboten, hatte Johann sorgfältig ausgesucht. Sie lagen zwischen Naschmarkt und Reichsstraße unweit der Börse, dort, wo sich zu Messezeiten – zu Jubilate nach Ostern, zu Michaelis im Herbst und zu Neujahr –, alle Welt und die Halbwelt traf.

»Tausende von Kilometern reisen die Kaufleute mit ihren Wagenkolonnen nach Sachsen. Sie kommen aus ganz Europa, auch aus Arabien, der Türkei oder Armenien. ›Mohren‹ sind darunter, stolze Männer, den mit Edelstein besetzten Dolch im Gurt. ... In diesen Wochen wird jede Ecke, jeder Keller der Stadt zum Marktstand. Mehr als sechstausend ortsfremde Händler kaufen und verkaufen alles, was die Welt für Geld zu bieten hat: Feigen und Mandeln, Gewürze und französische Galanteriewaren, Gläser und Uhren, Teppiche und Tabak, selbst Austern und Zitronen. Seide wird feilgeboten, Weihrauch, Hölzer, mathematische und chirurgische Instrumente, kunstvolle Degen. Auch Indigo, Kaffee und Felle, Porzellan aus China, Safran aus Indien. Auf dem Rossmarkt stehen zweitausend Pferde zum Verkauf. Und natürlich werden Bücher angeboten. Nirgendwo im Reich gibt es so viele Buchhandlungen, so viele Druckereien ...«(P. Oelker)

Und noch etwas gibt es an den Fleischbänken: Einen Halteplatz für Sänften – es sind genau achtundvierzig an der Zahl, deren Träger eine Lizenz besitzen und mit ihren Portechaisen, die überdacht sind und mit seidenen Gardinen zugehängt, die Reichen und die Vornehmen durch die Stadt tragen, auch vor dem Neuberschen Theater »vorfahren«. Johann Neuber pflegte am Schluss der Vorstellung Sänften für seine nobleren Zuschauer herbeizuwinken.

Von Johann Neuber wissen wir wenig. Es existiert kein Bild von ihm. Er muss ein mittelmäßiger Schauspieler gewesen sein; sein Fach der alte König, der grämliche Gemahl, der untertänige Diener. Über den Satz »Die Pferde sind gesattelt« ist er wohl nicht hinausgekommen. Dennoch wird er für seine Frau wichtig gewesen sein. Die Schriftstücke, Danksagungen, Eingaben, Bittbriefe, die uns überliefert sind, stammen aus seiner Feder. Lessing, der ihn kannte, lobte sein stilles, aber einflussreiches Wirken hinter den Kulissen; seine bedächtige Art, den Eigensinn, die Überheblichkeit, den Stolz, mit denen Friederike ihre Umgebung in Verlegenheiten brachte, zu besänftigen. Von Liebe konnte zwischen den beiden keine Rede sein: Es war eine Interessengemeinschaft. Ihre Ehe war ausgeglichen, harmonisch, bis zu jenem Tag, da er sie schmählich verriet …

Eine Theaterbande zu führen, schien schwieriger zu sein, als einen Sack Flöhe zu hüten. Da waren die Elevinnen, vor deren Garderoben die Kavaliere herumstrichen wie die Kater zur Ranzzeit, und die jungen Schauspieler, die ihre Rolle als jugendliche Liebhaber gern privat weitergespielt hätten. Die Neuberin duldete keine Affären. Wenn zwei Mitglieder ihrer Truppe miteinander ins Bett wollten, sollten sie – doch vorher stand der Gang zum Altar. Das Theatervölkchen war bei den Bürgern verschrieen als Pfuhl der Sünde – oft aus Neid –, man durfte den Lästermäulern kein neues Futter bieten. Und so ging es bei der Neuberin bisweilen strenger zu als im Nonnenkloster.

Zu den ständigen Besuchern gehörte natürlich Johann Christoph Gottsched. Das harte Ostpreußisch seiner Heimatstadt Königsberg noch im Munde, eignete er sich in kurzer Zeit jenen Dialekt an, der damals für das einzige reine Deutsch galt, die Leipziger Mundart. Seinen neuen Landsleuten wusste er so fein zu schmeicheln, ihre Städte, Gymnasien, Universitäten, Buchhandlungen so vorteilhaft zu schildern, besonders die Frauenzimmer so zu loben, dass seine *Moralischen Wochenschriften*, die er herausgab, bald in jedem gebildeten Haus gelesen wurden. Er schätzte die aus dem Französischen übersetzten regelrechten Stücke, vorgetragen im Versmaß des Alexandriner streng nach den Gesetzen der Einheit von Ort, Zeit und Handlung. Das heißt: Was geschieht, soll an einem Tag geschehen, an einem Ort und ohne Nebenhandlungen; so wie die Griechen erhoffte er sich für den Zuschauer die *Katharsis*, die Reinigung von Leidenschaften, die in der Tragödie dargestellt werden.

Die Neuberin und Gottsched waren ein seltsames Paar: Die temperamentvolle, charmante, bildschöne Aktrice und der knochentrockene, steifleinene, immer etwas düstere Gelehrte. Doch ihr gemeinsames Ziel, die Verbesserung des deutschen Theaters, überwand die Gegensätze, ja, ließ sie Freunde werden. Am Anfang stand die Aufführung des »Regulus« von Pradon, eines Stückes, das so platt und nichtssagend war, dass es bereits bei der Premiere in Paris ausgepfiffen wurde. Friederike will das Stück merkwürdigerweise dennoch aufführen. Sie bittet den in Dresden tätigen Zeremonienmeister Johann Ulrich König, die Verse *schön zu machen*; vergebliche Liebesmüh, wie sie sehr wohl weiß. König, ein hocheitler Mensch, möchte nun *sein* Stück zum Erfolg führen, dergestalt, dass er aus seinem Fundus alle Second-hand-Kleider – Manteaus,

Grandesrobes, Westen, Reifröcke, Schuhe aus weißer Seide, goldfarbene Hauben den Neubers schenkt. Prächtig sehen die Schauspieler aus, der »Regulus« reüssiert, und die Gesellschaft besitzt etwas sehr Kostbares: Kostüme.

Caroline, die kleine raffinierte Prinzipalin, freut sich stillschweigend. Ihr Theater ist Abend für Abend ausverkauft. In den Pausen holt sie Gottsched aus seiner Loge: er, der hoch angesehene Professor, macht sie mit den Honoratioren bekannt, sie wandeln durch das Parkett, in dem keine Stühle stehen, sondern lediglich umlaufende Bänke. Eine ständige Unruhe geht von hier aus, auch während der Vorstellung wird geplaudert, gelacht, gegessen und aus langen Pfeifen geraucht. Die vielen Kerzen blaken, es sind Unschlittkerzen aus minderwertigem Hammeltalg. Die Luft ist stickig. Gottsched ist fast jeden Abend bei den Fleischbänken. Er liebt die Schauspieler, ist sogar bei den Proben dabei. Sie dauern, und das ist ungewöhnlich, stundenlang, es darf keine Hänger geben. »Und noch einmal!« ist Carolines ständiger Satz. Den Hans Wurst lässt sie immer seltener auftreten. Sie ist in einem Dilemma: Mit ihm sind regelrechte Stücke nicht aufführbar, ohne ihn lässt sich auf die Dauer kein Theater führen. Die Leute lieben ihn; er ist Fleisch von ihrem Fleisch. Wenn der Held geschwollen daherredet, spricht er, wie ihm der Schnabel gewachsen ist. Die komische Figur ist eine ewige Figur, und wenn man ihn vom Theater weggejagt hat, ist er durch die Hintertür immer wieder hereingekommen.

Dennoch: Der Bursche musste weg, sagte sich die Neuberin, schließlich hatte sie sich seine Verbannung zur Lebensaufgabe gemacht. Chronisten haben aus dem *Verbannen* ein *Verbrennen* gemacht, was dramatischer klingt. Dagegen wäre schon damals die Feuerpolizei eingeschritten. In einem eigens verfassten allegorischen Vorspiel stellt sie Hans Wurst vor Gericht, sie selbst hat sich das Narrengewand übergeworfen, lässt sich prügeln, auslachen und von den Brettern jagen, Tatort ist Boses Garten in ihrer Bude vor dem Grimmaischen Tor, der Theaterzettel vermerkt den Oktober 1737.

Das Repertoire der Truppe an regelrechten Stücken und an Lustspielen ist bald erschöpft. Das Leipziger Publikum ist zu verwöhnt, um ein Stück zweimal zu sehen. Und: der Alexandriner galt als ein höchst seriöses Versmaß, aber auf die Dauer wirkte dieser Zwölfsilber ermüdend; wer ein Gedicht in Alexandrinern einmal laut liest, wird das bestätigen; er hat was Leierndes. Das Theater wird immer spärlicher besucht. Also hieß es anspannen, die Kulissen, die Requisiten, die Kostüme verladen und Spielstätten mit neuem Publikum suchen. Die Neuberin war inzwischen berühmt genug, um vielerorts eine Bühne zu finden oder die eigene Bude aufzubauen. Die Residenzen waren längst auf sie aufmerksam geworden und luden sie ein. Als der Dresdner Hof zur Jagd in Hubertusburg weilt, überlegt der Graf Brühl, wie man die langweiligen Stunden in diesen Wäldern verbringen könne, wenn das Jagdhorn das Halali geblasen hatte. Brühl, ein einflussreicher Mann, der an der Neuberin schier einen Narren gefressen zu haben scheint, befiehlt die Truppe kurzerhand auf das Jagdschloss. Sie treten viermal auf mit deutschen Stücken, kassieren 100 Dukaten und dürfen wieder gehen. August der Starke interessiert sich wenig für das deutsche Schauspiel und schon gar nicht für die angestrebte Theaterreform. Es gibt auch Städte, die ihre Tore der Truppe nicht öffnen, wie zum Beispiel Bremen, die sittenstrenge Stadt, wo man immer noch die Wäsche weghängt. In Wittenberg, der Lutherstadt, schützt man Brandgefahr vor, weil die Studenten es sich nicht nehmen ließen, »Tobak« zu rauchen. Eine Beschwerde beim Rat der Stadt gibt ihr endlich den Rathaussaal frei.

1733 betrauern die Sachsen den Tod ihres Landesherrn. Auch die Neubers sind traurig, aber nicht weil ihnen August sonderlich ans Herz gewachsen wäre, nein, es herrscht nun monatelanges Spielverbot und, Schlimmeres noch, ihr Privileg erlischt, Augusts Nachfolger denkt nicht daran, es zu erneuern. Caroline muss wieder außerhalb Sachsens auftreten, tingelt, wie die Theaterleute heute sagen würden, in Braunschweig, Blankenburg, Lüneburg, Hamburg. Und als sie nach Ablauf der Staatstrauer wieder nach Leipzig zurückkehrt, trifft sie auf Herrn Müller.

Josef Ferdinand Müller ist der berühmteste unter den Hans Wursten, von vornherein für die Neuberin also verabscheuungswürdig. Außerdem war er einst ein Mitglied ihrer Truppe gewesen und von ihr »ungebührlich und widerspenstigen Bezeigens halber« vor die Tür gesetzt worden. Dieser Müller hatte inzwischen Karriere gemacht und war zum »Hoff-Comoedianten« avanciert; mit dem Privileg, in Leipzig Theater zu spielen. Er weiß auch genau, wo in Leipzig. Auf dem Boden über den Fleischbänken, in der Neuberin ureigener Stätte, in deren Ausbau ihr Mann viele harte Taler gesteckt hat. Ein sich über ein Jahr erstreckender Papierkrieg mit Eingaben, Bittgesuchen, Berufungen, Ablehnungen, Einsprüchen, Anträgen, Protesten, ein Krieg, bei dem diesmal nicht Johann die Feder führt, sondern Friederike Caroline, die ihr gesamtes fast schon vergessenes juristisches Wissen, schließlich entstammt sie einem Notarshaus, anbringen kann.

Und sie siegt! Sie zwingt den Müller und seine Kamarilla in die Knie. Am 20. Mai 1734 hält sie mit ihrer Bande triumphalen Einzug in das Theatrum, wo die Fleischer ihre Bänke haben.

Nun kommt es zu einem Ereignis, das überaus rätselhaft daherkommt. Eines Tages erscheinen Johann Neuber und Joseph Ferdinand Müller auf dem Rathaus, um ein Übereinkommen zu treffen. In den Akten heißt es: »...dass sich gedachter Neuber in seines Eheweibes Fridericen Carolinen ehelicher Vormundschaft, dass wenn diese Messe die Commoedien zu Ende seyn würden, er das Theatrum und was dazu gehöre von Fleischhause wegschaffen und auch geschehen lassen wolle, dass Müller ins künftige Commoedien daselbst agieren möchte.« Das war ein Dolchstoß: Durch einen Federstrich ist aus einer Siegerin eine zutiefst verzweifelte Verliererin geworden. Niemand weiß, was einen Mann dazu veranlasst haben könnte, nicht nur seine Ehefrau zu verraten, sondern die Existenz der Truppe aufs Spiel zu setzen.

»Die Neuber musste den Platz ihrer langjährigen Tätigkeit einem Fremden überlassen«, schreibt der Chronist Reden-Esbeck voller Pathos. »Melpomene, die Muse der Tragödie, zog mit tränenverhülltem Antlitz aus und Hans Wurst schwang fortan seine Pritsche dort, thronte mit seiner Narrenkappe dort, wo früher der Zypressenkranz blühte, verkündete durch schmutzige Zoten, pöbelhaften Witz die Lebensregeln seiner Herrlichkeit dort, wo durch gediegene Herz und Geist veredelnde Wahrheiten das höchste Ziel der Schauspielkunst erstrebt wurde, die Bühne zur weltlich geheiligten Kanzel für die Menschheit zu erheben.«

Auch die Zusammenarbeit mit Gottsched hat sich nicht weiterentwickelt wie erwartet. Er hatte versprochen, neue Stücke zu liefern, dergestalt, dass er sie schreiben ließ und zwar von den Kollegen der *Teutschübenden-poetischen Gesellschaft*. Es werde kein Mangel geben, hatte er vollmundig versprochen. Zum Verfassen eines Bühnenstückes bedurfte es schließlich keines besonderen Talents. Man halte sich nur an die Regeln, hier war er ganz Kind der Aufklärung, teile die Verse auf in fünf Akte und alles werde sich von selbst ergeben. Wenn Friederike auf Achse war, galt ihr erster Weg der Postkutschenstation. Vom Herrn Gottsched aus Leipzig war leider wieder nichts dabei. Und sie brauchte die Stücke wie das liebe Brot, wollte sie doch ihrer Mission treu bleiben: Das

Publikum zu unterhalten *und* zu belehren, aus dem Theater eine moralische Anstalt zu machen. Hanswurstiaden, Burlesken, Haupt- und Staatsaktionen will sie nicht mehr spielen. Nie wieder? Nun muss sie es doch …

Wieder in ihrem geliebten Leipzig, muss sie erkennen: Es ist kein Platz mehr für sie. Sie geht nach Hamburg, in eine Stadt, die das große Geld liebt – und die große Oper. Für das Sprechtheater gibt es nur wenig Publikum. Ihr Antrag, auf eigene Kosten ein Theater zu bauen, wird abgelehnt. Flugwerke, Verwandlungen, Kostümwechsel, Seiltanzen, Kampfszenen, Totschlag und Mord, *solche* Attraktionen lieben die Leute hier, die Neubersche Bühne kann ihnen das nicht bieten. Ihr Theater wird leerer und leerer. Die Schauspieler beginnen sich zu streiten, über die Verteilung der Rollen, die Höhe der Gagen, die Anordnungen der Prinzipalin. Da kommt, wie der *deus ex machina* im antiken Theater, die alle Probleme lösende Göttererscheinung: ein Ruf der Zarin Anna Iwanowna aus St. Petersburg! Der Kurier übergibt ihr den Brief und einen Beutel mit Goldstücken, ausreichend, alle Schulden zu tilgen und die Reisekosten zu bezahlen. Vermittelt hat diese Einladung einer ihrer letzten Gönner, der Herzog Karl Friedrich von Holstein.

Nach der letzten Vorstellung in Hamburg tritt die Neuberin vor die Rampe und wendet sich an das Publikum. Im Ausland also werde sie geehrt, in Deutschland verachtet! In einer Mischung aus Zorn und Triumph, aus Verbitterung und Genugtuung hält sie eine Rede, die man die erste Publikumsbeschimpfung der Theatergeschichte nennen kann.

»Gesegnet, benedeiet, wahrhaftig schöner Ort, mein Hamburg. Ihr Freunde habt Geduld! Heute hält mich wenig Gunst und kein Verdienst zurück, drum gönnt wenigstens mir und Euch dieses Glück, dass ihr uns nicht mehr seht. Vielleicht, dass Zeiten kommen, in welchen Ihr und wir in allen zugenommen, was unser Schauspiel groß und uns erkenntlich macht; nur gebt auf den Hans Wurst in Zukunft besser acht, dass er nicht Hungers stirbt und Euch mehr Schulden spielet in seinem Zotenkram, den Ihr im Herzen fühlet. Bedenkt, das sag ich öffentlich: Von der Schauspielkunst habt ihr sehr wenig Licht, weil's Euch an Zärtlichkeit, Natur und Kunst gebricht.« Sie macht zwei übermütige Tanzschritte und ruft: »Die Schulden sind geschwunden, die ich aus Not gemacht. Ich bin geschätzt, vergnügt, versorgt, belohnt, gesucht. Das Glück nun überwiegt die kurze Kleinigkeit, die mich bei Euch gequält.«

Die Zuschauer sind anfangs stumm vor Entsetzen angesichts dessen, was man ihnen hier zu bieten wagt, noch dazu aus dem Munde einer Frau, einer Schauspielerin, die in Hamburg mehr noch als andernorts ein Mensch zweiter Klasse ist. Die sonst so zurückhaltenden Hanseaten toben, stürzen aus dem Theater. Schon am nächsten Tag erscheinen zwei Magistratsbeamte und fordern die Truppe auf, die Stadt innerhalb vierundzwanzig Stunden zu verlassen.

Im März begann die unendliche Reise; mit den Planwagen, einer Kutsche mit Kufen (für die Prinzipalin) und schließlich einem Dreimaster, der einem jener nicht mehr ganz seetüchtigen Segelschiffe, Seelenverkäufer genannt, ähnelte. Der Winter war zurückgekommen, eisige Stürme zerfetzten die Segel, von der Seekrankheit gebeutelt, erreichen sie mehr tot als lebendig St. Petersburg. Die auf zweiundvierzig Inseln aus den Sümpfen der Newa emporgewachsene Stadt beherbergt im Sommerpalast ein Hoftheater. Die Zarin liebt die deutsche Kultur und ihr Günstling, Herzog Biron von Kurland, ist nicht umsonst der Förderer der so genannten deutschen Partei am Hofe. Er ernennt die Mitglieder der Neuberschen Bande sogleich zu Hofschauspielern und hängt den Männern eigenhändig den Degen um, den sonst nur die Vornehmen tragen dürfen. Viel mehr wissen wir nicht von den Monaten in der leuchtenden Stadt am Finnischen Meerbusen, die Russlands Fenster zum Westen darstellt. Nichts vom Spielplan, nichts von den Stücken, die beim Publikum am besten ankamen, nichts von der Gesellschaft, die sich in den Logen versammelte.

Doch die schönen Tage an der Newa sind plötzlich vorbei. Die Zarin Anna Iwanowna stirbt. Und so wenig wie der Nachfolger Augusts des Starken das Sprechtheater mochte, so wenig interessierte es die auf Anna folgende Elisabeth; die schätzte nur Männer mit Kraft und Potenz. Biron wird nach Sibirien verbannt. Alles wird anders, aber nicht gut. Johann und Caroline verbleiben zwei russische Orden und eine Abfindung in Höhe von 3500 Rubeln.

Wieder in Leipzig lernt sie schon in den ersten Wochen einen Autor kennen.

»Mit so vielen Verbesserungen unterdessen, als ich nur immer hatte anbringen können, kam mein ›Junger Gelehrter‹ in die Hände der Neuberin. Auch ihr Urteil verlangte ich; aber statt des Urteils erwies sie mir die Ehre, die sie sonst einem angehenden Komödienschreiber nicht leicht zu erweisen pflegte: Sie ließ ihn aufführen.«

Kein Geringerer als Lessing hat das geschrieben, ein Mann, der dem deutschen Theater später zum Durchbruch verhalf: mit seiner *Minna von Barnhelm*, mit *Nathan der Weise*, mit *Emilia Galotti*. Er studierte an der Leipziger Universität Theologie, wurde aber im Theater häufiger gesehen als im Hörsaal, war am liebsten mit den Komödianten der Neuberschen Bande zusammen, deren Prinzipalin er verehrte. Sie beauftragte ihn, englische und französische Stücke zu übersetzen, wofür er als Honorar Freibillets bezog. Hier lernte er, nach eigenem Bekenntnis, hundert wichtige Kleinigkeiten, die ein dramatischer Dichter lernen muss und aus der bloßen Lesung seiner Entwürfe nimmermehr lernen kann.

Friederike Caroline ist also wieder in Leipzig gelandet, einer Stadt, die sie immer geliebt hat und deren Bewohner ihre Liebe stets erwiderten. Etliches jedoch hat sich geändert seit Petersburg: Gottsched, einst verbunden im gemeinschaftlichen Kampf um die Reform des Theaters, hat sich mit einem ihrer Schüler zusammengetan, der sich weigerte, ihr nach Russland zu folgen: Johann Friedrich Schönemann. Er führt nun selbst eine Truppe und spielt in Leipzig. Gottsched und Schönemann sind gefährliche Konkurrenten. Die Stadt an der Pleiße ist jetzt Carolines letzter Rettungsanker, ginge sie verloren, so wäre sie dem Elend preisgegeben. Enttäuschung, Verbitterung, Zorn gebar die Rachsucht. Sie will sich mit den ihr eigenen Mitteln rächen: mit einem Stück und auf den Brettern. Sie schreibt ein Vorspiel mit dem Titel »Der allerkostbarste Schatz«, eine böse Satire, in der Gottsched in der Rolle des »Tadlers« auftritt, eines besserwisserischen, knochentrockenen Kritikers, der seinem Beruf mit Maßstab, Zirkel und Laterne nachgeht. Es kommt zu dem, was man einen handfesten Theaterskandal nennt: Die Gottschedianer und Neuberianer beschimpfen sich, befehden sich, verprügeln sich. Die Vorstellung kann erst weitergehen, nachdem man die Gottschedianer, die in der Minderzahl sind, aus dem Saal geprügelt hat.

Die Neuberin hat gesiegt, aber es ist ein Pyrrhussieg, ein zu teuer erkaufter Sieg. Gottsched ist zu ihrem erbitterten Feind geworden. Als nunmehriger Rektor der Universität verfügt er über die stärkeren Bataillone, und er setzt sie ein. Er lässt die Neuberin beim Publikum verleumden, bezichtigt sie eines liederlichen Lebenswandels, schwärzt sie an beim Hof von Dresden. Eine Schmähschrift erscheint über »Leben und thaten der weltberüchtigten Friederica Carolina«. Die Leipziger beginnen allmählich zu glauben, was man sie glauben macht, und gehen nicht mehr in ihre Vorstellungen. Der

Pleitegeier hockt auf der Rampe. Sie kann die Gagen nicht mehr zahlen und bittet ihre Schauspieler, beinah kniefällig, um Geduld. Die haben keine Geduld mehr, nagen sie doch schon seit Wochen am Hungertuch. Sie kündigt schließlich alle Verträge und löst die Gesellschaft auf. Das Spiel ist aus.

Die Neubersche Theatertruppe gibt es nicht mehr, aber es gibt noch die Schauspielerin Neuber. Oh nein, sie würde sich nicht unterkriegen lassen! Sie spielt in Frankfurt, in Braunschweig, folgt einem Ruf in das Wien Maria Theresias. Es sind große Rollen, aber sie muss bald erkennen, dass ihr Stil nicht mehr gefragt ist. Sie wirkt eher komisch denn tragisch mit ihrer Deklamation, ihrem »Bibberpathos«, ihre Bewegungen sind gestelzt, die Alexandriner vermehren den Eindruck von Antiquiertheit. Ausgelaugt, verarmt, geht sie mit ihrem Mann nach Dresden, wo ihnen der Königliche Leibarzt Dr. Löber in der Pirnaischen Gasse eine kleine Wohnung überlässt. Sie muss sie bald mit preußischen Soldaten teilen, die man bei ihr einquartiert. Der Siebenjährige Krieg ist, man schreibt das Jahr 1756, ausgebrochen. »... indeß behauptet die Würde ihre Rechte. An einem Fenster stand das Bücherrepositorium und das Tischchen, an welchem die Neuberin arbeitete. Dieser Tisch war den feindlichen Soldaten heilig, nicht eine Tabakspfeife legten sie jemals darauf.«

Hier muss sie Abschied nehmen von ihrem Mann, dem getreuen Lebensgefährten in den Jahrzehnten des Anfangs, des Aufstiegs, der Triumphe, der Niederlagen und des bitteren Endes. 1760 wird Dresden von den Kanonen der Preußen bombardiert, ihr Haus zerstört. Sie flüchtet in das unweit gelegene Dorf Laubegast an der Elbe, wo die Löbers im Sommer oft zu Gast waren. Sie mieten ihr eine kleine Stube, doch als Caroline bettlägerig wird, klopft der Hausbesitzer an die Tür: Er wolle nicht, dass eine Komödiantin in seinem Haus sterbe, brächten doch ehrlose Leute nur Unheil. Der Bauer Möhle wird geholt. Man fragt ihn, ob er die Todkranke beherbergen wolle. Ja, das will er. Möhle sitzt an ihrem Bett, als Friederike Caroline am 30. November 1760 im Alter von 63 Jahren stirbt. Er geht wortlos in die Scheune, zimmert einen Sarg.

Der Pfarrer verschließt die Friedhofstür und verweigert ihr ein christliches Begräbnis. Der Sarg muss über die Mauer gehoben werden. So will es die Legende. Sie konnte sich nur bilden, weil die Priester den Komödianten die Sterbesakramente grundsätzlich zu verweigern pflegten. Die Neuberin wird trotzdem nicht vergessen. Nicht lange nach ihrem Tod erhebt sich unter einer Linde in Laubegast ein Denkmal aus Sandstein, das heute noch dort steht. Es trägt die Inschrift:

»Dem verdienten Andenken einer Frau, voll männlichen Geistes. Der berühmtesten Schauspielerin ihrer Zeit. Der Urheberin des guten Geschmacks auf der deutschen Bühne Caroline Friederike Neuberin geb. Weißenbornin aus Zwickau. Welche, nachdem sie dreißig Jahre hindurch sich und Deutschland Ehre gemacht, endlich zum Lohne ihrer Arbeiten zehn ganze Jahre lang alle Beschwerlichkeiten des Alters und der Armut, nur von wenigen Freunden unterstützt, mit christlicher Großmut gelassen ertragen hatte, aus dem eingeäscherten Dresden, mit schon krankem Leibe flüchtend, hier in Laubegast elend starb und armselig begraben ward, widmeten diesen Stein einige Kenner ihrer Verdienste und Liebhaber der Kunst in Dresden im Jahre 1776.«

Katharina von Bora

Die Flucht einer Nonne

Die Nacht vom Stillen Sonnabend zum Ostertag im Jahre 1523 liegt wie ein dunkles Tuch über dem Kloster Marienthron. Für Leonhard Koppe, der auf dem Kutschbock des Planwagens hockt, ist sie nicht dunkel genug. Immer wieder zerreißt der aufkommende Wind die Wolken und der Mond taucht das Land in sein bleiches Licht. Sein Sohn hält die beiden Rappen am Halfter und beruhigt sie, wenn sie zu stampfen beginnen. Ein Käuzchen schreit. Keine hundert Meter entfernt ragt die Klosterkirche aus dem Nebel. Koppe lenkt den Wagen an die Mauer, seine beiden Knechte klettern hinüber und verhelfen mit großen Leitern den Nonnen zur Freiheit, indem sie die verschleierten Frauen in die auf der Ladefläche stehenden Heringstonnen kriechen lassen …

Diese abenteuerliche Schilderung gehört zu den Fabeln, die sich um die Flucht der Zisterzienserinnen rankten.

Es war alles viel einfacher, doch dramatisch genug. Koppe, Fuhrherr und Ratsherr von Torgau zugleich, der das Kloster regelmäßig mit Stockfisch, Öl, Hirse und Bier belieferte, war einfach auf den Hof gefahren, hatte seinen Waagen mit Leergut beladen – und mit neun Nonnen. Die hatten sich im Klostergarten bereitgehalten. Der schwere Frachtwagen rumpelte über Torgau, wo übernachtet wurde, direkt nach Wittenberg zu Luther. Es waren alles adlige Fräulein, die einst von ihren Familien zu Bräuten Christi gemacht worden waren. Neun Jahre alt war Katharina von Bora, als sie der Welt abhanden gekommen war. Mit fünfzehn Jahren hatte man ihr die langen rotblonden Haare abgeschnitten, die weiße Kutte und den Schleier umgelegt. Die adligen Familien wurden auf diese Weise ihre überschüssigen Töchter los, waren aber guten Gewissens, genossen die virgines religiosae doch eine ausgezeichnete Erziehung, lernten Lesen und Schreiben, die lateinische Sprache, etwas Kirchengeschichte, Gesang und was sonst noch die Ordnung des heiligen Bernhard von Clairvaux vorschrieb. Mariathron bei Nimbschen erfreute sich eines guten Rufes, was man nicht von allen Klöstern sagen konnte. Dass die Prioren sich Konkubinen hielten und die Äbtissinnen Liebhaber, war keine Seltenheit. In dem unweit von Grimma gelegenen Nimbschen herrschte strenge Klausur mit Schweigegebot. Die Zellen waren ungeheizt, tönerne Wärmekruken bekamen nur Kranke; auf den Pritschen im Dormitorium lagen Strohsäcke. Die Stundengebete – Matutin, Laudes, Prim, Terz, Non, Vesper, Komplet – wurden peinlich genau eingehalten und durch gelegentliche Visitationen überwacht. Zucht und Sittsamkeit sollten den jungen Mädchen »die köstliche Perle der Jungfräulichkeit« erhalten.

So dick die Mauern auch waren, so fest die Gitter im Besuchszimmer, so gut bewacht die Tore, die Herzen öffneten sich den Lehren, die von Wittenberg aus verkündet wurden. Mit Blitzesschnelle flogen Luthers Schriften über das Land, drangen die Hammerschläge, mit denen er seine 95 Thesen an die Schlosskirche genagelt hatte, in die Zellen. Mochten Kaiser und Papst sie ächten und bannen und dem Feuer überantworten, über alle Schranken sprang das lebendige Wort hinweg und auch die Druckschriften wanderten insgeheim von Hand zu Hand. Die Fingersprache, mit denen die Nonnen sich verständigten, war ohnehin nicht zu kontrollieren.

Die Äbtissin wurde ihrer Schützlinge allmählich nicht mehr Herr. Zu groß war die Unruhe, die Luthers Schriften, besonders die von der Freiheit eines Christenmenschen, bewirkt hatten. Durch seine Lehre war ihnen alles genommen worden, woran sie bis dahin geglaubt hatten. War das Gelübde ihrer Keuschheit ein Gott wohlgefälliges Werk? War die Hoffnung, sich durch Bußübungen das Anrecht auf einen Platz im Himmel zu sichern, nicht eitel Tand? Konnte man der Fürbitte der Heiligen und der Kraft der Reliquien vertrauen? War der durch Geld zu erwerbende Ablass der Sünden nicht eher eine Lästerung Gottes? Wirken, nützen, beten, schaffen – aber das draußen jenseits der Mauern. Das schien der bessere Weg zu innerem Frieden und Seligkeit.

Die neun besprachen sich nachts im Dormitorium, schoben sich Zettel zu im Refektorium, entschlossen sich endlich, ihren Eltern einen Brief zu schreiben, mit der flehentlichen Bitte, sie aus dem Kloster herauszuholen, da sie um ihrer Seligkeit willen nicht länger unter dem Gelübde leben könnten. Die Antwort, die ihnen übermittelt wurde, war bei jeder beinah gleichlautend: Man könne aus einem Kloster nicht einfach austreten; ein Gelübde zu brechen, käme einer Todsünde gleich; im Übrigen sollten sie zufrieden sein, bis an ihr Lebensende versorgt zu sein. Oder wollten sie irgendeinen armseligen Ritter heiraten, der ihnen jedes Jahr ein Kind machen würde, bis sie im Kindbett verstarben? Doch die neun frommen Schwestern waren zu allem entschlossen: Wollten die Eltern nicht helfen, so würde es vielleicht der Doktor Martinus Luther tun. Schließlich könnte man es als seine Christenpflicht ansehen, ihnen in ihrer Not beizustehen, argumentierten sie kühn. Gottlob sah es der Doktor genauso. Er wandte sich an den mit ihm befreundeten Koppe, nicht ohne ihn darauf aufmerksam zu machen, dass er sein Leben gefährde, stünde doch auf die Entführung einer Nonne die Todesstrafe.

Doch Koppe fürchtete sich nicht, er war ein mutiger Mann

und außerdem befriedigte ihn nichts mehr, als den Papisten einen Tort anzutun. Als eine Art Rückendeckung für ihn veröffentlichte Luther eine kleine Schrift mit dem Titel »Ursach und Antwort, dass Jungfrauen Klöster göttlich verlassen mögen«. Womit er gleichzeitig die Verantwortung für die Entführung der Nonnen übernimmt: Die Ehre der Jungfrauen solle nicht von giftigen Zungen geschmäht werden.

Die Ankunft Koppes in Wittenberg mit seiner so kostbaren wie ungewöhnlichen Fracht erregt gewaltiges Aufsehen. Die Nachricht vom geglückten Nonnenraub, den der Doktor Luther höchstpersönlich inszeniert hatte, war dem Wagen vorausgeeilt und alles Volk lief zusammen, die frommen Schwestern zu bestaunen. Sie trugen noch ihre Ordenstracht; das war alles, was sie besaßen. Die Flucht war geglückt, aber was nun? Wer sollte sie hausen und pflegen, sie für das Leben geschickt machen? Geld hatte der Doktor selbst wenig. Er sammelte also, bat hin und her, ob jemand bereit sei, die eine oder andere ins Haus aufzunehmen, bemühte sich, sie unter die Haube zu bringen. Er scheute sich nicht, seine Schützlinge auszupreisen: »Seyndt schön und fein und alle von Adel.« Aber in einer Zeit, in der die jungen Frauen mit fünfzehn, sechzehn Jahren verheiratet wurden, war das schwierig, denn dieses Alter hatten die Damen längst überschritten.

Er wandte sich auch an seinen Kurfürsten, an jenen Friedrich den Weisen, der ihn seinerzeit bei der Rückreise von Worms »überfallen« und auf die Wartburg in Sicherheit gebracht hatte. Friedrich antwortete nicht gleich. Die Äbtissin des Klosters Nimbschen war bei ihm erschienen und hatte Klage eingereicht, wonach das Kloster unter der Beihilfe *Seiner* Untertanen zerrüttet werde, indem man die Flucht von Nonnen begünstige. Friedrich der Weise machte diesem Beinamen alle Ehre und gab den Bescheid, »dass Er nit wisse, wer die Klosterfrauen zu solchem Fürnehmen verursacht, und

Wir Uns bis anher dieser und dergleichen Sachen nie angenommen, so lassen *Wir* es bei ihrer selbst Verantwortung bleiben.«

Von den neun ehemaligen Nonnen konnten sechs Wittenberg bald wieder verlassen: Luther hatte ihre Verwandtschaft, diese kaltherzige Sippe, derart bedrängt, dass sie sich ihrer verlorenen Kinder doch noch erbarmten. Nur die beiden Schwestern Margarete und Ave von Schönfeld waren vorerst, im wahren Sinne des Wortes, nicht an den Mann zu bringen.

Und Katharina von Bora! Der Stadtschreiber war schließlich bereit, sie in seinem Haushalt zu beschäftigen, mit der Weisung, sie möge sich fein und still verhalten; das tat sie, aber sie spürte die Abneigung, die ihr entgegengebracht wurde, man flüsterte hinter ihrem Rücken: Das also war die feine Dame, die einfach ein heiliges Gelübde gebrochen hatte. Wir finden sie bald im Haus Lucas Cranachs, des Kurfürsten Hofmalers, eines berühmten Mannes und eines reichen Mannes, der außer seiner Kunst eine Apotheke betrieb, einen Weinausschank und eine Druckerei. Sie führte hier den Haushalt anstelle der kränklichen Cranacherin. Durch Cranach wissen wir, wie die Bora ausgesehen hat: Die hoch stehenden Wangenknochen und die schmalen Augen weisen auf einen slawischen Einschlag hin. Das dichte dunkelblonde Haar war an den Schläfen zurückgestrichen; die Lippen voll und energisch geschwungen. Es war kein schönes, aber ein reizvolles Gesicht. Der Maler hat sie gezeichnet und portraitiert, hat Skizzen für Tizian angefertigt, die dem Berühmteren als Vorlage für ein Bora-Portrait diente.

Bei Cranach lernte Katharina den Nürnberger Patriziersohn Baumgärtner kennen – und lieben. Als Luther davon hörte, war er hocherfreut, bestand doch jetzt die Chance, sein Mauerblümchen endlich verpflanzen zu können. Die Bora hatte jetzt die Vierundzwanzig erreicht und war nach damaligen

Begriffen aus dem Schneider. Doch Vater Baumgärtner war allein der Gedanke unerträglich, dass sein Sohn eine entlaufene Nonne ehelichen wollte. Vergeblich schrieb Luther nach Nürnberg, wie sehr er sich über eine solche Verbindung freuen würde, und Hieronymus möge sich eilen, stünde doch ein anderer Kandidat vor der Tür.

Diesen Mann gab es tatsächlich. Es war der Professor der Theologie Dr. Glatz, einst Rektor der Universität Wittenberg, jetzt wohlbestallter Pfarrer von Orlamünde, eine gute Partie also. Doch den wollte Katharina partout nicht. Und warum nicht, wollte der nun ernsthaft verärgerte Luther wissen? Weil sie kein Vertrauen zu dem Menschen nicht habe, antwortete sie mit doppelter Verneinung, und außerdem sei er ihr nicht sympathisch. Ja, wer um des Himmels willen wäre ihr denn recht?

Katharina wusste es genau. Bei Cranachs hatte sie den Professor Nikolaus von Amsdorf kennen gelernt, einen Kollegen Luthers aus den Tagen der Universität. Der begehrte zu wissen, warum sie denn so wählerisch sei, wolle sie denn partout ledig bleiben? Katharinas Antwort war, in einer Zeit, da die Frauen wenig galten, geradezu unerhört. »Wenn *Sie* mich zur Gemahlin nähmen, Herr von Amsdorf, wäre mir das schon recht. *Sie* oder der Doktor Luther höchstselbst.«

Der gute Professor war so verschreckt, dass er auf der Stelle zu Luther rannte und ihm von dem »Antrag« der Bora berichtete. Er selbst habe andere Pläne, aber »wie wäre es denn mit dir, Martin?« Luther soll gelacht haben: Oh nein, für eine Ehe fühle er sich noch nicht reif (er war gerade 42 geworden!). Er gestand dann, dass er mit dem Gedanken, sich eine Frau zu nehmen, sehr wohl gespielt habe. Von den beiden Schwestern Schönfeld sei ihm die Ave sehr lieb gewesen, die aber habe nicht mehr länger warten wollen, bis er sich endlich entschieden habe, so sei sie endlich einem Mediziner versprochen worden. Ja, und die Bora, die liebe er gar nicht, das arme Wesen, und hoffärtig und standesstolz sei sie dazu.

Die meisten seiner Freunde rieten ohnehin von einer Ehe ab. Darunter Philipp Melanchton, sein theologischer Mitarbeiter, der nach dem Tod des Reformators den Ehrentitel *Praeceptor Germaniae* trug, der Lehrer Deutschlands. Der Magister Schurff, juristischer Berater des Kurfürsten, schrieb: »Wenn dieser Mönch ein Weib nimmt, wird die ganze Welt und der Teufel selbst lachen, und er wird alles, was er geschaffen, zunichte machen.«

Luther war ins Grübeln gekommen. Ging es an, dass er von seiner Kanzel die Ehe als etwas Gottgewolltes verkündete, sich selbst aber einer Vermählung entzog; dass es nicht gut sei, wenn der Mensch allein sei; dass der vom Papst diktierte Zölibat unchristlich sei; dass seine Vermählung der letzte notwendige Schritt war, sich vom Mönchtum zu lösen?

»Kann ich's schicken, allen zum Trotz, so will ich die Bora noch zur Ehe nehmen, bevor ich sterbe. Ich hoffe, man möge mir nicht den Mut und die Freude nehmen, die Engel im Himmel sollen sich freuen, und die Hölle soll weinen.«

Die Bora sagte ja, als er ihr vorschlug, in Zukunft gemeinsam den Weg des Herrn zu wandeln. Sie wiederholte das Ja in der Pfarrkirche und genierte sich nicht, das öffentliche Beilager zu vollziehen, womit man der Tradition Rechnung trug. Ob das lediglich eine symbolische Handlung oder die geschlechtliche Vereinigung realiter war, darüber schweigt des Sängers, sprich Historikers Höflichkeit. Es blieb den Romanciers überlassen, sich ein Bild zu gestalten. »Als sie jetzt eng bei ihm liegt, hört sie wieder sein Herzklopfen. Diesmal aber schlägt es hart ... vor Angst. Luther ist ganz Mönch, Katharina ist niemals ganz Nonne gewesen. Sie fragt sich auch nicht, ob die Anwesenheit der Zeugen hinderlich ist. ... Sie weiß es nur, dass sie ihrem Mann jetzt helfen muss und will. ... Als dann der leise Schmerz kommt, atmet sie auf. Und sie ahnt, dass völlig unerschlossene Gebiet, unbekannte Reichtümer in dem liegen, was sie bislang eher gefürchtet als ersehnt hat …« (A. Scheib)

Es liest sich vergnüglich, wie das junge Paar daran ging, sich das Hochzeitsessen zusammenzuschnorren. Denn *sie* war arm wie eine Kirchenmaus, und *er* hatte gerade mal zwei silberne Ehrenbecher als Mahlschatz. Der Hofmarschall wurde gebeten, »wo es nicht beschwerlich ist, wollet mich treulich beraten mit einem wenigk Wildbret«, dem Magistrat nahegelegt, ein Stübchen Malvasier (das waren vier Liter), ein Stübchen Rheinwein und anderthalb Stübchen Frankenwein zu spenden. Ein Brief ging an Koppe, den fröhlichen Nonnenräuber, er möge zum guten Trunke ein Fass des besten Torgischen Bieres, hierher fahren lassen. »Wir werden Fuhrlohn und alles redlich geben.« Geldspenden trafen ein, darunter zwanzig Gulden, übersandt vom Erzbischof Albrecht von Mainz, dem bewährten Feind, der just eine seiner Konkubinen heiraten wollte. Luther wollte dem schnöden Mammon unverzüglich an den Absender zurückgehen lassen.

Katharina jedoch nahm den Boten heimlich zur Seite und kassierte das Geld. Jeden Gulden würde man in Zukunft brauchen. Was ihr in erschreckender Weise klar wurde, als der frisch gebackene Ehemann sie durch das künftige Heim führte: durch das Kloster der Augustiner, in dem der Gemahl fünfunddreißig Jahre gelebt hatte. Das langgestreckte verwahrloste Gebäude mit den engen, nun leerstehenden Zellen, muss einen niederschmetternden Eindruck auf die junge Frau gemacht haben. Luther: »Hier hat mir niemand das Bett zurechtgemacht, in dem das Stroh von meinem Schweiße faulte. Ich war müde und arbeitete mich den Tag ab und fiel so ins Bette …«

Wie man einen Haushalt führte, davon hatten die Nonnen

im Kloster Nimbschen nichts erfahren, kaum dass sie eine Kehrschaufel von einer Bratpfanne unterscheiden konnten. Katharina tat das, was man heute *learning by doing* nennen würde. Aus der Kämmereirechnung geht hervor, dass sie sechs Groschen für zwei Tonnen Kalk bezahlte: Davon wurden Wände beworfen und frisch getüncht. Weitere Groschen gehen drauf für Sämereien aus Erfurt und Malz aus Einbeck. Das Kloster besitzt ein altes Braurecht, und das gilt es zu nützen. Katharina braut Bier, ihres Martins Lieblingsgetränk. Aus dem angrenzenden ehemaligen Friedhof wird ein Gemüsegarten. Sie lässt die Ställe ausmisten, kauft auf dem Viehmarkt Schweine, Hühner, Enten. Um die Feuchtigkeit, die vom Stadtgraben in die Klosterräume dringt, zu beseitigen, ordnet sie eine Unterkellerung an. Eine Rechnung findet sich über eine Ladung Holz, dazu bestimmt, eine Badestube einzurichten. Als sie einen neuen Brunnen graben ließ, eine Arbeit, die sich über Wochen hinzog, wurde Luther garstig und zog sich schimpfend in sein Turmzimmer zurück.

Wie er überhaupt anfangs Schwierigkeiten hatte, mit dieser ständig geschäftigen und redseligen Frau. »Im ersten Jahr saß meine Käthe bei mir mit ihrem Spinnrocken, wenn ich studierte, dann fing sie an: ›Herr Doktor, was ich zu wissen begehre …‹« Nach der Sitte der Zeit redete sie ihn mit seinem Titel an. Sie begehrte immer wieder etwas zu wissen. Ein köstlicher Seufzer des Gemahls ist uns überliefert. »Ach, im ersten Jahre des Ehestandes hat einer seltsame Gedanken. Wenn er bei Tisch sitzt, denkt er: Siehe, vorher warst du allein, jetzt selbander. Im Bett, wenn er erwacht, sieht er ein paar Zöpfe, die er früher nit sah …«

Katharina versucht all die kleinen Dinge des Tages von ihrem Mann fernzuhalten, auf dass er für die großen Dinge des Lebens noch genügend Kraft habe. *Sie* hat nicht vergessen, wie es um ihn steht: Er ist vom Papst gebannt, vom Kaiser geächtet, von der Inquisition mit dem Scheiterhaufen bedroht. Auch erfährt sie von dem, was die Welt da draußen über sie redet: Eine Nonne sei sie, die sich weniger nach der Freiheit als nach einem Freier gesehnt, eine mannstolle Megäre, die mit jedem Studenten buhle, der es nur um die Befriedigung der fleischlichen Lüste gehe. Es kommt vor, dass man ihr beim Kirchgang, sie ist wieder einmal schwanger, heimlich Zettel zusteckt: »Wir werden deine Brut zertreten.«

Allen Anfeindungen zum Trotz – Martin und Katharina wachsen zusammen. Aus Achtung wird Zuneigung, aus Zuneigung wird Liebe. Luthers Wort, wonach er sich des armen Wesens aus reinem Mitleid angenommen, sein ganzes negatives Frauenbild wandelt sich, und die Anrede in seinen Briefen lautet »Herzallerliebstes Käthchen«, »mein Liebchen«, und das ist keine bloße Höflichkeit.

»Es gehört unstreitig zu den unwägbaren Entschlüssen des Herrn der Heerscharen«, schreibt der Historiker Hellmut Diwald, »dass die Ehe zwischen der weltunerfahrenen Nonne und diesem Naturereignis namens Martin Luther nicht zu einer Naturkatastrophe führte, sondern zu einer fast konsternierenden glücklichen Verbindung.«

Sie gebiert ihm sechs Kinder: Johannes, Elisabeth, Magdalena, Martin, Paul, Margarethe. Darauf zu schließen, dass sie sich eines glücklichen Sexuallebens erfreut haben müssen, wie verschiedentlich betont, ist ein irriger Schluss. Alle Frauen trugen Kind auf Kind – bis sie sich totgetragen hatten und der Nachfolgerin Platz machten: Die Sterblichkeit im Kindbett war hoch. Wirksame Verhütungsmittel, wir haben darüber schon in einem anderen Kapitel gesprochen, gab es nicht; hätte es sie gegeben, die Männer würden sie nicht genommen haben. Justus Jonas, Freund aus seiner engeren Umgebung zeugt vierzehn Kinder. Ambrosius Reuter, ein Verwandter, dreiundzwanzig, von denen nur zwölf überleben.

Katharina muss die kleine Elisabeth zu Grabe tragen, ihr Tod trifft sie schwer, auch wenn nur vom Schmerz des Vaters die Rede ist. Der Grabstein ist in die Friedhofsmauer eingelassen worden. »Hic dormit Elisabeth Filiola M. Lutheri. Anno MDXXVIII 3 Augusti.« Tochter Magdalena wird nur dreizehn Jahre alt. Sie ist ihres Mannes Lieblingskind. Katharina hadert mit Gott und stellt, am Sterbebett kniend, die Frage der Fragen: Warum? Er weint. Katharina stellt zum wiederholten Male fest, wie sensibel dieser gewaltige Mann sein kann, den viele nur als grobschlächtig kennen.

Um vier Uhr beginnt ihr Tag, gegen sechs Uhr, nach vierzehnstündigem Schaffen, versammelt sie die »Familie« zum Abendessen im ehemaligen Refektorium. Die ist inzwischen auf über dreißig Personen angewachsen. Da sind die Studenten, die gegen Kostgeld hier leben (mit dieser Einrichtung pflegten die knapp gehaltenen Universitätsprofessoren ihre Besoldung aufzubessern); und arme Verwandte, Waisen und Halbwaisen; und Geistliche, die um ihres Glaubens willen verfolgt wurden, und ehemalige Nonnen; überhaupt alle, die mühselig und beladen waren.

Sie sind Gäste um Gottes Lohn. Keinen Pfennig nimmt ihnen der Hausherr ab, und wenn die Gemahlin seufzt angesichts von so viel Hilfsbereitschaft – schließlich soll sie mit dem Wirtschaftsgeld auskommen und keine Schulden machen – dann muss sie sich fromme Sprüche anhören: »Man muss geben, will man anders etwas haben. Gott wird es dir entgelten.« Wenn gar nichts mehr im Kasten ist, dann müssen die silbernen Becher ran, eiserne Reserve jeder Familie. Gelegentlich drängt sie ihren Mann, einmal das Soll und Haben aufzulisten. Es wird eine wunderliche Rechnung: »Gehalten zwischen Doctor Martin und Käthen, Anno 1535.« Sie rechnen und rechnen, bis Luther den Griffel hinwirft: »Ich mag nimmer ..., es macht einen gar zu verdrossen. Ich hätte nicht gemeint, dass auf einen Menschen so viel gehen sollte ...« Wie konnte man zu neuem Geld kommen? Käthe hätte es ihm sagen können: Von den Verlegern und den Buchdruckern, die mit dem Vertrieb der ins Deutsche übertragenen Bibel, dem Katechismus und den anderen Schriften fett geworden waren. Der Verfasser hatte jede Art von Tantiemen, die sie ihm gern gezahlt hätten, zurückgewiesen, müsste er sich doch in den Grund und Boden schämen, für Gottes Wort, Münze zu nehmen.

Zurück zur Abendtafel, wo Luther inzwischen eingetroffen ist, und dem Gebet lauscht, das eine seiner Töchter spricht. Die Tischgenossen löffeln die Suppe aus Hirse, geerntet auf ihrem Acker. Schweigen herrscht; niemand weiß, ob der Herr Doktor heute sein klösterliches Stillschweigen wahrt oder ein allgemeines Gespräch wünscht. Schließlich blickt er auf und sagt: »Was höret man Neues im Lande, ihr Prälaten?« Damit sind die Älteren gemeint, die nun eine Unterhaltung beginnen mit Fragen und Einwürfen. Einige holen verstohlen ihre Kladden hervor, um jedes Wort des Doktors aufzuschreiben. Die Hausherrin sieht es mit Missvergnügen, weiß sie doch, dass die Schreiber stante pede zum nächsten Drucker laufen und die Niederschrift verkaufen.

Die Bora konnte nicht ahnen, dass auf diese Weise ein berühmtes Werk entstand: »COLLOQUIA DOCT. MART. LUTHERS. So er in vielen Jahren, gegen gelarten Leuten, auch frembden Gesten, und seinen Tischgesellen gefüret.« Die *Tischreden* waren von frischer Unmittelbarkeit, bisweilen herzhaft und unanständig, welche die am Tisch sitzenden Frauenzimmer erröten ließ. Aber nur sanft erröten: Man lebte ja im Zeitalter des Grobianismus. Aufforderungen wie »Warum rülpset und forzet ihr nicht? Hat es euch nicht geschmacket?« irritierten niemanden. Er ließ kein Thema aus, auch das delikateste nicht; sprach über die Häufigkeit des Geschlechtsverkehrs

(»In der Woche zwier schadet weder dir noch mir.«), doch die fleischliche Verbindung allein tue es nicht. («Es muss da sein, dass Sitte und Sinnesart übereinstimmen.«); über die Wollust (»Ich habe viele Paare Ehevolks gesehen, die in so großer Brunst zusammenkommen, dass sie einander vor Liebe haben fressen wollen, doch über ein Jahr, da liefen sie wieder voneinander.«), ergo mögen die jungen Leute nicht in der ersten Hitze heiraten; über die Ehe im Allgemeinen, die ein Geschenk Gottes sei und seine Ehe im besonderen (»Käthe, du hast einen frommen Mann, du bist eine Kaiserin. Ihres Mannes Herz darf sich auf sie verlassen.«). Die Knabenliebe nannte er italienische Hochzeit, Onanie war Verschwendung des Samens. Die Ehefrau dürfe sich im Bett ihrem Manne nicht verweigern (»Kommt die Frau nicht, kommt die Magd.«).

Nachschreiber waren einfache Scholaren aber auch namhafte Theologen. Der bekannteste hieß Aurifaber, Luthers letzter Famulus. Sein 650 Blätter zählender Folioband *Tischreden* erzielte mehrere Auflagen. Typisch für seinen Text, was auch für die anderen Schreiber gilt, war der häufige Wechsel zwischen deutscher und lateinischer Sprache. Doch so redete Luther, es war sein Sprachstil. Die Aufzeichnungen sind eine ergiebige Quelle für die Kenntnis von Leben und Anschauungen des Reformators.

Die Bora trug wenig dazu bei. Für sie galt das für die Frauen immer noch gültige Wort des Apostels Paulus *mulier taceat in ecclesia*. Die Frau möge schweigen in der Gemeinde. Nur gelegentlich erhob sie ihre Stimme, dann allerdings energisch, wenn etwa all das, was sie gekocht, gebraten, gesotten und gegart hatte – sie war eine gute Köchin – auf den Tellern langsam erkaltete: »Was soll das heißen, dass ihr unaufhörlich redet und nicht esset?« Für eine Hausfrau war es eben schmerzlich, wenn die Karpfen, mit dem Kescher aus dem eigenen Becken gefischt, trocken wurden, die Hennen aus ihrem Hühnerhof nicht mehr knusprig waren, die selbst gezogenen Rüben ihren Geschmack verloren.

Die *doctorissa*, wie die jüngeren Tischgenossen sie nannten, war nicht bei allen beliebt. Sie besaß nämlich die Unverfrorenheit, darauf zu bestehen, dass das Kostgeld nicht nur vereinbart, sondern auch gezahlt wurde. Das sei früher nicht der Brauch gewesen, klagten die Studiosi hinter vorgehaltener Hand. Ihr bester Tischgast war der Hausherr selbst. Er vertrat den Standpunkt, dass er esse, was ihm schmecke, und danach leide, was er müsse. Er frage auch nach den Ärzten nicht und wolle sich sein Leben von ihnen nicht sauer machen lassen. Am liebsten trank er zum Essen Bier, dass Frau Käthe, wie erwähnt, eigenhändig braute. So wurde aus dem einstigen von der Askese gezeichneten Mönch ein Mann mit Embonpoint, so wie Goethe es in Auerbachs Keller sagen lässt: »Hatte sich ein Ränzlein angemäst' als wie der Doctor Luther.«

Katharina hatte das verwahrloste Kloster zu einem Heim gemacht, in dem es sich leben ließ. Der Unordnung wurde sie allerdings nicht Herr. Die Truhenbänke, Fensternischen, die hochlehnigen Stühle, die Refektoriumstische, die Schemel, Fußbänke, der Fußboden selbst, alles war belegt mit Schriften, Briefen, Druckfahnen, Traktaten, Flugblättern, Streitschriften. Die Regale vollgestopft mit Büchern, Folianten, Atlanten. Unruhe herrscht auf Treppen und in den Fluren. Ständige Gäste gingen und kamen, Vornehme, die in dem armseligen Wittenberg keine ihnen genehme Herberge gefunden, meldeten sich an, Scholaren baten um Quartier, Professoren um Aufnahme als Tischgäste.

Der Fürst Georg von Anhalt erhielt von einem Eingeweihten die Warnung: »Das Haus des Doctors Luther bewohnt eine bunt gemischte Schar von Jünglingen, Studenten, Mädchen, Witwen, alten Frauen und Knaben. Darum herrscht dort große Unrast und viele bedauern das um des guten Mannes, des ehrwürdigen Vaters willen. Wie jetzt die Sache steht und das Hauswesen des Herrn Doctor sich verhält, möchte ich nicht geraten haben, wenn euer Gnaden in seinem Hause absteige.«

Die Bora liebte ihren Mann und war letztlich glücklich; ein Adjektiv, das man damals viel weniger benutzte als heute; zufrieden wäre das passendere Wort. Manches Mal mag sie sich nach ihrem Leben im Kloster gesehnt haben, wo die Zeit still und friedlich dahingegangen war. Aufreibend war auch ihre immer wieder nötige Tätigkeit als Heilgehilfin. Seine kleinen Wehs und Achs wie Rheumatismus und Gicht, ängstigten sie nicht sonderlich, daran litt fast jeder. Schlimmer war sein Steinleiden, das ihm mit seinen Koliken Todesqualen bereitete. Katharina versuchte, ihm mit alten Hausmitteln zu helfen, die vornehmlich aus der Drecksapotheke stammten. Krötenlaich und Spinnenei, Schweinemist und Mäusekot, mit Rotwein und Urin zu einem Gebräu vermischt, wurden ihm gereicht. Manchmal half es ihm sogar, meist aber nicht, und der Patient stöhnte: »Ein Arzt kann nicht schädlicher sein denn du …«

Depressionen, Melancholie, die große Traurigkeit, die ihn heimsuchten, waren schmerzvoller als jedes körperliche Leiden. Ihn aus den schwarzen Abgründen seiner Seele wieder ans Licht zu holen, überstieg Katharinas Kräfte. Der Teufel, der war es, der ihn verfolgte! Für ihn war es keine Spukgestalt, sondern der Leibhaftige, weil er leibhaftig anwesend war. Schon in seinem Fluchtdomizil auf der Wartburg war er ihm erschienen, und er hatte das Tintenfass nach ihm geworfen; jener legendäre Fleck entstand, der immer wieder erneuert werden musste, weil die Besucher davon ein wenig abkratzten und als Souvenir nach Haus trugen.

Katharina lernte auch bald, ihm zu widersprechen. Wenn auch möglichst nicht vor der Tischgesellschaft, so doch im

Haushalt. Schließlich war sie die Schlüsselbewahrerin, und von dieser ihr zugestandenen Herrschaft machte sie Gebrauch, wohl wissend, was der Gemahl hinzugefügt hatte: »Unbeschadet *meines* Rechts. Denn Weiberherrschaft hat nie nichts Gutes angerichtet.« Wenn sie dieses »Recht« unversehens anzutasten suchte, zog er sich in sein Arbeitszimmer zurück, wo er auf einem Zettel schrieb »Wenn ich noch einmal freien sollte, wollte ich mir ein gehorsam Weib aus einem Stein hauen.«

Seinen Freunden blieben die Auseinandersetzungen nicht verborgen. Der Herrgott hatte Eva aus der Rippe Adams erschaffen, laut Bibel, und so machte bald das Wort die Runde: »Der Herr Doctor hat sich wieder einmal von seiner Rippe aufhetzen lassen.« So der kurfürstliche Kanzler Brück, ein liebgewordener Feind der Luthers. Böser noch, was der Prediger an der Schlosskirche Caspar Cruziger kolportierte: »Man möge wissen, dass der Doctor zu vielem, was ihn entflammt, eine Fackel in seinem Haus hat.« Luther selbst, der die Meinung vertrat, dass eine Ehefrau nicht gescheiter sein dürfe als der Ehemann, nannte sie bisweilen »Doktor Käthe« oder »meine liebste Herrin« und das war mehr als nur liebevolle Ironie. Er hatte es ja gewusst: Diese kleine adlige Nonne, die er aus dem Kloster zu Nimbschen entführen ließ, besaß einen Hang zur Hoffärtigkeit, zum Hochmut. Doch letztlich war man es einfach nicht gewohnt, dass eine Frau so entschieden auftrat und ihren Willen durchsetzte.

Mit welcher Umsicht und Courage sie sich verhielt, als 1534 die Pest über Wittenberg herfiel! Wer es sich leisten konnte und andernorts einen Unterschlupf hatte, pflegte die von der Epidemie heimgesuchte Stadt panikartig zu verlassen. Katharina blieb, ging durch die leeren Straßen, klopfte an die mit dem Pestkreuz bemalten Türen und fragte, ob sie helfen könne. Die schwer daniederliegende Frau von Lucas Cranach pflegte sie mit Hingabe, trotz aller Warnungen, dass sie sich anstecken würde. Im Schwarzen Kloster, wie ihr Heim genannt wurde (nach den Kutten der früheren Bewohner), räucherte sie Zelle für Zelle aus, streute Kalk, wusch die Wände mit Kalkwasser. Sie führte die Pestkarren dorthin, wo Pestleichen lagen, auf dass sie gleich beerdigt werden konnten. Sie kämpfte christlich furchtlos, wie der Medicus August Schurff bewundernd bezeugte.

Bei allem Heldenmut, dieser Ausdruck sei hier erlaubt – sie konnte nur wenig helfen. Wie alle Menschen glaubte sie, dass die Pestilenz als giftiger Hauch dem Boden entsteige – eine Vorstellung, die auf dem Boden des Aberglaubens und des Gerüchts wucherte. Der Zusammenhang zwischen mangelnder Hygiene und Krankheit war ohnehin weitgehend unbekannt; unbekannter noch war *Xenopsylla cheopsis*, ein Floh, der die Ratte als Wirtstier nutzte. Er ernährte sich von ihrem Blut, sog bei jeder Mahlzeit Bazillen in sich ein und würgte sie beim nächsten Biss in das Blut des neuen Opfers wieder aus, und das war meist ein Mensch. Über vierhundert Jahre sollten vergehen, bis der Japaner Kitasato, ein Mitarbeiter Robert Kochs, in der Blutbahn der Ratte ein Stäbchen entdeckte, das er als Erreger der Pest identifizierte. Die Pest in Wittenberg hatte keine so katastrophalen Folgen wie im nahen Erfurt, wo 12 000 Menschen der Seuche zum Opfer fielen, doch gab es kaum ein Haus ohne einen Pesttoten.

Mitte Januar 1546 ließ Luther die Kutsche aus der Remise holen, mit den beiden Braunen bespannen und sagte seiner Frau, dass er nun reisen müsse, hätten die Grafen von Mansholt ihn doch dringlich gebeten, in einem Streit zu vermitteln, den sie seit Monaten miteinander führten und bei dem es um viel Gut und Geld gehe. Frau Käthe meinte, dass nur ein Narr bei diesem Wetter ins Land hinaus fahre, wo doch die Wasser der Elbe hoch gingen. Und habe er nicht bei seiner letzten

Vorlesung zu seinen Studenten gesagt: »Ich kann nicht mehr, bin so schwach! Gott helfe mir.« Und nun wolle er zweier Streithansel halber sein Leben riskieren?

Er verspricht, jeden Dritt-Tag zu schreiben, und Katharina liest den ersten Brief: »... ich bin kränkelnd gewest auf dem Wege vor Eisleben. Ein kalter Wind ging hinten zum Wagen herein, durch mein Barett, als wollte es mir das Hirn zu Eis machen.« Zwei Tage später hört sie das Hufgeklapper des reitenden Boten. »Wir sitzen hier und lassen uns martern, es geht nicht voran mit den Grafen. Das tut mir der Teufel alleweg, wenn ich etwas Großes vorhabe.« Im dritten Brief heißt es: »Wir hätten gute Tage, wenn der verdrießliche Handel nicht wäre. Ansonst haben wir Torgauer Bier und Wein von der Saale; ach meine sorgende, sorgfältige Lutherin, Doctorin zu Wittenberg.« Im Nachsatz steht: »Schon wollte ich den Wagen schmieren mit meinem Zorn. Da hatte Gott ein Einsehen. Graf Gebhard und Graf Albrecht reden wieder miteinander, sind sie bis dahin doch still gewest. Und wisse, dass all deine Briefe angekommen sind.«

Nicht ein einziger dieser Briefe ist uns erhalten; wie auch die anderen Briefe nicht, die sie im Laufe ihrer Ehe geschrieben hat. Sie aufzubewahren hat niemand der Mühe für wert gehalten.

Als im Morgengrauen des 19. Februar 1546 der Türklopfer am Schwarzen Kloster getätigt wird, ahnt Katharina, was die drei Herren da draußen ihr sagen werden; es sind Buggenhagen, Cruziger und Melanchton, die alten Freunde: Martinus Luther sei am gestrigen Tage zwischen zwei und drei Uhr morgens in Eisleben entschlafen. Melanchton berichtet seinem Landsherrn: »So ist das arme Weib, wie leichtlich zu achten, hart erschrocken und in großer Betrübnis ...«

Das Testament, das er zu Gunsten Katharinas von Bora abgefasst hatte, lag wohlverwahrt im Schwarzen Kloster. Nach der Eröffnung stellte sich heraus, dass es nach den Landesgesetzen nicht gültig war. Er hatte es ohne die Hilfe eines Juristen niedergeschrieben, einer Spezies Mensch, die er gründlich verachtete. Der Jurist aber hätte ihm geraten, dass er für seine Kinder Vormünder bestellen müsse; deren Aufgabe es dann gewesen wäre, über die Erbansprüche der Nachkommen zu wachen. Für eine Witwe war nach dem Recht des *Sachsenspiegels* lediglich ein Stuhl und ein Spinnrocken vorgesehen.

Das arme Weib, wie der Praeceptor Germaniae hier so nüchtern schreibt, erfuhr bald, wie schlecht die Welt war. Wer sich zu Lebzeiten Luthers nicht an sie herangewagt hatte, jetzt war sie allen Anfeindungen wehrlos ausgesetzt. Dass sie hoffärtig gewesen sei, herrschsüchtig, geizig, einen schlechten Einfluss auf ihren Mann ausgeübt habe – solche Nachrichten machten die Runde.

Wer einst ihr Freund war, grüßte nicht mehr. Zur Tischgesellschaft erschien kaum jemand. Der Kasten, in dem einst das Bargeld lag, war leer. Katharina borgte sich beim Nachbarn ein paar Gulden und setzte ein Bittgesuch an den Kurfürsten auf, worin sie untertänigst darauf hinwies, dass Euer Gnaden einst, als ihr Gemahl todkrank zu Bette lag, gelobt habe: »Euer Weib soll sein wie mein Weib und Eure Kinder wie meine Kinder.«

Der Fürst zeigte sich geneigt, Catharina, Doctoris Martini seligen Gedächtnisses verlassene Witwe, zu helfen, dergestalt, dass er ihr ein Ruhegeld zubilligte und das nicht rechtsgültige Testament durch einen Federstrich rechtsgültig machte, seinen Wahlspruch diesmal außer Acht lassend, wonach das Recht seinen Gang haben müsse und sollte die Welt darüber zugrunde gehen. Das Kloster blieb ihr Eigentum als Wohnstätte, sowie ein kleines Landgut, das sie selbst bewirtschaftet hatte. Das Sachvermögen kam ihr als Alleinerbin zu. Vormunde für die Kinder allerdings mussten gewählt werden. Es war wohl eine gute Wahl: Die Söhne entwickelten sich zur Freude der Mutter. Hans, der Älteste, wurde später Kanzler des Herzogs Albrecht von Preußen; Martin studierte Theologie; Paul, der begabteste der Söhne, erfreute sich eines achtbaren Rufs als kursächsischer Leibarzt; Margarethe, die Tochter, heiratete einen ostpreußischen Edelmann.

Die letzten Jahre der Katharina von Bora werden in den Chroniken unter dem Titel »Im Elend« verzeichnet. Der Krieg verwüstete das Land. In der Schlacht von Mühlberg wurden die verbündeten Protestanten von Karl v. geschlagen. Es war jener Kaiser, dem Luther in Worms gegenübergetreten war. »Hier stehe ich. Ich kann nicht anders. Gott helfe mir! Amen.« Mit diesem weltberühmt gewordenen Wort hatte er sich geweigert, seine Lehre zu widerrufen, weil es gefährlich sei, wider das Gewissen zu handeln. Karl hatte ihm freies Geleit zugesichert, aber später zu seinen Räten geäußert, dass das ein Fehler gewesen sei. »Er hätte brennen müssen.«

Das alles war nun schon wieder ein Vierteljahrhundert her, aber Katharinas Freunde meinten, dass Karl ein langes Gedächtnis habe und er sich nach dem Einmarsch in Wittenberg an Luthers Familie rächen würde. Die Bora bestieg mit ihren Kindern den alten Planwagen und verließ die Stadt. König Christian von Dänemark hatte ihr Asyl geboten. In Braunschweig, wo Melanchton sie vorerst untergebracht hatte, erfuhr sie, dass Karl in der Schlosskirche vor dem Grabe Luthers gestanden habe. Einer aus seinem Gefolge riet ihm, die Gebeine des Erzketzers aus dem Sarg zu reißen und in die Elbe zu werfen. Karl antwortete: »Lass ihn ruhen. Ich führe Krieg mit den Lebenden, nicht mit den Toten.«

Wieder daheim fand sie »ihr« Kloster öde und verwahrlost. Durch die zerbrochenen Fenster trieb der Wind den Regen. Ratten nisteten in den Regalen. In den Speisekammern saßen die Mäuse – ratlos. Ihre Pferde und Kühe waren von der spanischen Soldateska, die im Gefolge Karls die Stadt geplündert hatten, aus den Ställen geholt worden. Sie versuchte, wieder Pensionsgäste aufzunehmen und die Tischgesellschaft neu zu gründen. Langsam begann sie sich zu erholen, doch das Kapitel »Im Elend« schien noch nicht beendet: Die Pest suchte die Bewohner wieder einmal heim. Die ersten Pestkranken pochten an die Tür. Die Bora hat nicht mehr die Kraft, wie bei der letzten Epidemie, sie zu pflegen. Sie flüchtet mit ihren Kindern nach Torgau. Es wird zu einer Flucht in den Tod. Eine Achse der Kutsche bricht, die Pferde gehen durch, Katharina stürzt in den Straßengraben. Erst am Ziel ihrer Reise merkt sie, dass sie nicht mehr gehen und nicht mehr stehen kann. In einem modernen Reiseführer heißt es: »Da sie in armen Verhältnissen gelebt hatte, brachte man sie in Torgau in eine bescheidene Unterkunft. Nach langem Todeskampf starb sie hier. Eine kleine Tafel erinnert an dieses Ereignis: ›In diesem Haus starb Frau Käthe Luther am 20. Dezember 1552.‹«

Christiane Vulpius

Das gleene Nadurwesen

Zwei Verse stehen zu Beginn.

Der eine ist an Charlotte von Stein gerichtet, seit Jahrzehnten in enger Freundschaft mit Goethe verbunden, ein Zeitraum, in dem sie sein dichterisches Schaffen entscheidend beeinflusste. Er lautet: »Eine Liebe hatt' ich, sie war mir lieber als alles, aber ich hab' sie nicht mehr! Schweig und ertrag den Verlust.« Er hatte nicht nur diesen Verlust zu ertragen. »Aus Italien, dem formreichen, war ich in das gestaltlose Deutschland zurückgekehrt; heitern Himmel mit einem düsternen zu vertauschen; die Freunde, statt mich zu trösten und wieder an sich zu ziehen, brachten mich zur Verzweiflung. Mein Entzücken über entfernteste, kaum bekannte Gegenstände, mein Leiden, meine Klagen über das Verlorene schien sie zu beleidigen, ich vermisste jede Teilnahme, niemand verstand meine Sprache.«

Der zweite Vers klingt fast so, als entstamme er einem Volkslied. »Im Schatten sah ich ein Blümchen stehn, wie Sterne blinken, wie Äuglein schön.« So muss Christiane Vulpius dem Dichter erschienen sein, als er sie im Park an der Ilm bei einem Spaziergang traf. Das Kindhafte, die Treuherzigkeit, das Naturwüchsige nimmt ihn auf der Stelle gefangen. Sie macht einen Knicks, sie errötet, übereicht ihm ein Schreiben, in dem ihr Bruder den Herrn Geheimrat um Hilfe bittet, bei seinen literarischen Plänen, bei seinen Bemühungen um eine Stellung bei Hofe.

Man schreibt den 12. Juli 1788, und das ist der Tag, den Goethe und Christiane später als den Tag ihres Liebesbündnisses feiern. Dass das sehr wörtlich zu nehmen ist, verrät ein Vers aus seinen Römischen Elegien: »Lass Dich, Geliebte, nicht reuen, dass du so schnell dich ergeben. / Glaub' es, ich denke nicht frech, denke nicht niedrig von dir.« Christiane hatte bereits am ersten Abend sein Bett mit ihm geteilt. Als Liebesnest, in dem er sie monatelang vor der Weimarer Gesellschaft verbarg, diente sein Gartenhaus, die wohl anrührendste Stätte unter all den Goethe-Erinnerungsstätten. Das Haus ist erhalten, wie es einst war, und nirgendwo spürt man den Hauch der Geschichte stärker als hier.

Christiane, der jungen Frau, die aus der so genannten Weimarer Armut stammte, mit ihrer Tante und ihrer Stiefschwester in der Luthergasse lebte (wo eine Tafel daran erinnert), wird das Gartenhaus beinahe paradiesisch erschienen sein: Es hat zwei Stockwerke, einen Altan, eine gut eingerichtete Küche mit großem Herd. Nachdem Goethe stolzer Besitzer geworden war, schrieb er die Verse, die man heute unter allen Fotos des Gartenhauses findet. »Übermütig sieht's nicht aus, / Hohes Dach und niederes Haus; / Allen, die da selbst verkehrt, / War ein guter Mut beschert. / Schlanker Bäume grüner Flor, / Selbstgepflanzter wuchs empor. / Geistig ging sogleich alldort / Schaffen, Hegen, Wachsen fort.«

Am Leben Christianes änderte sich vorerst nichts. Jeden Morgen verließ sie ihre ärmliche Wohnung und ging in das Haus des Herrn Bertuch, wo sie an vier Tagen der Woche aus Paris importierte Stoffblumen an Hüte, Röcke, Haarbänder nähte. Zwanzig junge Mädchen, darunter einige von Stand, waren in der kleinen Werkstatt beschäftigt, von Bertuch gut behandelt und schlecht bezahlt. Sie gingen einem Frauenberuf nach, der sich keiner sonderlichen Achtung in der Gesellschaft erfreute. Die Frau gehörte an den Herd und an die Wiege.

Wenn die Nacht angebrochen war, schlich sich Christiane in das Gartenhaus, von ihrem Liebhaber sehnlich erwartet. »Welche Nacht des Wartens ist vergangen! / Wacht' ich doch und zählte jedes Viertel! / Schlief ich ein auf wenig Augenblicke, / War mein Herz beständig wach geblieben. / Immer hofft ich, Deinen Schritt zu hören. / Und so lag ich lang und immer länger / Und es fing der Tag schon an zu grauen, / Und es rauschte hier und rauschte dorten.« Endlich kam sie und »lieblich gab sie ihm Umarmung und Kuss bald gelehrig zurück«.

Goethe war ein anderer geworden. Er hatte in Rom die Liebe in ihrer ureigenen Form kennen gelernt, in der körperlichen Vereinigung. »Die Mägden oder viel mehr die jungen Frauen«, schrieb er seinem Herzog Carl August, »die sich bey den Malern einfinden, sind allerliebst mitunter und gefällig sich beschauen und genießen zu lassen.« Seine anmutigen Spaziergänge auf diesem Gebiet, dem der Sexualität, erfrischten das Gemüt und brächten den Körper in ein köstliches Gleichgewicht. Achtunddreißig Jahre musste er werden, um dieses *Gleichgewicht* zum ersten Mal zu erleben. Faustina Antonini war keine literarische Figur, wofür man sie immer gehalten, es hatte sie gegeben. Die geborene di Giovanni war die Tochter des Besitzers der Osteria alla Campana, eine Witwe mit einem dreijährigen Sohn.

Dass sie tatsächlich existiert hat, davon haben sich auch die hartnäckigen Skeptiker unter den Historikern überzeugen müssen: Aus einer Vereinbarung Goethes mit dem Bankier Reifenstein geht hervor, dass fünf Tage vor seiner Abreise aus Rom 400 Scudi, etwa 500 Taler, auf ein Sonderkonto überwiesen worden sind, bestimmt für Faustina Antonini.

Charlotte von Stein hatte die Wandlung, die Verwandlung, des einst so geliebten Freundes, schon aus seinen letzten Briefen herausgelesen. Goethe sei sinnlich geworden, klagte sie, seine besessene Italienliebe fand sie verstiegen, zu dieser Welt fand sie keinen Zugang, und nichts sei bezeichnender als das in Rom geschriebene Drama *Egmont*, in dem neben dem Titelhelden ein Mädchen namens Clärchen vorkomme, ein Bürgermädchen, dessen bedingungslose Hingabe das sittliche Gefühl beleidige und *ihr* Lebensideal, wonach es nur eine geistige, sublime Liebe gebe, beschmutze. Mit dieser lebensvollsten Frauengestalt Goethes konnte sie nichts anfangen. Sie begriff nicht, dass ihrem Freund jede Art von Verstiegenheit des Gefühls, von Seelenfreundschaft, unerträglich geworden war.

Acht Monate waren vergangen, seit jenem Julitag, da traf Fritz von Stein, der Sohn, im Gartenhaus eine ihm unbekannte weibliche Person. Er erzählte es seiner Mutter, die sofort aufhorchte, Nachforschungen anstellte – und alles erfuhr. Sie erzählte es Charlotte Schiller, und die erzählte es Karoline Herder, womit die Weimarer Klatschbasen genannt wären. »Er hat die junge Vulpius zu seinem Clärchen gemacht und lässt sie oft zu sich kommen ...«

Das, was Goethe immer verurteilt hatte, nämlich das Privatleben eines Menschen vor den allgemeinen Richterstuhl der Sittlichkeit zu ziehen, war nun eingetreten.

Weimar, dieses Mittelding zwischen Residenzstadt und Dorf, zählt gerade einmal siebenhundert Häuser, die meisten Straßen sind unbefestigt. Wer nachts nach Hause geht, muss sich heimleuchten lassen; ein Diener geht mit einer Fackel oder einem Windlicht voraus. Durch die offene Gosse laufen die Abwässer, in denen Schweine sich wohlig wälzen. Der Lärm der hochrädrigen, meist von Ochsen gezogenen Leiterwagen beginnt im Morgengrauen. Die meisten Einwohner sind Ackerbürger, und bäuerisch ist auch der Lebensstil. Als Goethe 1775 eintrifft, wird er am Stadttor visitiert und seine Ankunft dem Herzog per Laufburschen gemeldet.

Der residiert nicht in einem Schloss. Ein Brand hat nur noch eine Ruine übrig gelassen, deren Mauern düster in den Himmel ragen. Für den Wiederaufbau ist kein Geld da; das Land ist verarmt, der Adel entkräftet und die Beamten können sich nur mithilfe von Nebentätigkeiten über Wasser halten.

Christianes Vater, Johann Friedrich Vulpius, war Amtskopist, eine Stellung, mit der sich's nicht leben und nicht sterben ließ: 50 Reichstaler im Jahr, die noch nicht einmal regelmäßig ausgezahlt wurden. Die Lektüre seiner Bettelbriefe, seiner Bittgesuche um Gehaltserhöhung, um Gnadengeschenke ist trostlos. Schließlich geriet er in die Räder der Justiz, eines angeblichen Amtsvergehens wegen. Christiane brachte Tinte und Feder ins Zuchthaus, damit er sich schriftlich verteidigen konnte. Die Verteidigungsschrift bewirkte seine Entlassung. Er kam aber nie wieder auf die Beine und starb als verbitterter Mann.

Christiane war nun doppelt gebrandmarkt: Tochter eines Betrügers und Geliebte eines Geheimrats. Weimar entrüstete sich Tag für Tag aufs Neue. Was erlaubte sich diese gewöhnliche Person, die kaum lesen und schreiben konnte, einen fürchterlichen Dialekt sprach, als Blumennäherin arbeitete und, das glaubte man zu wissen, schon immer eine Art Hure gewesen war. Die kleinste Schauspielerin am Weimarer Theater habe mehr Anstand.

Die Schiller nannte sie ein rundes Nichts; Bettina von Arnim eine toll gewordene Blutwurst; selbst der Herzog, weiß Gott kein Kind von Traurigkeit, meinte, dieses Mädchen habe alles verdorben. Die Verleumdung, sie schreitet schnelle, steckte auch Männer an wie Wilhelm von Humboldt, Achim von Arnim, Wieland, Wilhelm Grimm, Schiller. Christiane ist ihren schlechten Ruf nicht mehr losgeworden. Noch Thomas Mann bezeichnet sie als *un bel pezzo*, eine schönes Stück

Fleisch, gründlich ungebildet; Romain Rolland betrachtete sie als eine nullité d'esprit, eine geistige Null.

Für Charlotte von Stein, deutschen Stammtischen nur durch Eugen Roths Zweizeiler bekannt, wonach man bei ihr nicht wisse, »hat er nun oder hat er nicht«, mag man Verständnis haben: Sie hatte die Mitte der Vierzig überschritten, war leidend, nach sieben Geburten erschöpft; eine verblühte Frau, die nun erleben musste, dass *ihr* Goethe solche Wege ging. Ihr Hass wuchs, als sie erfuhr, dass dieses Mensch mit Sack und Pack in das weiträumige Haus am Frauenplan übergesiedelt war und dass sie bald einen Bankert, einen Bastard, auf die Welt bringen würde. Die Herzogin Louise, von dem bloßen Gedanken entsetzt, das seltsame Paar würde ihr das Kind alle Tage vor der Nase herumtragen lassen, ergriff die Initiative, dergestalt dass Goethe das schöne Stadthaus räumen und in das so genannte Jägerhaus vor den Toren ziehen musste. Das schien nichts anderes als eine Strafmaßnahme zu sein, von der Goetheforschung verschwiegen oder zumindest verschleiert.

Nach drei Jahren endlich durften sie zurück an den Frauenplan, wo der Gustel, der später so unglückselige Sohn August, aufwuchs. Auch wenn Christiane wenig Kontakt mit den Bürgern hatte, es bedurfte ihrer ganzen Kraft, um sich ihr Leben nicht verbittern zu lassen. »Die Weimarer täten es gern, aber ich achte auf nichts. Ich sorge für mein Bübchen und halte mein Hauswesen in Ordnung und mache mich lustig. Aber sie können einen gar nicht in Ruhe lassen. Weil ich immer daran denke, so habe ich heute Nacht davon geträumt. Ich habe dabei so geweint und laut geschrieen, dass mich Ernestine [die Stiefschwester] aufgeweckt hat, und da war mein ganzes Kopfkissen nass.«

Goethe hat sie immer wieder getröstet. »Du weißt ja die Art des ganzen Geschlechts, dass es lieber beunruhigt und hetzt als tröstet und aufrichtet. Das ist in der Welt nun einmal nicht anders … Genieße also, was Dir das Glück gegönnt hat und suche Dir es zu erhalten. Wir wollen in unserer Liebe verharren und uns immer besser einrichten, damit wir nach unserer Sinnesweise leben können, ohne uns um andere zu bekümmern.«

Ein solcher Brief hätte ganz anders ausfallen können, so hatte es die Geliebte in ihrem tiefsten Innern auch befürchtet. Wie pflegte man sich in höheren Kreisen einer Mätresse zu entledigen, deren Kind kein Wunschkind war? Man zahlte sie aus oder suchte einen passenden Mann für sie; oder mietete ihr ein Liebesnest, in das man nach Bedarf einflog. Goethe hat keine dieser Möglichkeiten gewählt, sondern sich zu seiner Geliebten bekannt; mit ihr eine wilde Ehe geführt. Einfachen Leuten wäre dieser Weg ohnehin verbaut gewesen. Christiane wusste, dass unehelicher Geschlechtsverkehr als Hurerei galt und demgemäß bestraft wurde. Vor Gericht sind bekanntlich alle Menschen gleich, aber einige sind eben ein bisschen gleicher: Für den Geliebten als Favoriten des Herzogs galten andere Gesetze. Dennoch gehörte Zivilcourage dazu, mit diesem Mädchen aus der Weimarer Armut zu leben. Sogar unter das Kapitel Charlotte von Stein hatte er einen Schlussstrich gezogen.

»… die Art, wie Du mich bisher behandelt hast, kann ich nicht erdulden. Wenn ich gesprächig war, hast Du mir die Lippen verschlossen. Jede meiner Mienen hast Du kontrolliert, meine Bewegungen, meine Art zu sein getadelt. Wo sollte das Vertrauen und Offenheit gedeihen, wenn Du mich mit vorsätzlicher Laune von Dir stießest?« Und auf Christiane bezogen: »Welch ein Verhältnis ist es? Wer wird dadurch verkürzt? Wer macht Anspruch auf die Empfindungen, die ich dem armen Geschöpf gönne? Wer an die Stunden, die ich mit ihr zubringe?«

Aus dem »armen Geschöpf«, als das er sie wohl ursprünglich gesehen hatte, wurde allmählich die Lebensgefährtin. Die körperliche Anziehungskraft nahm auch nach Jahren nicht ab. Noch drei Jahre nach ihrer ersten Begegnung schrieb er übermütig wie ein Jüngling dem Herzog: »Indes macht draußen vor dem Tor / Wo allerliebste Kätzchen blühen / Durch alle zwölf Kategorien / Mir Amor seine Späße vor.« Diese Späße müssen stürmisch gewesen sein, blättert man in den Rechnungen des Schlossers Spangenberg. »Bett beschlagen. 6 Paar zerbrochene Bänder dazu mit Nageln«. Und: »Ein Neu gebrochenes Bett beschlagen zum unterschieben.« Des geschaukelten Bettes lieblicher, knarrender Ton führte zu einer dritten Reparatur. Christiane muss von einer leidenschaftlichen Hingabe gewesen sein; ein wahrer Bettschatz, nach Meinung der Mutter Goethes, die das *gleene Nadurwesen* von Beginn an in ihr Herz geschlossen hatte.

Den Goethianern des prüden ausgehenden 19. Jahrhunderts war das alles hochnotpeinlich, auch das Geständnis ihres Olympiers: »Oftmals hab' ich auch schon in ihren Armen gedichtet / Und des Hexameters Maß, leise, mit fingernder Hand, / Ihr auf den Rücken gezählt.« Aus den *Erotica Romana* wurde jene Passage nicht zitiert: »Ekel bleibt mir Gezier und Putz hebet am Ende / Sich ein brokatener Rock nicht wie ein wollener auf? Schon fällt dein wollenes Kleidchen, / So wie der Freund es gelöst faltig zum Boden hinab … Wird ich auch halb nur belehrt, bin ich doch doppelt vergnügt. / Und belehr ich mich nicht? Wenn ich des lieblichen Busens / Formen spähe, die Hand leite die Hüfte hinab …«

Über Goethe und die Frauen gab es und gibt es viele Bücher: Die Sexualität wurde dabei meist ausgespart. 1987 erschien ein bedeutender Beitrag zu diesem Thema: *Goethe. Eine psychoanalytische Studie*, geschrieben von dem Amerikaner Kurt R. Eisler, in der von Goethes Sexualstörungen, den Kastrationsängsten, der vorzeitigen Ejakulation und seiner Angst vor venerischen Infekten die Rede ist. Eisler ist ein hervorragender Fachmann auf seinem Gebiet, aber eben nur auf *seinem* Gebiet. Entscheidendes zum Bild des Dichters trägt er nicht bei.

Der Briefwechsel zwischen Goethe und Christiane gehört zum Originellsten, was die deutsche Briefliteratur besitzt; wobei das Wort Originalität hier im Sinne von Ursprünglichkeit steht. Die Briefe flossen aus dem Herzen in die Hand, ohne Entwurf, ohne einen vorherigen Denkvorgang. Genau 601 Briefe sind uns überliefert, davon 354 von Goethe und 247 von Christiane. *Ihre* Briefe entstammten wahrer Schwerstarbeit: Das Schneiden der Gänsefeder, das Glätten des Papiers, Himmel, warum ist die Tinte eingetrocknet, der Löschsand ist verklebt. Dann die Rechtschreibung! Mit der Orthografie stand sie auf dem Kriegsfuß: Weil sie so schrieb, wie sie sprach, nämlich thüringisch. Die *Iphigenie* ihres ›Einsieggeliebten‹ wird zur ›Efijenige‹, zu deren Aufführung im Theater sie mit der ›Eeckibbasche‹, der Equipage, gefahren ist, und anschließend der ›dehedansag‹, der Thé dansant, wo eine Dame aus ›Idaligen‹, Italien, dabei war, die große ›Schamrachte‹, Smaragde, trug und sich viel auf ihre ›bommos‹, Bonmots, einbildete, auch ›Grüddick‹ am Stück übte. ›Nnahtiessche‹, nach Tisch, war man noch in der ›Biebeldäk‹, wo ein ›Ecksembelar‹, Exemplar, ›Liedratur‹ ausgeliehen wurde und sagte dann ›Adiege‹, Adieu.

Hans Gerhard Gräf, der die Briefe 1916 erstmals herausgegeben hat, meinte, dass eine buchstabengetreue Wiedergabe nicht möglich gewesen wäre, zum einen aus Gründen der Verständlichkeit, zum anderen, weil sie eine erheiternde Wirkung hervorgebracht hätten.

Goethe hat nie an ihr herumerzogen; er ließ die junge Frau mit ihrem frischen unverbildeten Wesen, ihrem gesunden Menschenverstand, so wie sie lebte und liebte. Dass sie nichts von ihrem Wesen aufgab, gerade das gefiel ihm. Manchmal schilt er, wenn sie seine Fragen nicht beantwortete, oder Aufträge nicht ausführte. Doch meist ermunterte er sie: »Es geht schon wirklich besser mit dem Schreiben, wenn Du es nur recht üben willst.« Sie antwortete: »Heute ist mein Brief gewiß besser geschrieben; denn ich habe mir große Mühe gegeben. Um der Wahrheit die Ehre zu lassen, es ist mir aber auch schon zweimal schlimm dabei geworden, und wäre der Brief nicht an Dich, ich hätte schon längst aufgegeben.«

Bisweilen blieb ihr einfach keine Zeit zum Schreiben. Da langte es nur zu kurzen Zettelchen. »Mir haben seit Montag gewaschen und getrocknet und heute bügeln mir, und die Stähle glühen. Von früh bis um neun Uhr des Abends nur immer Vorhänge gebügelt und heute bin ich mit den Kellern und Vorräten beschäftigt, um alles, da es kalt wird, vor dem Frost zu bewahren. ... Vors erste, dass ich heute Deine Fenster-Vorhänge gewaschen und getrocknet habe, und alles, was sonsten schmutzig war, die grünen Stühle, die schwarzen ausgebessert.«

Der Haushalt, das Putzen, Ausbessern und Waschen spielen eine große Rolle in ihren Briefen. Große Wäsche hieß damals mindestens eine Woche harter Arbeit von des Morgens Frühe bis in den späten Abend. Insofern sind ihre Briefe ein Spiegel dessen, was eine Hausfrau zu leisten hatte. Hinzu kam die Versorgung von Küche und Keller, die Bewirtschaftung des Krautackers, auf dem sie das Gemüse heranzog, die Arbeit im Garten. »Heute geht auch das Einmachen an, überhaupt gibt es immer zu tun, wenn man eine Wirtschaft in Ordnung halten will, und wenn nur alles in seiner Ordnung geht, das macht mir Freude.«

Goethe hatte das allzu betriebsame Haus am Frauenplan verlassen und sich im alten Schloss zu Jena eingenistet, wo er in strenger Klausur arbeitete; er sei hier immer ein glücklicher Mensch, weil er keinem Raum auf dieser Erde so viel produktive Momente verdanke. Doch der glückliche Mensch hat ständig besondere Wünsche, meist kulinarischer Art. »Ich übertreibe nicht, wenn ich sage, dass ich vier fünf Tage bloß von Cervelatwurst, Brot und rotem Wein gelebt. Auch sehe ich unter den hiesigen Umständen gar keine Rettung und bitte Dich also aufs allerinständigste, mir mit jedem Botentage etwas Gutes, Gebratenes, einen Schöpsenbraten, einen Kapaun, ja einen Truthahn zu schicken, es mag kosten, was es will, …damit wir nur etwas haben, was sich nicht vom Schwein herschreibt. …Gib etwaigen Überbringern mündlich Aufklärung, wie es mit meinem Wein aussieht. Denn der an mich geschickte, rotgesiegelt ist viel dunkler als der sonstige und will mir gar nicht behagen. …Die Chocolate fängt an zu fehlen, schicke mir doch welche.« Als er sich zu einem kurzen Besuch in Weimar aufmacht, erbittet er sich zu seinem Empfang eine recht gute französische Bouillon, denn er wünsche recht wohl zu leben.

Christiane braucht bisweilen einen ganzen Tag, um seine anspruchsvollen Wünsche zu erfüllen. Doch klappt es nicht immer. »Mit der Gänseleberpastete habe ich mir alle Mühe gegeben, aber umsonst, es sind keine Gänselebern zu kriegen und keine Trüffeln.«

Sie hat unendlich viel zu tun, und Ernestine hilft ihr dabei; später hat sie auch noch eine Art Gesellschafterin, die Caroline Ulrich, deren Aufgabe es ist, gelegentliche einen Brief zu schreiben, den eigentlich Christiane schreiben sollte. Letztlich bleibt alles auf ihren Schultern lasten. Da gibt es auch noch August Goethe, den Gustel, der ihr nicht nur eitel Freude macht. Sie klagt selten, aus ihren Briefen strömt Heiterkeit, Lebensfreude, Zärtlichkeit und Liebe, besser: Sehnsucht nach Liebe.

»Nun, mein allerbester, superber, geliebter Schatz, muss ich mich ein bisschen mit Dir unterhalten, sonsten will es gar nicht gehen. Erstens muss ich Dir sagen, dass ich Dich ganz höllisch lieb habe und heute sehr h a s i g bin. Da Du nun aber nicht da bist, so muss ich mich schriftlich unterhalten. Das Bübechen ist auch sehr vergnügt, wäre es aber freilich mehr, wenn das Väterchen da wäre. Aus lauter Hasigkeit möchte ich ein Wägelchen nehmen und mit dem Bübechen zu Dir fahren, damit ich nur recht vergnügt sein könnte. Da es aber nicht geht, so will ich sehen, ob ich nicht irgendjemand finde, der mit mir im Garten herumspringt.«

In seinen *Zahmen Xenien* hat Goethe geschrieben: »Ich wünsche mir eine hübsche Frau, / Die nicht alles nähme allzu genau, / Doch aber zugleich am besten verstände; / Wie ich mich selbst am besten befände.« Diese Frau hatte er nun, unverdient, wie manche finden, der Egoist, der nur eines im Sinn habe, das häusliche Behagen, die Unabhängigkeit von allen Verpflichtungen, der seine Frau Wochen- ja monatelang allein lässt, obwohl er weiß, dass Christiane nach wie vor den Weimarern ausgeliefert ist mit ihrem Klatsch und ihrer Verächtlichmachung, der sozialen Ächtung eben; der vier Wochen in Karlsbad kurt und den vornehmen Damen »Äugelchen« macht (gelegentliche, wenn auch nicht bis zum Äußersten gehende Liebschaften), der die Herzogin von Venedig abholt; der in das preußische Feldlager nach Schlesien aufbricht; der an der Campagne in Frankreich teilnimmt und sie inmitten von Verwundeten, an der Ruhr Erkrankten, von Kot und Not, ermahnt, sie möge sich in der Kunst des Kochens weiterhin perfektionieren.

Christiane richtete inzwischen das Haus am Frauenplan ein, beaufsichtigte den Umbau, rechnete mit den Handwerkern ab und stellte zum wiederholten Male fest, dass die Kasse an Schwindsucht litt. »... hätte ich Dir schon am Mittwoch geschrieben, dass ich kein Geld mehr habe. Ich bin in größter Not, denn ich gebe der Köchin alleweile meinen letzten kleinen Taler. Weil der Bube krank war, habe ich wieder manche paar Groschen mehr ausgegeben und ihm auch wieder etwas Apartes kochen müssen. Habe ich das Comödie-Abonnement bezahlt, Holz machen lassen und dem Kutscher Trinkgeld gegeben; wenn ich nur nicht den Dukaten von Dir angewandt hätte, so hätte ich doch noch was. Die Weiber, die sich etwas schmuh machen, tun doch nicht ganz übel, um im Notfall was zu haben. Sei so gut und schicke mir durch den Espressen etwas.«

Christiane ist zufrieden in ihrem Hauswesen. Aber nicht immer glücklich. Eifersucht packt sie, wenn sie von anderer Seite hört, wie umschwärmt ihr Geliebter in den Kurbädern wird. »Ist denn die Bettina in Karlsbad angekommen und die Frau von Eyenberg? Und hier sagt man, die Silvie und die Gottern gingen auch hin. Was willst Du denn mit den Äugelchen anfangen? Das wird zu viel! Vergiß nur nicht dein ältestes, mich. Ich will indes fest auf dich vertrauen, man mag sagen, was man will.«

Der Gustel war oft genug ihr Trost in der Verlassenheit. Er machte sich gut und wurde alle Tage vernünftiger, so dass sie oft vor ihm richtig erschreckte. Sie verzog ihn, sie verzärtelte ihn, schließlich war er das einzige von den fünf Kindern, das überlebt hatte. Die anderen vier waren nach wenigen Stunden oder Tagen verstorben – der Tod im Kindsbett, wie er bei den meisten Frauen beinahe üblich war. Das zweite Kind, wieder ein Knabe (er war noch nicht einmal getauft, hatte also keinen Namen), trug sie eigenhändig auf den Jakobsfriedhof. Die Schwangerschaften, die Wehen, die Geburten selbst, musste sie allein durchstehen. Kein Wunder, dass sie dem Wein mehr zusprach, als es einer Frau zuträglich gewesen wäre. In ihren Briefen bat sie den Geliebten immer wieder, ihr doch ein paar Bouteillen ihres Lieblingsweins zu schicken; sonst täte ihr das Mägelchen allzu wehe. Zu den Vorwürfen, die man ihr gemacht hat, gehörte die Trunksucht. Sie war jedoch so wenig eine Trinkerin wie Goethe ein Trinker gewesen wäre, auch wenn es bisweilen den Anschein hatte. (Bei den Empfängen am Frauenplan wurde auf der Fensterbank hinter den Vorhängen stets eine Literflasche eigens für ihn placiert.) Sie trank viel, bisweilen zu viel, aber kaum jemals über den Durst.

Auffällig war Christianes Bescheidenheit. Kleider nähte sie sich nach dem Motto »Aus alt mach neu« und freute sich kindisch, wenn Goethe ihr mal einen hübschen Kleiderstoff schickte, aus weißem Atlas zum Beispiel, einen seidenen Schal oder ein zierliches Unterröckchen. Damit würde sie auf der Redoute fröhlich herumhupfen. Ach ja, die Bälle und ihre Tanzwut, die kreidete man ihr ständig an. Bei der Allemande, der Polka, der Française tanzte sie ihre Schuhe durch. Und Äugelchen machte sie, viele Äugelchen. Goethe ermunterte sie sogar dazu, er freute sich, »wenn sie sich lustig machte«. Es beruhigte sein schlechtes Gewissen.

Es kam die Zeit, da sie des ständigen Alleinseins überdrüssig wurde. Am Wochenende wollte er kommen, nein, erst die nächste Woche, vielleicht, vielleicht auch noch nicht, Geduld, bitte Geduld. »Es ist mir heute so zu Mute, als könnte ich es nicht länger ohne Dich aushalten. Es hat auch alles im Hause schon über meinen übelen Humor geklagt. Ich habe keine rechte vergnügte Stunde mehr gehabt. Ohne Dich ist mir alle Freude nichts. Ich habe es Dir immer seither verschwiegen, aber länger will es nicht gehen. Selbst die Comödie will nicht recht schmecken. Sei ja nicht böse auf mich, dass ich Dir so einen gramseligen Brief schreibe, er ist ganz aus dem Herzen raus ... Wenn Du eine lange Reise machst und willst mich nicht mitnehmen, so setze ich mich mit dem Gustel hinten darauf; denn ich will lieber Wind und Wetter ausstehen, als wieder so lange ohne Dich sein.«

Auch sinnlich war sie nun unbefriedigt. Sie sehnte sich

nach den Schlampamps-Stündchen, nach den Liebesstunden im grünen Alkoven.

Er sitzt in Jena und mit dem Roman, dem *Wilhelm Meister*, will es nicht recht vorangehen. Jetzt wird sie resolut: Wenn er partout nicht kommen will, dann kommt eben *sie*. Vielleicht bringt sie Lust zu dem Roman mit und verspricht, mit dem Knaben brav ins Nebenstübchen zu ziehen; sie würde sich auch eine Handarbeit einpacken. Er schickte die beiden bald wieder weg. Er hat etwas Neues unter der Feder, eine große Idylle, das Versepos *Hermann und Dorothea*. Der Gustel greint und fragt, warum um des Himmels willen der Vater wieder nicht mitkomme. Wieder daheim schreibt sie ihm, dass sie seinen Fleiß bewundere, es aber besser sei, wenn er eine Weile nichts mache; am Ende könnte es seiner Gesundheit abträglich sein.

Christiane wird kompliziert: Daheim bleiben soll er, nicht mehr reisen, weniger arbeiten. Sigrid Damm hat in ihrem klugen Buch den Zwiespalt zwischen dem liebenden Mann und dem schaffenden Dichter an seiner Elegie *Amynthas* aufgezeigt, in welcher der Efeu sich um einen Baum rankt und ihm das Mark, die Seele aussaugt. Sich von dem Efeu zu befreien, dazu fehlt ihm die Kraft, reißt man doch mit diesem Geflecht auch das Leben aus ihm. Mit einfacheren Worten: Alles muss einmal bezahlt werden, und jetzt ist es an Goethe, die Rechnung zu begleichen. Das mit dem »Efeu« würde Christiane nie begreifen. Sie seufzt den uralten Seufzer aller Nur-Hausfrauen: »Mit der Arbeit von euch Männern ist es schön; was die einmal gemacht haben, bleibt doch, aber mit uns armen Schindludern ist es ganz anders …«

Goethe hatte bereits wieder Reisepläne. Italien schwebte ihm vor, doch wagte er Christiane davon nichts zu erzählen, sondern sprach von einer Reise in die Schweiz und die führe über Frankfurt und dorthin werde er sie mitnehmen. Das war ein Trostpflaster, doch sie freut 's. Lebte doch dort Goethes Mutter (die er nie nach Weimar eingeladen hat), eine Frau, die nach ihrem Herzen war. In den drei Tagen an Rhein und Main befreundeten sich die beiden Frauen. Frau Aja, wie sie allgemein genannt wurde, hatte kurz zuvor auf ihr Recht verzichtet, den Sohn zu beerben, falls er vor ihr stürbe, damit alles Christiane und August zukomme. Das war testamentarisch festgelegt worden.

1791 war Goethe mit der Leitung des Weimarer Theaters betraut worden. Er übernahm diese Aufgabe halb widerstrebend. Der Etat war gering, die Schauspieler wurden schlecht bezahlt. Ein Liebhaber bekam in der Woche 1 Taler 18 Groschen (ein Paar Schuhe kosteten 1 Taler 4 Groschen). Er spielte Kotzebue, Iffland, Lessing, seine eigenen Stücke wie *Iphigenie, Egmont, Götz von Berlichingen* und Schillers *Don Carlos, Wilhelm Tell, Maria Stuart*. Dazu kam der Freund eigens von Jena herüber, um Regie zu führen. Zusammen mit Goethe bemühte sich Schiller, die Schauspieler zu erziehen, ihren Sprechstil zu heben und die hohen Tonlagen am Ende eines Satzes zu beseitigen. Ob Christiane bei den Proben dabei war, wissen wir nicht. Bei den Aufführungen war sie ständiger Gast; auf einer Bank im Parkett oder später als Frau Geheimrat in einer der Logen. Sie gehörte zu jenen Menschen, die sich im Theater unterhielten – und bildeten.

Goethe hat Christiane regelmäßig nach Bad Lauchstädt geschickt, wo die Weimarer Komödianten im Sommer zu spielen pflegten. Sie hatte die Aufgabe, über jede Vorstellung zu berichten: Wie Schiller ging, wie viele Zuschauer zu Goethes Stücken kamen, was Kotzebue einbrachte; welcher Akteur in welcher Rolle brillierte. Da sie mit den meisten Schauspielern befreundet war, wusste sie auch hinter den Kulissen gut Bescheid. Sie wurde ihm bald unentbehrlich. Auf einen Zettel schrieb er ihr: »Ohne Dich, weißt Du wohl, könnte und möchte ich das Theaterwesen nicht weiterführen.« Das Ränkespiel der Akteure untereinander, ihre Eifersüchteleien und Zwistigkeiten – hier griff sie energisch ein und brachte das Theatervölkchen zur Raison. Ihr Gespür für die richtige Besetzung einer Rolle wurde allgemein anerkannt.

Die abendliche Komödie in Weimar war ihr ein und alles. Beim Lesen eines Buches wurde sie nicht ertappt. Lesen bedeutete Stillsitzen und still sitzen konnte sie nicht, Goethe behauptete sogar, dass sie von allen seinen Werken keine Zeile gelesen habe. »Das Reich des Geistes hat kein Dasein für sie, für die Haushaltung ist sie geschaffen.« Was man nur glauben kann, wenn man das Theater nicht zum Reich des Geistes rechnet. Von des Gedankens Blässe war sie in der Tat nicht angekränkelt. Sie blieb ungebildet, aber auch unverbildet. Wenn sich bei Goethe die Ideen zu stark drängten, er sich manchmal nicht mehr zurechtfinden konnte, dann sprach er mit der Vulpius; wobei er oft staunen musste, wie sie mit ihrem natürlichen Scharfblick auf den Punkt kam.

Christianes Stellung hatte sich dessen ungeachtet nicht verändert. Sie durfte in Küche und Keller abendliche Gesellschaften vorbereiten, aber nicht daran teilnehmen. Die Gäste bekamen die Goethesche Mamsell nicht zu Gesicht, da sie der Hausherr keinem seiner hochmögenden Gäste vorzustellen pflegte. Nach einem vierzehntägigen Aufenthalt am Frauenplan erwähnte Schiller sie mit keinem Wort. Der Freund sei leider in ein Verhältnis geraten, schrieb er, welches ihn in seinem häuslichen Kreis unglücklich macht und welches abzuschütteln er leider zu schwach sei. Die Vulpius war für ihn nicht existent, und für seine Frau, die adelsstolze Charlotte von Lengefeld, schon gar nicht.

Christiane begann zu vereinsamen. Ihr Mann, durch seine Freundschaft mit Schiller verjüngt, war immer häufiger in Jena, wo die Vertrauten sich um ihn versammelten, *ihre* Freunde waren Leute vom Theater und einige Bedienstete. Sie kränkelte, litt an Zahnschmerzen und Magenkrämpfen. Den Doktor Mayer, mit dem sie auf gutem Fuß stand, bat sie, nichts von ihrer Krankheit nach Jena zu melden. Dann ihr erschütterndes Bekenntnis: »... ich bin wahrhaftig ganz auseinander. Hier ist keiner, dem ich so alles, was mir am Herzen liegt, sagen könnte; ich könnte Freunde genug haben, aber ich kann mich an keinen Menschen mehr so anschließen und werde wohl so für mich allein meinen Weg wandeln müssen.«

Nach wie vor besuchte sie Redouten, ging auf Maskenbälle, aß viel und trank noch mehr und tanzte, tanzte, tanzte. Alles hatte etwas Verzweifeltes, Hektisches, auch das Schlittenfahren im Winter und das Kutschenfahren, bei dem sie auf dem Bock saß und auf die Pferde einhieb. Sie erfuhr, dass die Studenten sie als des Geheimrats dicke Hälfte verspotteten. Sie wusste auch, dass das stimmte: Sie war schwer und füllig geworden. Ihr frisches Gesicht mit den brennend schwarzen Augen, dem kirschroten Mund – so schilderte sie die Jagemann, Aktrice und Geliebte des Herzogs – die dunkelbraunen vollen Locken um Stirn und Nacken, die weißen Zähne, hatten der Zeit standgehalten.

Dann stirbt, 1808, Goethes Mutter, ihre geliebte mütterliche Freundin. Erbschaftsangelegenheiten sind zu regeln, eine meist so schwierige wie undankbare Aufgabe. Wie zu erwarten, drückt sich Goethe. Christiane muss fahren, besteigt bei eisiger Kälte die Postkutsche. »Sie betrug sich liberal und schön bei der Teilung«, schreibt Henriette Schlosser, Tochter von Goethes Schwager, »bei der sie sich doch gewiß verraten hätte, wenn Unreines in ihr wäre. Es freut uns alle, sie zu kennen, um über sie nach Verdienst zu urteilen und sie bei anderen verteidigen zu können, da ihr unerhört viel Unrecht geschehen.«

In der Nacht des 14. Oktober 1806 donnern Kolbenstöße an

das Tor des Hauses am Frauenplan. Es sind zwei Tirailleurs von den siegreichen Armeen Napoleons, die bei Jena und Auerstedt die Preußen vernichtend geschlagen haben. Sie fordern Einlass. Riemer, Sekretär und Vertrauter Goethes, lässt sie erst ein, nachdem sie mit Gewalt gedroht haben. Er plaziert sie an einen kleinen Tisch und holt Wein aus dem Keller, in der Hoffnung, sie würden sich so lange betrinken, bis der als Quartiergast angekündigte Marschall Ney erschien, der sie dann vor die Tür setzen würde. Doch der lässt auf sich warten. Die beiden köpfen eine weitere Flasche und verlangen den Hausherrn zu sprechen, auf dass er ihnen Bescheid tue. Riemer eilt zu Goethe hinauf, erklärt ihm, worum es geht und dass seine Anwesenheit notwendig sei, könnten die Dinge sich doch gefährlich zuspitzen. Der Hausherr, obwohl bereits im Nachtrock, geht zu den beiden, fragt, welche Wünsche er ihnen noch erfüllen könne, schenkt sich selbst ein Glas ein, sie trinken auf das Wohl Napoleons, und er zieht sich wieder zurück.

Jetzt werden die beiden Franzosen schläfrig. Doch hier unten auf den harten Dielen wollen sie nicht schlafen. Im ersten Stock öffnen sie die Tür eines Zimmers, das für den Marschall bestimmt ist und werfen sich in voller Montur auf die Betten. Riemer, der sie nicht daran zu hindern vermag, gibt nun auf und geht schlafen. Soweit sein Augenzeugenbericht. Die Szene, die sich dann abspielt, kennt er nur vom Hörensagen. Danach seien die beiden Tirailleurs irgendwann in der Nacht in Goethes Zimmer eingedrungen, hätten ihn mit ihren Säbeln bedroht und ihn womöglich umgebracht, wenn nicht Christiane, durch den Lärm aufgeschreckt, herbeigeeilt wäre, sich dazwischen geworfen, mit einem Leuchter auf sie eingeschlagen hätte, dergestalt, dass sie vor dieser Megäre erschreckt geflüchtet seien.

Goethe, von der Furchtlosigkeiten und dem löwenhaften

Mut seiner Gefährtin, die ihr Leben riskierte, um sein Leben zu retten, tief bewegt, soll sie als Dank dafür einige Tage später geheiratet haben …

Das alles ist eine so dramatische wie schöne Geschichte, doch scheint sie zu schön, um wahr zu sein. Sie ist durch kein Dokument wissenschaftlich gesichert. Goethe hat darüber kein Wort verloren (was noch einigermaßen verständlich wäre). Auch Christiane schweigt. Aus ihrer Umgebung hören wir nichts über den Vorgang. Riemer hat seinen Bericht 1842 geschrieben, neun Jahre nach Goethes Tod. Dennoch wird die Geschichte der »Lebensrettung« in der einschlägigen Literatur in etwa so wiedergegeben wie hier geschildert. Wiederum könnte das, was geschehen ist, den Tatsachen entsprechen; allein aus dem Schweigen der Quellen zu schließen, dass die Dinge nicht existiert hätten, geht letztlich nicht an. So bleibt dem geneigten Leser überlassen, was er glaubt und was nicht. Der Autor gehört zu Ersteren, passt die Geschichte doch zu Christiane Vulpius.

Goethe hatte es jetzt eilig, Christiane zu heiraten. Er schrieb an den Oberkirchenrat der Stadt Weimar, dass dieser Tage und Nächte ein alter Vorsatz bei ihm zur Reife gekommen sei. »Ich will meine kleine Freundin, die so viel an mir getan und auch diese Stunden der Prüfung mit mir durchlebte, völlig und bürgerlich anerkennen.«

Die Trauung fand in der Sakristei der Jakobskirche statt, im Hauptschiff lagen die Schwerverwundeten der großen Schlacht. Christiane war nun Frau Geheime Rätin und hatte Anspruch auf die Anrede Eure Exzellenz. Sie, angetan mit einem Kleid aus hellblauem Seidendamast und Musselin, war jetzt einundvierzig, er, bekleidet mit dunkelblauem Frack und heller Seidenweste, war siebenundfünfzig. Achtzehn Jahre waren sie nun in wilder Ehe verbunden. Den Titel hatte seine Frau, aber die gesellschaftliche Anerkennung hatte sie trotzdem nicht.

Er versuchte, sie mit allen Mitteln zu erzwingen, lud die Damen, die in Weimar den Ton angaben, zu einem Tee ins Haus. Jede Missachtung seiner Frau betrachtete er als einen persönlichen Affront. Die Stein blieb unversöhnlich: Angenehm sei ihr das alles nicht. »Indessen, da er das Kreatürchen sehr liebt, kann ich's ihm wohl einmal zu Gefallen tun.« Die Schiller mokierte sich darüber, dass die Gastgeberin den Gemahl mit »Herr Geheimrat« anredete, was sie im Bett wohl auch noch täte. Es kam auch zu keinen Gegeneinladungen.

Das Eis brach erst, als Johanna Schopenhauer, die Mutter des Philosophen, die in Weimar einen Salon gegründet hatte, verlauten ließ: »Ich denke, wenn Goethe ihr seinen Namen gibt, können wir wohl eine Tasse Tee geben.« Das Wort machte die Runde. Sie durfte nun von ihrer Bank im Parkett des Theaters in eine der Logen umziehen. Auch der Hof zeigte sich auf einmal geneigt. Die Herzogin Louise, der die Weimarer es verdankten, dass ihre Stadt nicht gebrandschatzt wurde – war sie doch Napoleon couragiert entgegengetreten, was ihm imponiert hatte – zeigte sich vor der versammelten Hofgesellschaft »ungewöhnlich huldvoll«.

An einem Januartag, man schreibt das Jahr 1815, erleidet Christiane bei einer Spazierfahrt mit Goethe einen Schlaganfall. Ihre starke Natur bringt sie wieder einigermaßen auf die Beine. Kaum vier Wochen später trifft sie der zweite Schlag. Die Ärzte lassen sie zur Ader und verordnen ihr viel Bewegung. Was einigermaßen zynisch klingt, denkt man an den Haushalt, den sie zu bewältigen hat – mit inzwischen sieben Angestellten, die zu leiten, zu beaufsichtigen, zu verpflegen sind. Ihr Mann ist zum ersten Mal leicht beunruhigt; er schreibt einem Freund, seine gute Frau sei zwei Querfinger vom Tode entfernt gewesen. »Ich habe viel gelitten«, setzt er hinzu. Sie wird erneut zur Ader gelassen, eine Blutentziehung, die sich seit dem Mittelalter gehalten hat und so wenig wirkt wie damals. Sie leidet an Lähmungen, kann nicht mehr richtig laufen, ein allgemeiner Verfall der Kräfte beginnt.

Goethe schickt sie zusammen mit einer Gesellschafterin zur Kur nach Karlsbad. Sie möge sich zerstreuen, das sei jetzt die Hauptsache. Sie gehorcht, zerstreut sich, meldet, dass sie munter sei wie ein Vogel, und hofft, dass auch er vergnügt sei. Sie kaschiert ihren wahren Zustand, weiß sie doch nur zu genau, dass er von Krankheiten nichts hören mag.

Goethe *ist* vergnügt: Er weilt zu Gast auf der am Main gelegenen Gerbermühle, die dem Bankier Willemer gehört. Der lebt hier mit seiner Frau Marianne, die er einst ihrer Mutter, einer Schauspielerin, für 2000 Gulden abgekauft hatte. Goethe arbeitet am *West-Östlichen Diwan* und wird Marianne als Suleika verewigen. Sie hat dabei mitgedichtet: An den Versen wie an der leidenschaftlichen Beziehung; wie Richard Friedenthal, der Goethe-Biograf, lakonisch bemerkt.

»Um 12 Uhr der Ghr. Rat retour von Jena. Den ganzen Tag im Bett. Matt und schwach. Die Stube gehütet.« Es sind vom 30. Mai 1816 die letzten Eintragungen in Christianes Tagebuch. Kurz zuvor hatte sie ihm noch geschrieben, dass sie sich ziemlich wohl befinde und alle Sinne frei und heiter seien. Goethe war wohl noch einmal in ihrem Zimmer, zieht sich dann zurück, erledigt Post, arbeitet am *Diwan*, notiert »Verschlimmerter Zustand meiner Frau«, verlebt eine unruhige sorgenvolle Nacht. »Letzter fürchterlicher Kampf ihrer Natur. Nahes Ende.« Ein plötzlicher Fieberanfall zwingt ihn ins Bett. Seine Abscheu vor Krankheit, Sterben und Tod lässt ihn, wie so häufig in seinem Leben, in die Krankheit flüchten. Den Todeskampf der eigenen Frau hätte er, wie er glaubt, ohne eine langwirkende seelische Schädigung fürchten zu müssen, nicht ertragen. Sie stirbt am 6. Juni 1816.

»Der Tod der armen Goethen ist der furchtbarste, den ich je nennen hörte«, schreibt Johanna Schopenhauer an ihre Freundin. »Allein, unter den Händen fühlloser Krankenwärterinnen ist sie gestorben; keine freundliche Hand hat die Augen zugedrückt, ihr eigener Sohn ist nicht zu bewegen gewesen, zu ihr zu gehen, auch Goethe selbst wagte es nicht. Reden konnte sie nicht, sie hatte sich die Zunge durchgebissen vor Schmerz.«

Diesen Bericht wollten die Goethianer in den Jahrzehnten nach Goethes Tod so nicht stehen lassen. Weil nicht sein kann, was nicht sein darf. Sie veröffentlichten Berichte so genannter Augenzeugen, in denen es hieß: Der Ehemann sei immer wieder an ihrem Bett gewesen, in zärtlichster Teilnahme habe er ihr die Wangen gestreichelt, ja, er sei an ihrem Bett gekniet und in den Schrei ausgebrochen: »Du darfst mich nicht verlassen!« Nichts davon ist wahr.

Christiane Vulpius findet ihre letzte Ruhestätte auf dem Gottesacker von St. Jakob. Der Grabstein trägt Goethes Worte: »Du versuchst, o Sonne, vergebens / Durch die düsteren Wolken zu scheinen! / Der ganze Gewinn meines Lebens / Ist, ihren Verlust zu beweinen.«

Marlene Dietrich

Eine Berlinerin

Anfang Mai 1960 hatten sich vor dem Titania-Palast in der Berliner Schloßstrasse Hunderte von Menschen versammelt. Sie trugen Transparente, auf denen geschrieben stand »MARLENE GO HOME« und »HAU AB MARLENE«. Eine ältere Frau hatte Tomaten mitgebracht, eine andere Eier. Ein Mann schrie im Stakkato »Verräterin! Verräterin! Verräterin!« Die Verräterin verbeugte sich in diesem Moment vor ihrem Publikum, das den Saal nur zu zwei Dritteln füllte. Berlin war die erste Station ihrer Deutschlandtournee, die sie zu den größeren deutschen Städten führen würde. Bei der Pressekonferenz, die sie am Tag zuvor im Hilton gegeben hatte, hatte sie nicht das Geringste getan, um die auch hier spürbare Abwehr, ja Feindseligkeit, aufzuweichen. Sie biederte sich nicht an, blieb sachlich, ja geradezu kühl, bemerkte, dass sie nach Berlin gekommen sei, um zu singen, denn Singen sei ihr Job.

»Ich fürchte mich auch nicht vor faulen Tomaten. Faule Eier wären schlimmer. Diese Flecken kriegt man nicht mehr raus.« Marlene Dietrich spricht Deutsch, als wäre sie immer hier gewesen; ohne die affektierte Suche nach Vokabeln, wie man sie von anderen Heimkehrern kennt.

Über die Demonstranten vor dem Titania-Palast könnte man hinweggehen, über das, was ein Teil der Zeitungen schrieb, nicht. Ihre Meinung ging nicht nur aus den Leitartikeln hervor, sondern aus den Leserbriefen, die in jeder Ausgabe zu finden waren. »Ein unverschämtes Frauenzimmer wagt es heimzukehren, eine, die Tausende von deutschen Soldatengräbern auf dem Gewissen hat.« »Schämen Sie sich nicht, Ihren Fuß auf deutschen Boden zu setzen? Man sollte Sie lynchen, denn Sie sind eine elende Kriegsverbrecherin.« Die wenigen Stimmen der Vernunft gingen unter in dieser Welle von Antipathie, ja Hass. Vergeblich hatte Marlene vor der Tournee ihren Standpunkt zur Geltung zu bringen versucht: Dass sie eine Deutsche sei und das Deutschland Dürers, Goethes, Beethovens liebe. »Aber ich weigerte mich, ein Land zu unterstützen, über das ein Hitler herrschte, ein Nazi-Deutschland eben. Ich gab mein Vaterland auf, weil ich mich seiner schämte.« Dass sie allen Versuchen von Goebbels und Co., sie wieder in die Heimat zurückzuholen, mit dem Versprechen, ihr eine führende Position im deutschen Film einzuräumen, eine Abfuhr erteilte, wusste man nicht, wollte man nicht wissen.

Marlene eröffnet jenen Abend im Titania-Palast mit dem Chanson aus dem Film »Der blaue Engel«, der sie zu diesem Zeitpunkt vor dreißig Jahren weltberühmt gemacht hatte. »Ich bin von Kopf bis Fuß auf Liebe eingestellt, denn das ist meine Welt und sonst gar nichts. Männer umschwirren mich wie Motten das Licht, und wenn sie verbrennen, ja dafür kann ich nicht.« Der Beifall ist zögernd, anerkennend, aber nicht überwältigend, er steigert sich jedoch von Lied zu Lied, wird stürmisch nach den Chansons »Sag mir wo die Blumen sind, wo sind sie geblieben« und »Wer wird denn weinen, wenn man auseinandergeht?« Er wird zu standing ovations, als sie den »Koffer« bringt. »Ich hab noch einen Koffer in Berlin, der bleibt auch dort, und das hat seinen Sinn: Auf diese Weise lohnt sich die Reise, denn wenn ich Sehnsucht hab', dann fahr ich wieder hin!« Achtzehnmal hebt und senkt sich der Vorhang. Marlene gestattet etwas, was sie noch nie gestattet hat: Zugaben. Berlins Regierender Bürgermeister, Willy

Brandt, bei dem sie sich am Vormittag in das Goldene Buch eingetragen hat, applaudiert heftig. »Marlene kam, sah und siegte!« tituliert ein Blatt, das noch in der Woche zuvor die Anti-Dietrich-Kampagne angeführt hatte.

War das die Versöhnung mit der alten Heimatstadt? Burt Bacharach, der mit ihrer Show um die ganze Welt reist, der ihr »in Sachen Musik« alles beibrachte, die einzelnen Nummern neu gestaltete, die Band leitete, dem sie es verdankte, dass sie als Sängerin eine neue Karriere starten konnte – nachdem die Karriere als Filmstar zu Ende gegangen war, Bacharach, der Bandleader (und letzter Liebhaber) berichtet, dass sie in der Nacht nach dem Konzert traurig und deprimiert in ihrem Hotelzimmer gesessen habe. Nein, das sei nicht mehr ihre Stadt, so wie es das Berlin der zwanziger Jahre gewesen war; versunken, verweht, die alten Freunde – sie leben nicht mehr; die alten Stätten – sie sind zerstört; die Menschen scheinen eine andere Sprache zu sprechen, unendlich fremd ist diese Stadt geworden.

Und dennoch genügt ein einziger Satz, um sie wieder mit Hoffnung zu erfüllen. Als sie am nächsten Tag ihr Hotel verlässt, tritt eine ältere Frau auf sie zu, streckt ihre Hand aus und sagt: »Marlene, wat is', wollen wir uns nicht wieder vertragen...« Da seien ihr die Tränen gekommen, erzählte sie später Maximilian Schell, der sie in ihrem selbstgewählten Pariser Exil aufsuchte.

In den drei Tagen ihres Berliner Aufenthalts besuchte sie Babelsberg, die legendäre Filmstadt unweit von Potsdam. Dort, in Halle Nord, hatte alles angefangen. Der Regisseur Josef von Sternberg suchte eine Besetzung für die weibliche Hauptrolle in seinem Film »Der blaue Engel«. Was sich bisher seiner Kamera ausgeliefert hatte an jungen Damen, war ungenügend gewesen. Irgendjemand machte ihn auf eine Marlene Dietrich aufmerksam, die in der Revue »Drei Krawatten« einen einzigen Satz zu sagen hatte. Die hatte genau diese träge Gleichgültigkeit, die lässige Sinnlichkeit, die Nonchalance, all das, was man heute *cool* nennen würde. Das wurde ihm bei den Probeaufnahmen rasch klar. Sie sang ein von Friedrich Hollaender geschriebenes Lied, fläzte sich dabei auf dem Flügel herum, und was die Kleidung betraf, so hatte sie nicht das Geringste getan, ihr Übergewicht zu kaschieren. Emil Jannings, ihr Partner, war ganz froh, dass er einen Grund hatte, dieses Fräulein abzulehnen. Er spürte insgeheim, dass von ihr eine knisternde Erotik ausging, was ihm gefährlich werden konnte. Seine Ahnung trog nicht. Die Lola spielte den bereits weltberühmten oscargekrönten Mimen an die Wand. Seine Versuche, sich an Sternberg anzubiedern, blieben vergeblich: Aus dem Emil-Jannings-Film wurde ein Marlene-Dietrich-Film.

Sie hatte zuvor in zahlreichen Stummfilmen mitgespielt, meist in kleineren Rollen: Halbweltdamen und Abenteuerinnen waren ihr Fach; auch auf der Bühne kam sie, von wenigen Ausnahmen abgesehen, über die Stichwortgeberin nicht hinaus. Dessen ungeachtet war sie gut beschäftigt, trat an einem Abend in mehreren Stücken auf. Sie spielte ein Dienstmädchen im ersten Akt, fuhr mit der U-Bahn zu einem anderen Theater, wo sie im zweiten Akt zur Matrone wurde, und beschloss dann, nach einer Busfahrt mit der BVG, den Abend als Dirne. Von der Kritik wurde sie nicht wahrgenommen. Als es dann doch einmal passierte, war es ausgerechnet Alfred Kerr, der gefürchtete Kritiker, dem es das herrliche Stück Fleisch als Hippolyta im »Sommernachtstraum« angetan hatte.

Erfolgreicher war sie in der Revue »Es liegt was in der Luft«, die en suite gespielt wurde. Sie sang dort mit Hubert von Meyerink das Lied »Kleptomanen« und wer den Text liest – denkt er an heute –, kann angesichts von so viel frivolem Charme und Witz ganz wehmütig werden. »Viele Männer, viele Frauen, oft so harmlos anzuschauen, lieben das Gefühl zu klauen. Welche Lust voller Erschrecken, irgendetwas einzustecken. Wir haben einen kleinen Stich. Wir stehlen wie die Raben, trotzdem wir es gar nicht nötig haben. Uns treibt nicht finanzielle Not, nein, ein ganz anderer Grund: Wir tun's aus sexueller Not – aber sonst fühl'n wir uns gesund.«

Bekannter als durch ihren Beruf wurde die Dietrich durch das gerade aufgekommene Grammophon, dessen Platten sie mit rauchiger Stimme besang; und durch die Seidenstrumpffirma Etam, die mit ihren Beinen Reklame schob; und durch ihre Affairen. Im Berlin der Golden Twenties, der verrücktesten Metropole Europas, war die Grenze zwischen dem, was in sexualibus normal, und dem, was nicht normal war, immer mehr verschoben worden. »Wenn die beste Freundin mit der besten Freundin …«, das Lied, das auf den Straßen geträllert wurde, war ein klassischer Lesben-Song.

Marlene hatte eine Beziehung zu Claire Waldoff, die mit ihrem mehr krakeelten als gesungenen »Herrmann heeßt er« Furore machte, und ein Verhältnis mit Willi Forst, an dessen Seite sie die Hauptrolle in einem österreichischen Film spielte. Das bekannte Bäumchen wurde häufiger gewechselt. Wie die meisten allzu streng erzogenen Kinder, ging sie ins Extreme: Leichtsinnig wollte sie sein, jede Minute genießen, ohne weiterzudenken. »Na wenigstens liebe ich wieder einmal, und das brauche ich«, notierte sie in ihrem Tagebuch. »Für meine grenzenlose Sinnlichkeit kann ich aber nichts. Wer weiß, wo ich noch mal ende, wenn nicht bald, sehr bald, jemand die Güte hat, mich zu heiraten.«

Und der kam. Er hieß Rudolf Sieber, erschien eines Tages in der Schauspielschule des *Deutschen Theaters* und wählte als eine der Komparsinnen für den Film »Tragödie der Liebe« auch das Fräulein Dietrich. Nach sechs Monaten, im Mai 1923, standen die beiden in der Kaiser-Wilhelm-Gedächtnis-Kirche und versicherten dem Pfarrer, dass sie einander die Treue halten würden, bis dass der Tod sie scheide. Das Kind, das sie ihm gebar, wurde auf den Namen Maria getauft. Ihre Ehe wurde zu einer so genannten offenen Ehe. Sieber, nur Rudi genannt, wurde sie allmählich zu offen, besonders nachdem er erfahren hatte, dass seine Ehefrau auch mit dem Burgschauspieler Hans Jaray anbändelte. Er erschien in Wien und drohte damit, sich gleichfalls ein G'spusi zu nehmen. Eine Drohung, die Marlene zum Anlass nahm, ihn zu Seitensprüngen aller Art zu ermutigen. Was er sich nicht zweimal sagen ließ. Eine russische Tänzerin namens Tamara Matull wurde seine Geliebte und später praktischerweise zur Ersatzmutter für Töchterchen Maria. Dass der Herr Sieber nur noch »Papi« genannt wurde von seiner Frau, war ein Zeichen, dass sie nicht mehr miteinander schliefen. Sie hielten aber ihre Freundschaft ein Leben lang aufrecht. Für Marlene blieb nach wie vor das Chanson verbindlich, das sie im »Blauen Engel« vortrug. »Kinder, heute Abend suche ich mir was aus, einen Mann, einen richtigen Mann, einen Mann, dem das Feuer aus den Augen glüht, einen, der noch richtig lieben will und kann.«

Ihren Beruf vernachlässigte sie trotz ihrer Liebschaften nicht. Sie war ehrgeizig, und nichts stimmt weniger als ihr Bekenntnis, dass das Wort Ehrgeiz für sie immer ein Fremdwort gewesen sei. Das träge Desinteresse, die blasierte Gleichgültigkeit, die sie zur Schau trug, war gespielt, und die meisten Filmleute fielen darauf rein. Die ganze Verstellerei war vorbei, wenn sie sich bemühte, wie die Garbo zu wirken. Die geheimnisvoll lockende Attitüde der schwedischen Schauspielerin, das Sphinxhafte, faszinierte sie genauso wie die Tatsache, dass die Garbo bei MGM in Hollywood rasch zu Weltruhm gelangt war. Schneller als gedacht, sollte auch sie dort landen.

Männer mit erlauchten Namen waren es, die am »Engel« mitwirkten. Die literarische Vorlage hatte Heinrich Mann mit seinem Buch »Professor Unrat« geliefert, das Drehbuch stammte von Carl Zuckmayer, die Lieder von Friedrich Hollaender, auf dem Stuhl mit der Aufschrift »Regie« saß Josef von Sternberg, der aus der mittelmäßigen Schauspielerin Marlene Dietrich eine Legende schuf.

Die Premiere des »Blauen Engel« hat Marlene gar nicht richtig wahrgenommen. Mit dem bodenlangen Nerz und dem Strauß roter Rosen bestieg sie am Bahnhof Zoo den Zug nach Bremerhaven, wo die *Bremen* auf sie wartete. In ihrer Handtasche steckte der Vertrag mit der Paramount. Man pflegte mit den großen Überseeschiffen über den Atlantik zu reisen. An die Tür ihrer Suite klopfte immer wieder der Steward und überreichte auf silbernem Tablett die neuesten Kabel mit den Kritiken. »Sie singt und spielt fast unbeteiligt, phlegmatisch. Aber dieses sinnliche Phlegma reizt auf. Sie ist ordinär, ohne ordinär zu sein. Sie ist das Ereignis und ganz und gar außerordentlich«, liest sie da. Und: »Faszinierend wie wohl noch nie eine Frau im Film mit ihrem stummen narkotisierenden Spiel und diese dunkle aufreizende Stimme.«

Sie könnte zufrieden sein, aber sie ist es nicht. Ihr ist bang zumute. Sie hat Angst, das deutsche Schiff zu verlassen, diese letzte Verbindung zu ihrer Muttersprache, zu ihrer Heimat. Sie weiß, dass die Studiobosse sie als eine Antwort auf Greta Garbo herausbringen wollen, die, wie erwähnt, bei Metro-Goldwyn-Mayer unter Vertrag steht. Wenn sie die Bosse enttäuscht, weil sie den Erwartungen nicht entspricht? Da ist ihr Englisch mit dem schweren deutschen Akzent. Ihre Figur, deren Rundungen für den »Engel« gerade richtig gewesen waren, aber gewiss nicht für die Filme, die man mit ihr drehen wollte. Auf Sternbergs Geheiß hat sie bereits an Bord zu fasten begonnen. Es hatte wenig genützt, die Küche der *Bremen* war zu verführerisch. Sie machte sich Mut, wenn sie die Namen jener Schauspielerinnen laut aufsagte, die es in Hollywood geschafft hatten: Simone Simon, Pola Negri, Hedy Lamarr und die Garbo natürlich.

Am Tag darauf erhält sie von der Mutter ein Kabel mit tausend Wünschen. Ach ja, die Mutter, die sollte sie nicht erwähnen vor der amerikanischen Presse, und die Schwester nicht, und dass sie ein Kind habe schon gar nicht, auch den Ehemann sollte sie vergessen. Zu einem geheimnisumwitterten Star passe das alles nicht, teilte ihr die Pressestelle von Paramount mit. Was den Sieber betraf, so teilte Mama die Meinung der Paramount. Dieser Aufnahmeleiter, oder welchen Beruf er auch immer ausübte, hatte ihr als Schwiegersohn nie gepasst. Schließlich war man jetzt adlig nach der Heirat mit dem preußischen Kavallerieleutnant Eduard von Losch, ihrem zweiten Mann. Außerdem entstammte sie der Familie Felsing, deren Juweliergeschäft neben dem Hotel Adlon als Nobeladresse galt.

Mutter Wilhelmine, allgemein die Generalin genannt, erzog ihre Töchter den preußischen Tugenden gemäß. Sie hatten pünktlich zu sein, ihre Pflicht zu erfüllen, bescheiden zu sein und tolerant, vor allem aber Contenance zu wahren in jeder Situation. Um halb acht ertönte die meiner Generation so vertraute wie ungeliebte Aufforderung »Marsch ins Bett!«. Marlene bekam eine ausgezeichnete Erziehung. Auf dem Programm stand nach dem Vormittag im Victoria-Luise-Lyzeum Geigenunterricht, Klavierschule, Gitarrenstunden. Dazu kamen noch die Französisch-Privatstunden. Der Geige wegen schickte man sie eigens nach Weimar an die dortige Musikhochschule. 2100 Mark kostete die Mutter das Instrument, und sie verschuldete sich tief. Bei ihrem (Kontroll-) Besuch in Weimar entdeckte sie auf dem Nachttisch das Bild eines Mannes. Es war Marlenes Geigenlehrer, Professor Reitz. »Der hat mir die Jungfernschaft geraubt«, erzählte sie später ihrem Freund Billy Wilder lachend. Auf einem roten Plüschsofa geschah es, und sie habe ihren Rock verschämt über den Kopf gezogen. Die Zeit in Weimar war überhaupt eine wunderschöne Zeit. Unvergesslich, wie sie mit ihrem Picknickkorb auf die Wiese unterhalb des Goetheschen Gartenhauses gezogen war, samt ihren Kommilitoninnen, und sie den *Faust* zitierten oder in Wechselrede Dialoge aus Schillers *Wallenstein*. Eine Geigerin ist sie trotz aller Begabung nicht geworden. Woran keineswegs nur eine langwierige Sehnenentzündung Schuld war. Sie verlor einfach das Interesse.

Noch an Bord der *Bremen* erfährt sie den Titel des Films, den sie für Paramount drehen sollte: »Marokko«. »Dein Partner ist Gary Cooper«, kabelt Sternberg. Aus Josef von …, war längst Jo geworden; eine Romanze, die schon in Berlin bei den Dreharbeiten zum »Blauen Engel« begonnen hatte. In New York fällt eine Meute von Reportern über sie her, stellt ihr Fragen vom Typ »Wie gefällt Ihnen Amerika?«; die Fotografen bemängeln ihr graues Kostüm. Ein schwarzes Abendkleid mit Pelz muss her. Es ist sehr heiß und Marlene findet das »affig«, wie man so was auf Berlinerisch nennt. Beim ersten Interview erwähnt sie dann doch ihr Töchterchen. Der Pressechef verzieht schmerzhaft das Gesicht. Will sie nicht begreifen, dass sie zu einer Paramount-Version der Garbo aufgebaut werden soll? Bei der Cocktailparty im Ambassador trägt sie wieder das Falsche: ein blaues Chiffonkleid, das ihre mollige Figur hervorhebt, statt sie zu kaschieren.

Mitte Juni beginnen endlich die Dreharbeiten zu »Marokko«. Es ist eine einfache Geschichte: Sängerin wird von einem reichen Müßiggänger umworben, den sie aber für einen Fremdenlegionär im Stich lässt. Marlenes mangelhafte englische Aussprache macht die Dreharbeiten schwierig. Der Satz »I won't need any help« muss vierzigmal wiederholt werden, weil sie ständig einen Vokal zwischen die beiden letzten Konsonanten schiebt: Sie sagt ›helep‹ oder ›helip‹. Sternberg ist von einer Engelsgeduld – und clever. Mit welch geringen Mitteln er ein Gesicht verändert! Dass er die Augenbrauen hebt, die Wimpern verlängert, die Farbe der Haare leicht blondiert, solche Prozedur wendet man auch bei anderen Schauspielern an, entscheidend ist aber der silberne Strich auf dem Nasenrücken, der die Entennase beseitigt, die Backenknochen hervorhebt, die Wangen hohl und das Gesicht schmaler macht; er zieht sie schwarz an, gibt ihr eine lange Zigarettenspitze.

A new star is born?

Sternberg könnte glücklich sein mit seinem neuen Star, wenn nicht die Eifersucht an ihm nagte. Marlene hat eine Affäre mit Cooper begonnen. Bewusst gibt er Gary seine Regieanweisungen jetzt auf Deutsch, weil er weiß, wie sehr das den anderen erbost. Cooper wiederum spürt, was Jannings hatte erleben müssen: Er gerät immer mehr in den Schatten seiner Partnerin. Dann kommt jemand hinzu, der später in seinen Memoiren behauptet, mit der Dietrich habe ihn lediglich reine Kameradschaft verbunden: Maurice Chevalier. Madame Chevalier genügte die Kameradschaft, um die Scheidung einzureichen? Drei Liebhaber gleichzeitig?

»Es wäre leicht, das lebhafte Liebesleben von Marlene Dietrich als unverantwortlich, unverhohlen hedonistisch oder gar symptomatisch für eine sexuelle Besessenheit zu betrachten«, schreibt Donald Spoto, Literaturwissenschaftler und führender Biograf im Show-Geschäft. »Aber ihre Affairen, egal wie kurz oder wie mehrgleisig sie verliefen, waren immer konzentriert und intensiv, nie nur beiläufige anonyme Abenteuer. Die Dietrich war freigiebig mit Liebesbeweisen; für sie bedeutete Sex eher Trost als Befriedigung – oder vielmehr besser gesagt: Die vielschichtige, sanfte Herrschaft, die sie in solchen Romanzen ausübte, war ihre Art von Belohnung. Sex war Nahrung und Zuwendung für die, die sie respektierte (wie Sternberg), oder die, von denen sie annahm, dass sie einsam (wie Chevalier) oder enttäuscht waren von der Ehe (wie Cooper).

Und so ging Marlene in diese Romanzen mit ihrer üblichen Einstellung: Sie wollte gefallen, Vertrauen gewinnen, im Leben anderer eine Rolle spielen. Sie war eine schöne Frau von neunundzwanzig Jahren, allein in einem neuen Land und empfänglich für glühende Hingabe. In diesem Fall verbanden ihre beiden Liebhaber sie mit dem Glamour Hollywoods und dem Zauber Europas. Da sie sich ebenso würdevoll wie diskret verhielt, prallten die in Hollywood üblichen Anschuldigungen moralischer Verworfenheit von ihr ab.«

Während der Dreharbeiten zu »Blonde Venus« bekommt Marlene einen Brief. »Sie, wenn Sie Maria retten wollen, ihr Töchterchen, damit sie ein Filmstar werden kann; und wenn Sie es nicht tun, wird sie nur ein liebes Andenken bleiben. Warten Sie auf neue Information.« Und dann: »10000 Dollar. Oder Sie werden später schwer zahlen«. Die Scheine sollten an einem bestimmten Ort auf die Stoßstange eines Autos gelegt werden. Das alles klang sehr amateurhaft, und so riet Kripochef Blaney, Mrs. Dietrich solle die Drohung ignorieren. Sie ließ immerhin die Fenster ihrer Villa in Beverly Hills vergittern und engagierte einen ehemaligen Boxer als Leibwächter. So furchtlos sie immer für ihre eigene Person war, wenn es um ihre Tochter ging, dann … Es waren schließlich erst einige Wochen vergangen, seitdem das Lindbergh-Baby entführt und ermordet worden war.

»Marokko« wird in Grauman's Theater uraufgeführt und machte bereits bei der Vorbesichtigung Furore. Die Dietrich wird für den Oscar nominiert, bei der Verleihung aber nicht berücksichtigt. Sie sollte in ihrem ganzen Leben keinen Academy Award bekommen. Das Publikum allerdings liegt diesem rätselhaften Geschöpf aus Europa zu Füßen. Zwei Sekretärinnen sind über Wochen damit beschäftigt, die nach

Tausenden zählenden Autorgrammwünsche zu erfüllen und die Briefe zu beantworten. Die Kritiker der großen Fachblätter vergleichen sie mit Greta Garbo. Sie tun das so oft, bis die Garbo sich höchstselbst äußert. Sie sagt: »Wer ist diese Miss Dietrich …?« Marlene hielt sich klug zurück. Sie sei, so äußerte sie, eine der großen Bewunderinnen der Schwedin und würde es niemals wagen, sich mit ihr zu vergleichen.

Nach der Premiere von »Marokko« und eines weiteren Films, in dem sie eine österreichische Spionin verkörpert (»Dishonoured«), wagt es Paramount endlich, den »Blauen Engel« herauszubringen, den man, um sich nicht selbst Konkurrenz zu machen, so lange zurückgehalten hatte. Was überflüssig gewesen war, denn in den USA klingelten die Kassen wesentlich lieblicher als in Europa. Während die »Blonde Venus« ein Überraschungserfolg wurde, spielte »Shanghai-Express« sogar drei Millionen Dollar ein, was, gemessen an der damaligen Kaufkraft des Dollars, viel Geld bedeutete.

Der Tag kommt, da Marlene die Sehnsucht nach Deutschland packt, besser nach Berlin. 1930 trifft sie in Bremerhaven ein. Den Journalisten am Quai schildert sie ihren Aufenthalt in Amerika als ein »Abenteuer«. Mit Lob ist sie sparsam, doch wenn sie etwas hervorhebt, dann ist es die Künstlerkameradschaft dort und die neidlose Anerkennung; etwas, was sie in ihrer Heimat vermisst hatte. Sie ist vom ersten Moment an glücklich in Berlin, lässt keine Fete aus, keinen Empfang, keine Premiere; sie besucht Hans Albers, der in der Volksbühne seinen »Liliom« spielt, nimmt mit Peter Kreuder, der noch Schlager zu komponieren verstand, Schallplatten auf.

Sie trägt graue Sergeanzüge, Herrenhüte, weinrote Schlipse, was den Portier des Adlon derart aus der Fassung bringt, dass er bei der Verbeugung die Treppe herunterstolpert. »Transvestitin« wird sie von einem Teil der Blätter genannt. In Berlins

Nobelhotel ist Chaplin abgestiegen und empfängt die Berliner Presse. Die Dietrich drängt sich zu ihm ins Zimmer, stiehlt ihm buchstäblich die Show, als sie ihn unterhakt und sich fotografieren lässt; ein Foto, das sie, clever wie sie ist, in alle Welt verschickt. Sie freut sich ihres Lebens, spricht der Berliner Küche zu, die sich in Feinschmeckerkreisen keines besonderen Rufes erfreut, aber für sie ist Erbsensuppe mit Schweinsohren bei Aschinger, Buletten, Puffer und besonders ›Aal jrien mit Jurkensalat‹ das Höchste. Sie wird gefeiert, aber auch beneidet, einen Jahresverdienst von einer viertel Million Dollar (das wären nach heutigem Geld etwa zwei Millionen Euro) findet man unanständig; und sie wird angefeindet: Die immer stärker werdenden Nazis verlangen die Absetzung des »Blauen Engel«, dieses sittenverderbenden Kitsches, der immer noch die Leinwand verschmutzt.

Im Mai 1931 nimmt sie, die Unsentimentale, tränenreich Abschied am Lehrter Bahnhof. Eine Blaskapelle spielt. »Ich bin bald wieder da!«, ruft sie Rudolf Sieber zu, der mit seiner Geliebten Tamara erschienen ist. Das Bald-wieder-da sollte vierzehn Jahre dauern.

In Hollywood geht sie gleich wieder zur Arbeit, auf das Gelände der Paramount. Sie dreht »Song of songs« (»Das Hohe Lied«), »The Scarlet Empress« (»Die scharlachrote Kaiserin«), »The devil is a woman«, »Desire« (»Sehnsucht«), »The garden of Allah« – Filme von unterschiedlichem Niveau und unterschiedlichem Erfolg, von denen niemand mehr spricht. Bei fünf von ihnen führt Josef von Sternberg Regie. Er ist nach wie vor Marlenes Abgott; sie bezeichnet sich als Wachs in seinen Händen, sei nach wie vor sein Produkt, allerdings würde sie gern einmal etwas anderes spielen als das ewige Glamourgirl, und so verfasst sie eigenhändig einen Drehbuchentwurf, in dessen Mittelpunkt die Mutterliebe steht. »Ich bin fest entschlossen, mich als Persönlichkeit zu behaupten und so weit als möglich von dem Klischee des Vamps auf der Leinwand zu distanzieren«, gesteht sie der *Saturday Review.*

Die Bosse sind entsetzt. Mutterliebe verbunden mit ehelicher Untreue, wie es da in dem Entwurf steht, ist undenkbar in einem Land, dessen Frauenverbände streng darüber wachen, dass bei einem liebenden Paar in einer erotischen Szene wenigstens ein Bein außerhalb des Bettes auf dem Boden stehen müsse. Die Pilgrim Fathers mit ihrer verlogenen Moral lassen grüßen. »Sex war damals tabu«, schreibt Marlene. »Wir mussten alles einzig und allein mit den Augen machen. Daran hielten wir uns alle. Keine Szenen, in denen wir uns auszogen oder halb nackt waren, nichts Unschickliches.«

Beim »Garten Allahs« legte die Paramount Geld drauf und die Producer zögerten, ihr ein neues Angebot zu machen. Die Dietrich präsentierte ihnen ihren Vertrag, in dem geschrieben stand, dass sie dazu verpflichtet waren. So bekam sie fürs Nichtstun 250000 Dollar und außerdem musste man sie für eine andere Produktion freigeben. »Knight without armours« (»Tatjana«) hieß der Streifen, der in London gedreht wurde, unter der Regie keines Geringeren als Jacques Feyder. Als sie mit zwanzig Koffern, dreißig Handtaschen und zwei Dienstmädchen an Bord der *Normandie* ging, fragte der Reporter der *New York Times*, warum, zum Teufel, sie ein Land verlasse, dass sie berühmt gemacht habe, und sie antwortete sybillinisch: »Es ist nicht so, dass ich Amerika nicht mag. Es ist nur so, dass Amerika nicht mein Land ist«. Alexander Korda in London zahlte ihr als Gage eine halbe Million Dollar, womit sie zur höchstbezahlten Frau der Welt wird, er aber, wie man bald witzelte, der ärmste Produzent der Welt: Auch »Tatjana« schiebt eine Pleite. Nachdem »Angel« unter der Regie des genialischen Ernst Lubitsch vom Publikum nicht angenommen wurde, erschienen in *Variety* und *The Hollywood Reporter* ganzseitige Anzeigen, die von amerikanischen Kinobesitzern geschaltet waren: Mrs. Dietrich, hieß es da, sei zum »Kassengift« geworden, und die Studios sollten mit einer solchen Darstellerin keine Filme mehr machen, oder wollten sie das Publikum weiterhin beleidigen? Marlene war zutiefst schockiert: Es konnte sie nicht trösten, dass der Boykott auch Joan Crawford, Katherine Hepburn, Mae West einbezog.

1937 ist Marlene für einige Wochen in Paris. Sie benutzt die Zeit, um ihren Pass verlängern zu lassen, wozu sie die Deutsche Botschaft aufsuchen muss. Sie wird mit ausgesuchter Höflichkeit behandelt. Selbstverständlich werde man ihren Wunsch erfüllen. »Aber zuvor habe der Botschafter mir noch eine besondere Bitte zu übermitteln. Ich sollte nicht Amerikanerin werden, sondern nach Deutschland zurückkehren. Dafür versprach man mir einen triumphalen Einzug in Berlin durch das Brandenburger Tor. Ich verwies auf meinen Vertrag mit Herrn Sternberg und erklärte, falls sie ihn auffordern würden, einen Film in Deutschland zu drehen, ja, dann sähe die Sache anders aus… Eisiges Schweigen. ›Soll das heißen, Sie möchten nicht, dass Herr von Sternberg einen Film in Ihrem Lande dreht, weil er Jude ist?‹

›Sie sind von der Propaganda in Amerika vergiftet worden. Bei uns existiert so etwas wie Antisemitismus nicht.‹

Da fühlte ich, dass es Zeit war zu gehen.«

Wenig später schaltete sich Goebbels persönlich ein. Er schickte einen bekannten Theatermann mit dem Auftrag nach Paris, Frau Dietrich zu einer Rückkehr nach Deutschland zu überreden. Das Ergebnis dieses Versuchs darf man in der Goebbelsschen Tagebucheintragung vermuten: »M.D. hat alle gegen sie vorgebrachten Anschuldigungen entkräftet. Ich lasse sie in der Presse rehabilitieren.« Im Propagandaministerium war man allgemein der Meinung, dass eine solche Schauspielerin für Deutschlands Filmschaffen einen unschätzbaren Gewinn darstellen würde. »Was für eine Aufgabe für einen unserer besten Regisseure, aus dem Vamp Dietrich die Frau Dietrich wiederherzustellen; eine Frau, die aus inneren Kräften ihr deutsches Wesen zu gestalten vermag.«

Marlene setzte ihre Kräfte inzwischen auf einem anderen Gebiet ein: Sie half jenen mit Jobs, Rat, Tat und Geld, die von den Nazis vertrieben worden waren. Die meisten hatten in ihrer Heimat einen guten, wenn nicht großen Namen als Schriftsteller, Komponisten, Regisseure, Schauspieler; die Amerikaner pflegten hinter deren Namen ein fragendes »who« zu setzen: Curt Goetz who?, Max Reinhardt, Fritz Kortner, Carl Zuckmayer, Alfred Döblin, Friedrich Hollaender who? – wer nennt die Namen. Tausende waren es, die in den USA Zuflucht gesucht hatten.

Den endgültigen Bruch mit Deutschland vollzog sie 1939 mit dem Antrag, amerikanische Staatsbürgerin zu werden. Goebbels ließ, um kein allzu großes Aufsehen zu erregen, nur ein einziges Blatt darauf reagieren, den »Stürmer«, ein berüchtigtes antisemitisches Blatt. »Die aus Deutschland stammende Schauspielerin hat so viele Jahre mit den Kino-Juden von Hollywood verbracht, dass sie nun Amerikanerin geworden ist. Das Zusammensein mit ihnen hat ihren Charakter völlig undeutsch werden lassen. Was der jüdische Richter von dem Eid auf die Verfassung hält, ergibt sich aus seiner Haltung: In Hemdsärmeln nimmt er Marlene Dietrich den Schwur ab, auf dass sie ihr Vaterland verrate.«

Das Wort vom Kassengift, einmal in die Welt gesetzt, hatte eine unheilvolle Wirkung: Was man bisher hinter vorgehaltener Hand geredet hatte, erhärtete sich zur Tatsache. Die Produzenten wollten nicht mehr mit ihr arbeiten. Die meistbewunderte, die höchstbezahlte Filmschauspielerin der Welt, *der* Star, war plötzlich arbeitslos. Sie war mit ihrem Geld immer großzügig, ja verschwenderisch umgegangen, hatte es nicht nur für sich ausgegeben, sondern für Rudolf Sieber, immer noch »Papi« genannt, für seine Geliebte Tamara, für ihre Tochter, für Freunde, die in Not geraten waren. Und noch jemand wollte Geld von ihr: Als sie mit einer gewissen Verbitterung Amerika verließ und in New York das Schiff bestieg, traten zwei Herren auf sie zu und überreichten ihr Pfändungsbescheide über eine Steuerschuld von 248 000 Dollar. Sechs Stunden dauerten die Verhandlungen, die vierunddreißig Gepäckstücke wurden von Bord geholt, wieder zurückgebracht, erneut von Bord geholt. Bis Marlene, des »blöden Spieles« müde, in ihre große Handtasche griff, Schmuck im Wert von ein paar 100 000 Dollar hervorkramte und den Beamten als Sicherheit übergab. Die Schiffssirene ertönte und die *Normandie* durfte ablegen in Richtung Europa.

»Sie war blass und entrückt, eine aufregende und verlorene Schönheit, mit hohen Brauen und einem Gesicht, dessen Geheimnis seine Offenheit war. Es versprach nichts und damit alles. Sie war zu sexueller Leidenschaft fähig, aber nicht zur Hingabe. Joan, sagte er langsam, es ist schön, dass du da bist …«

Diese Passage stammt aus dem Buch *Arc de Triomphe* von Erich Maria Remarque, das zu einem Weltbestseller werden sollte. Man kann es eine Art Schlüsselroman nennen: Mit Joan Madou, der Heldin, ist Marlene Dietrich gemeint. Kennen gelernt hatten sie sich in Venedig und sie saßen bis in den Morgen in tiefem Gespräch auf der Terrasse eines Hotels am Lido. Marlene hatte *Im Westen nichts Neues* gelesen, ein Buch, das in acht Millionen Exemplaren über die ganze Welt verbreitet war. Ein coup de foudre hatte ihn getroffen, ein Blitzschlag der Liebe; melancholisch und verletzlich, wie er war, dazu krankhaft eifersüchtig, würde er an dieser Liebe ein Leben lang leiden. Marlene ging, zusammen mit ihrem Hofstaat nach Cap d'Antibes an der Côte d'Azur – Rudi Sieber, Töchterchen Maria, Sternberg, Maurice Chevalier; Douglas

Fairbanks Jr., ein abgelegter Liebhaber, ein neuer Liebhaber, Mercedes de Acosta, mit der ein lesbisches Intermezzo begann, gehörten dazu. Sie machte ausgiebig Urlaub am Mittelmeer, bei dem es an keinem Luxus fehlte. Sie liebte Remarque und betrog ihn, er kam dennoch nicht von ihr los. Zu allem Überfluss schloss sich auch noch Jean Gabin diesem illustren Kreis an. Mit ihren Ferraris, Rolls-Royces, Bentleys besuchten sie Monte Carlo, Juan-les-Pins und immer wieder Paris. Sie gaben Parties im Eden Roc für den US-Botschafter Joseph Kennedy, der mit den Söhnen Bob und John F. an der Riviera ausspannte. Das alles war im Grunde ein Tanz auf dem Vulkan, bedenkt man, dass Europa am Vorabend eines mörderischen Krieges stand.

In die träge Stille des Hotels am Cap dringt eines Augusttages ein Anruf aus Hollywood. Joe Pasternak, ein unabhängiger Produzent, bittet Marlene ans Telefon. Er möchte mit ihr einen Film machen. Was für einen Film? Einen Western, Himmel, so was wäre nichts für sie. Das Exposé kommt, Marlene liest es nicht, aber Remarque liest es. »Destry rides again« (Der große Bluff) ist ein Anti-Western, mit der Rolle eines sanften Sheriffs, der nicht schießen will, aber schießen muss – James Stewart –, mit einem Saloongirl – Marlene –, das ihn auslacht, sich in ihn verknallt, ihm schließlich das Leben rettet und dabei ums Leben kommt. Für Marlene sind zwei Songs drin, die Friedrich Hollaender geschrieben hat: »Little Joe« und »See what the boys in the back room will have«. Im Mittelpunkt des Films steht eine Riesenprügelei zwischen zwei Frauen, die Frenchy, so Marlenes Rollenname, als Siegerin sieht – eine Szene, die Filmgeschichte machen sollte.

Remarque drängt sie zuzusagen; er findet die Story großartig. Ihr Agent beschwört sie, den Vertrag zu unterschreiben, oder wisse sie nicht, dass ihre Mittel, wie er sich vornehm ausdrückt, zu Neige gegangen sind? Mit anderen Worten: Sie ist pleite. Sie hatte ja immer für alle gezahlt in den Luxusrestaurants und teuren Hotels. Am 16. August 1939 bucht der Agent die beiden letzten zusammenhängenden Kabinen auf der *Queen Mary*. Für Boni, wie sie ihn nannte, war die achttägige Überfahrt ein Labsal: Endlich hatte er seine Geliebte für sich. Und den besten Calvados an der Schiffsbar konnte er ihr auch bieten: den in Eichenholzfässern gelagerten Apfelbranntwein, der ausgelöst durch den *Arc de Triomphe*-Roman zum Modegetränk einer ganzen Generation wurde.

Die Gage von 50000 Dollar für »Destry« war nicht gewaltig, gab der Agent zu, als Kompensation stehe jedoch ihr Name im Vorspann an erster Stelle, auch sei eine prozentuale Beteiligung an Gesamteinnahmen vorgesehen etc., etc., etc.

Die Dreharbeiten begannen in San Fernando Valley, und das Team erwartete sie mit Bangen. Sie galt als arrogant, voller Starallüren und etwas meschugge. Regisseur, Kameramann, Beleuchter änderten ihre Meinung rasch: Das da war ein hundertprozentiger Profi, eine Persönlichkeit, die jeden gewähren ließ, dem sie vertraute, nur dem Beleuchter sagte, wie er sie ins rechte Licht zu setzen habe; eine Schauspielerin dazu, mit großem komischen Talent; was niemand geahnt hatte. »Destry« wurde zu einem umwerfenden Comeback – und zur Geburt einer neuen Dietrich. Verschwunden waren die schicksalsschwangeren Pausen, die legendären Posen und das extravagante Gehabe der Sternberg-Zeit. Der Streifen katapultierte sie wieder in die oberen Ränge der Charts. Das Kassengift verwandelte sich in ein Aphrodisiakum schreibt die *New York Times*. »Wenn Frenchy auf dem Tresen des Saloons steht und ›You have got that look, that look that leaves me weak‹ singt, kriegt das Publikum tatsächlich weiche Knie. »In dieser Szene«, schreibt die *Post* in schöner Übertreibung, »ist sie ein größeres Kunstwerk als die Venus von Milo.« James Stewart bekennt: »Sie war schön, liebenswürdig, bezaubernd und kannte sich in der Filmschauspielerei so gut aus wie kaum eine andere. Wir haben uns alle in sie verliebt.« Marlene war wieder in. Die Briefe der Filmgesellschaften, die plötzlich um sie warben, verstopften die Briefkästen ihrer Villa. Darunter war auch ein Brief vom Finanzamt mit ungewöhnlichem Inhalt: Die Beamten entschuldigten sich wegen der kleinen Störung vor dem Auslaufen der *Normandie*. »Sie erinnern sich?« Man habe übereilt gehandelt, die als Sicherheit übergebenen Juwelen würden ihr wieder ausgehändigt werden; plus 23 000 Dollar, die sie an Steuern zuviel entrichtet habe.

Im April 1944 hockt Marlene in einer US-Transportmaschine auf dem Flug nach Nirgendwo. Sie trägt die Uniform eines Hauptmanns, hat ihr gesamtes Besitztum versteigert, alle Brücken abgebrochen. Irgendwo über dem Mittelmeer darf sie das versiegelte Couvert öffnen: CASABLANCA – ORAN steht auf dem Zettel. Sie ist jetzt Mitglied eines Fronttheaters. »Ich werde nicht hier sitzen und den Krieg an mir vorübergehen lassen. Sobald ich aufgerufen werde, wird jemand mich übernehmen, mich an meinen Bestimmungsort bringen und alle meine Pläne und Träume werden zurückbleiben«, hatte sie in New York den Filmleuten erklärt und sich freiwillige an die Front gemeldet. Sie ahnt nicht, dass sie den Krieg nicht so erleben wird wie die zu Generälen verkleideten Hollywoodstars in der Etappe.

Ihr erster Auftritt war in Algier. Sie trug ein paillettenbesetztes Nichts und sang ihre alten Lieder. Und ein neues dazu: Lilli Marleen. »Dann breitete sie die Arme aus, und die Soldaten stießen ein infernalisches Gebrüll aus, fünf oder sechs Minuten lang. Es war phantastisch, das zu hören; die Jungs waren völlig weg. Und Marlene ging ganz darin auf. Sie stand nur da und ließ sich davon tragen.«

Und sie traf Jean Gabin wieder, der sich der Widerstandsbewegung *Freies Frankreich* angeschlossen hatte. In Hollywood war er seiner Flops wegen zu einer *persona non grata* geworden. Nach eigenem Bekunden hat sie ihn am meisten geliebt von allen ihren Männern. Seinetwegen hat sie John Wayne vor die Tür gesetzt und die quälend gewordene Beziehung mit Remarque beendet. Es fiel ihr bitter schwer. »Weil wir dieselbe Sprache sprachen und diese Sprache liebten.« Sie landete mit den Alliierten in Italien, trat zweimal am Tag für die Air Force in Neapel auf, schlief im Freien, wusch die Unterwäsche in ihrem Stahlhelm, geriet in das Feuer der Achtacht. Im Lazarett sprach ein Arzt sie an, sagte: »Da hinten liegen ein paar von den Nazis. Schwerverletzte. Sprechen Sie doch mal ein paar Worte mit ihnen. Sie können doch Deutsch.«

Sie selbst hat keine Angst vor dem Tod, aber davor, gefangengenommen zu werden – von ihren Landsleuten. Manchmal denkt sie an ihre Mutter, die in Berlin die Bombennächte erleidet. Sie ist an der Seite jener, die diese Bomben werfen. Kämpft sie nicht gegen ihr Vaterland? Nein, sie kämpft gegen Hitler-Deutschland. Das muss sie sich immer wieder sagen. Dann wird sie sterbenskrank. Eine Lungenentzündung, die sie nur dank des gerade erfundenen Penicillins übersteht. Über Rom zieht sie nach Aachen. Kommandierende Generäle wie Patton, Bradley, stellen ihr einen Jeep zur Verfügung, schicken ihr Sonderrationen. Anfangs ist sie misstrauisch und denkt, sehr berlinerisch, Nachtigall, ick hör dir trapsen. Im Mai '45, der Krieg ist aus, blättert sie in ihrem Tagebuch: In 68 Vorstellungen hat sie vor 150000 GIs gespielt. Mit ihrem Ensemble geht sie noch einmal auf Tournee – nach Berlin. Ihre Mutter findet sie in der Fregestraße in Friedenau. Auch ihre Schwester, deren Existenz sie verleugnet hat – ältere Schwestern passen nicht zum Mythos Marlene –, hat überlebt.

Das Wiedersehen mit New York war ernüchternd. Für diese Menschen dort schien der Krieg nicht existiert zu haben, und sie wollten nichts davon hören. »Wir wurden mit dummen

Kommentaren empfangen und durften nicht mit unserer Uniform in ein vornehmes Restaurant gehen.« Hollywood war für sie ein totes Gelände. Es fehlte nicht viel und man hätte bei der Frage nach ihrem Namen »Marlene who?« gesagt. Doch dann kommt ein kleiner rundlicher Berliner, Billy Wilder heißt er, der einst im Esplanade als Eintänzer angefangen hatte, und besetzte sie in seinem Streifen »A foreign affair – Eine auswärtige Angelegenheit« mit der Rolle einer Adligen, die, einst zum Kreis um Hitler gehörend, sich als Kabarettsängerin durchs Leben schlägt. Gedreht wird im zerstörten Berlin und, so uninteressant der Film auch sein mag, die Bilder dieser waidwunden Stadt zeigen die ganze Ungeheuerlichkeit des Bombenkriegs. Regisseure melden sich wieder. Hitchcock nimmt sie für »Stage Fright – Die rote Lola« unter Vertrag.

Fritz Lang quälte sie bei der Arbeit an »Rancho Notorious (Engel der Gejagten)« mit seinen Kreidestrichen auf dem Fußboden, die jeden Schritt, jedes Atmen des Schauspielers akribisch festlegten und Marlene derart verärgerten, dass sie kein Wort mehr mit dem »Sadisten« wechselte. »Seine teutonische Arroganz, die er an den Tag legte, empörte mich zutiefst.«

Zwischendurch ist sie immer wieder in Paris, ihrer Lieblingsstadt, und dreht mit Jean Gabin den trostlos langweiligen Film »Martin Roumagnak«. An der Seine trifft sie Hemingway wieder, der sie wie immer »Kraut« nennt und Mühe hat, seine eifersüchtige Frau zu bändigen.

Im April 1953 eröffnete Barnum & Bailey in New York die Zirkussaison mit einer Wohltätigkeitsgala, bei der Hollywoodstars in den verschiedensten Rollen ohne Gage mitwirkten. Sie jonglierten, domptierten, equilibrierten, balancierten, tanzten, ritten. Marlene war auch dabei, als Zirkusdirektorin versteht sich. Sie sah betörend aus in den von ihr erfundenen kurzen Hosen, später hot pants genannt, ihren Stiefeln, der knallroten Frackjacke, dem Zylinder und der Peitsche. Sie sagte die einzelnen Nummern an und muss das alles so gut gemacht haben, dass sie in ihrer Garderobe Besuch bekam vom Manager des »Sahara« in Las Vegas. Der schlug ihr vor, in seinem Club drei Wochen lang um Mitternacht eine halbe Stunde aufzutreten mit ihren Songs, wofür er bereit sei, 90000 Dollar zu zahlen.

Mr. Miller, so sein Name, hatte den richtigen Zeitpunkt gewählt. Marlene war des Filmens müde. Das war doch ein Sch...beruf, der einen den Regisseuren auslieferte, den Kameraleuten, den Beleuchtern, den Drehbuchschreibern, den Cuttern, der Technik. Sie hatte die Kamera zu hassen begonnen, dieses erbarmungslose kalte Auge. Sie war jetzt zweiundfünfzig, fühlte sich nicht mehr attraktiv, hatte zwei Schönheitsoperationen hinter sich. Ihre Affären mit Kirk Douglas, Eddie Fisher, Edward G. Robinson ähneln immer mehr verzweifelten Versuchen, die Frage zu beantworten: Bin ich noch sexy? Marlene Dietrich unterschrieb, was Mr. Miller ihr vorlegte – und eine Karriere begann, wie sie in diesem Geschäft einmalig war.

Sie singt die alten Lieder aus dem »Blauen Engel«, lässt das Berlin der Zwanziger Jahre wiederauferstehen, kehrt damit zurück zu ihren Ursprüngen, bringt »Sag mir, wo die Blumen sind ...« in englischer und deutscher Version, »Marie Marie« in französischer Sprache, »Lilli Marleen«, »Schöner Gigolo – armer Gigolo«, »Johnny«, »Allein in einer großen Stadt«, »Another spring, another love«, »The laziest gal in town«, »Peter«, »La vie en rose« und so fort. Ihr Repertoire scheint unerschöpflich. Sie trägt das alles mit einem rauchigen, brüchigen Organ vor. Die Musikkritiker nennen sie die beste Sängerin ohne Stimme. Dem Publikum ist die neue Marlene etwas fremd. Der Applaus steigert sich jedoch von Song zu Song. Sie verbeugt sich in ihrer Robe, einem Wunder der Haute-Couture, das aus seiner Trägerin ein vollkommenes, ätherisches verführerisches Wesen macht. Das Kleid sei eine perfekte Mischung aus Enthüllung und Verhüllung, aus Provokation und Glamour, unterstützt durch eine starke Prise Sex, schreiben die Zeitungen. Es war das Einzige, was die Dietrich irritierte, dass man über das Kleid mehr schrieb als über ihre Gesangskunst. Auch dass die Franzosen ihr den Namen »La grandmère chantante« gegeben haben – Tochter Maria Riva hat ein Kind geboren – fand sie uncharmant.

Paris aber war auf ihrer Welttournee ein phänomenales Ereignis. Jean Cocteau stellte sie in Monte Carlo mit den Worten vor: »Und hier nun die Frau, deren Namen wie eine Zärtlichkeit beginnt und wie ein Peitschenknall endet – Marlene Dietrich«. Mit ihren Liedern erobert sie die Charts in Frankreich. In Rio muss sie eine Ohnmacht vortäuschen, um den Zehntausenden von Cariocas, die sich vor dem Theater versammelt haben, mit heiler Haut zu entkommen. In Israel geschieht Unglaubliches. Da deutschsprachige Aufführungen verboten sind, fragt sie, ob jemand im Publikum etwas dagegen habe, wenn sie »Lilli Marleen« im Original vortrage, auf Deutsch. Nachdem der zustimmende Beifall erloschen ist, dankt sie mit einer tiefen Verbeugung. »Es ist schlimm genug, sein Vaterland zu verlieren. Ich könnte nicht auch noch die Sprache aufgeben.«

In Sydney, 1957, hat sie ihren letzten Auftritt. Die Vorbereitungen hatten immer länger gedauert: Die Facelifting-Nadeln am Haaransatz, mit denen das Gesicht gestrafft wurde, die Befestigung der Roben am Busen, das unsichtbare Korsett, die Gummistrümpfe und Bandagen. Das perlenübersäte Kleid ist so eng, die Pumps so hoch, dass sie die Balance verliert und schwer stürzt. Wenig später ist der rechte Oberschenkel gebrochen. Als sie sich bei einem Auftritt den Arm auskugelt, fixiert sie ihn mit dem Schal und spielt weiter. »Ich bin preußisch erzogen worden und habe gelernt, nicht zu trinken, wenn ich durstig bin, nicht zu weinen, wenn ich traurig bin …«. Ein Arzt diagnostiziert, dass in beiden Beinen – diesen vielgerühmten hoch versicherten Beinen – praktisch kein Pulsschlag mehr vorhanden ist: Eine Amputation drohe. Marlene: »Chirurgen! Die wollen immer nur schneiden.« Sie stieg wieder in ihren Rollstuhl, den sie auf den Flughäfen jetzt nicht mehr missen kann. Sie rauchte weiter und der Verbrauch an Scotch stieg. Burt Bacharach, Begleiter auf allen ihren Tourneen, ist nicht mehr dabei. Sie sagt: »Unsere Trennung hat mir das Herz gebrochen«.

1958 kehrt sie noch einmal ins Filmgeschäft zurück. Orson Welles, das ungebärdige, in den USA ungeliebte Genie, überredet sie zu einem Gastauftritt in seinem Film »Im Zeichen des Bösen«. Es ist eine kleine Rolle, aber für Orson wäre sie zu Fuß nach Hollywood gelaufen. Das gilt auch für Billy Wilder, der sie in »Zeugin der Anklage« noch einmal groß herausbringt; an der Seite des gewaltigen Charles Laughton. In »Das Urteil von Nürnberg« verkörpert sie die Witwe eines hingerichteten deutschen Generals. Maximilian Schell erhält für die Rolle des Verteidigers den Oscar.

Und Schell ist es, der sie in ihrer Matratzengruft am Arc de Triomphe, Avenue Montaigne Nr. 12 zur Mitarbeit an einem Dokumentarfilm über ihr Leben überreden kann. Unter einer Bedingung sagt sie zu: Ihr Gesicht dürfe nicht zu sehen, nur ihre Stimme zu hören sein. »Man hat mich zu Tode fotografiert!« Schell ist entsetzt, dass er einen Film drehen soll ohne Bilder. Es entsteht aber das exzentrischste und atemberaubendste Portrait einer Schauspielerin, das je produziert wurde. Sie hatte ihn, ungewollt, zu einem Meisterwerk gezwungen, allein dadurch, dass sie sich *nicht* zeigte.

Beide haben sie Tränen in der Stimme, als sie am Ende das Gedicht von Freiligrath zitieren, das unter Glas in der Wohnung der Mutter gehangen hat. »O lieb, solange du lieben kannst! / O lieb, solange du zu lieben magst! / Die Stunde kommt, die Stunde kommt, / wo du an Gräbern stehst und klagst!«

Sie stirbt am 6. Mai 1992. Wenige Monate nach ihrem neunzigsten Geburtstag. Sie war der Welt schon lange verloren gegangen. In ihrer Geburtsstadt, das war ihr Wunsch, sollte sie beerdigt werden.

»Ich bin, Gott sei Dank, Berlinerin«, hatte sie unter den Titel ihrer Memoiren geschrieben.

Dr. med. Franziska Tiburtius

Ein Frauenzimmer und die Medizin

Es geschah im Herbst des Jahres 1876, dass zwei Handwerker an dem Eckhaus Friedrichstraße, Ecke Schützenstraße in der Berliner Innenstadt ein Schild aus weißer Emaille befestigten. Ein gewöhnlicher Vorgang, wie er in einer Großstadt ein paar Dutzend Mal am Tage vorkommen mag. In diesem Falle war es ein historischer Vorgang.

Auf dem Schild stand:

Dr. med. Franziska Tiburtius

Das für diesen Fall zuständige Preußische Kultusministerium war ungefähr der gleichen Meinung wie die kopfschüttelnden Passanten. Zumindest sah es den Tatbestand für gegeben an: »Erschütterung der Grundfesten von Thron und Altar.«

Der Herr Geheimrat hatte das nicht so direkt gesagt, als das Fräulein Tiburtius in seinem Amt vorsprach. Man war schließlich liberal gesinnt in der Ära Falck, ein Unmensch war man auch nicht und wusste aus dem Anstandsbuch, dass einer deutschen Frau zart entgegenzukommen sei.

Man darf sich die Audienz, die man der Medizinalperson Tiburtius gewährte, in etwa so vorstellen.

»Approbation, Zulassung als Ärztin, schön, schön«, sagt der Geheimrat, »ich ersehe aus Ihren Zeugnissen, dass Sie Ihren medizinischen Doktor an der Universität Zürich nach einem, dort als rechtmäßig geltendem Studium gemacht haben, mit ‚Sehr gut' sogar. Sie haben uns hier …«, er blättert in den auf dem Schreibtisch liegenden Papieren, »haben uns hier glänzende Empfehlungen eingereicht, zur Begründung Ihres Antrages, von Ihren Schweizer akademischen Lehrern und vom Herrn Hofrat Winckel aus Dresden, an dessen Klinik Sie, wie ich ersehe, volontieret haben … hm, hm … tscha«, er schlug mit der flachen Hand auf das Aktenbündel und erhob sich, um mit auf dem Rücken verschränkten Händen durch den Raum zu wandern. »Sehen Sie, gnädiges Fräulein, ich gehöre zu den wenigen Leuten im Ministerium, die das, was man heute Frauenemanzipation oder Frauenbewegung nennt, wenn auch nicht gerade billigen, aber auch nicht a priori verabscheuen. Ich bin sogar der revolutionären Meinung, dass die geistigen Kräfte einer Frau für manche Berufe vielleicht sogar ausreichen, um nicht zu sagen …«

Das Fräulein Dr. med. Tiburtius saß mit steifem Rücken auf dem hochlehnigen Stuhl und versuchte wegzuhören. Sie sagte sich mit Goethes König Thoas: »Man spricht vergebens viel, um zu versagen; der andre hört von allem nur das *Nein*.«

Ihre Gedanken wanderten fünf Jahre zurück. Damals, im Jahre 1871, war sie, die ehemalige Hauslehrerin und Gouvernante, in Zürich angekommen, um sich als Studentin der Medizin immatrikulieren zu lassen.

Das war für sie ein Sprung ins Dunkle. Das Fräulein Tiburtius hatte sein Lehrerexamen in Stralsund abgelegt, war dann für einige Zeit auf den elterlichen Gutshof Bisdamitz auf der Insel Rügen zurückgekehrt, verdingte sich als Hausdame bei einer adligen Familie in Pommern, eine Stellung, die sie bald langweilte, ging schließlich nach England, wo es als Deutschlehrerin an einem Londoner Mädchenpensionat und als Gouvernante bei einer Pfarrerfamilie in Sussex tätig war.

Im Grunde ihres Herzens spürte sie, das das nicht alles sein konnte, was ihr das Leben zu bieten hatte. Doch welche Berufsmöglichkeiten boten sich in dieser Zeit einer anspruchsvollen Frau?

Ihr Bruder, der als Oberstabsarzt in den Krieg nach Frankreich 1870/71 gezogen war, wusste es. »Medizin solltest Du studieren, eine Ärztin werden«, schrieb er ihr aus dem Feld nach England. Ein Vorschlag, der sie am Verstand des geliebten Bruders zweifeln ließ: Das war doch ein fantastisches Hirngespinst! Im nächsten Brief hieß es: »Ceterum censeo ... im Übrigen bin ich der Ansicht, dass Du Ärztin werden solltest.« Auch im übernächsten wurde wieder Cato, der unbeirrbare römische Redner, zitiert. Und so fort.

»Da endlich entschloss ich mich, das Steuer meines Lebensschiffes umzulegen«, schreibt Franziska in ihren Memoiren. »Doch die Ausführung bot noch viele Schwierigkeiten. An deutschen Universitäten wurde ich auf keinen Fall zugelassen, darüber ließen private Anfragen an maßgebenden Stellen nicht den geringsten Zweifel, eine offizielle Anfrage würde als eher unzeitgemäßer Scherz bezeichnet werden. So blieb nur das Ausland. Mir war bekannt, dass Schweizer Universitäten einige Russinnen, natürlich emanzipierte Frauenzimmer, angenommen hätten.«

Anfang Oktober 1871 sehen wir Franziska Tiburtius in Zürich auf Zimmersuche, angelockt durch Schilder ZIMMER IST FREI, abgestoßen von dem darunter hängenden Schild NUR AN HERREN. Schließlich landet sie in der Hintergasse 3 bei der Jungfer Kägi, die mit Frauen anscheinend bessere Erfahrungen gemacht hat. Sie ruft aus dem Fenster: »Jo frili, gönt Sie nu ufe. Fünfundzwanzig Fränkli.«

Sie besucht auch die Kommilitoninnen in der Nachbarschaft. An einem großen Tisch sitzen vier Russinnen. In der Sofaecke lehnt ein Skelett, das zur Seite geschoben wird, um Franziska Platz zu machen. Aus einem Samowar bietet man ihr Tee. Zigaretten, die sich Olga, Swetlana, Tatjana, Sonja drehen, lehnt sie ab. Einen Napf Borschtsch, die russische saure Suppe aus Kohl, roten Rüben und Fleisch, nimmt sie gern. Später erfährt sie, dass man sich lebhaft über sie unterhalten hat.

»Was ist sie?« »Eine Deutsche.« »Was will sie hier?« »Medizin studieren.« »Dazu ist sie viel zu schwächlich. Sie wird bald an Tuberkulose sterben.«

Bei der Immatrikulation trifft sie die Kosakenpferdchen, wie die Zürcher die Studentinnen aus Russland nennen, wieder. Der Rektor überreicht allen die Statuten, ermahnt sie, sich den gesetzlichen Bestimmungen zu fügen. Vor allem: »Nachts auf den Straßen nicht laut singen und Radau treiben.«

Das Studium begann mit einem dramatischen Auftritt im Präpariersaal. Es hatte sich unter den Studenten herumgesprochen, dass die Frauenzimmer zum ersten Mal kommen würden. »Als wir eintraten, war der Saal dicht gefüllt, auch von anderen Fakultäten zahlreiche Mitläufer, und es erhob sich ein wüster Lärm, Schreien, Johlen, Pfeifen.« Die Damen zogen sich in einen angrenzenden Raum zurück. Doch der Lärm dauerte an. »Als wir doch an die Arbeit gehen wollten, war die Tür verschlossen. Man hatte uns eingesperrt.« Es klopfte, der Professor erschien: Er habe die Unruhestifter vor die Tür gesetzt, und er bitte um Entschuldigung. Man ging nun mit Ernst und Selbstverständlichkeit an die Arbeit.

Ähnliche Szenen haben sich nicht wiederholt. Die »Frauenzimmer« durften, unter dem Schutze der Professoren, in Ruhe weiterstudieren. Das Misstrauen, das man ihnen entgegenbrachte, schwand jedoch nie ganz. Die Kollegen vom anderen Geschlecht waren nur dann höflich zu ihnen, wenn niemand in der Nähe war, der diesen Frevel hätte melden können.

In den Semesterferien, die Franziska bei ihren Eltern auf Rügen oder in Stralsund verbrachte, traf sie bisweilen Herren aus den Adelsfamilien, bei denen sie als Hausdame tätig gewesen war. »Haben gehört, Sie studieren jetzt Medizin. Na ja, wir wollen nicht darüber sprechen.« Das alles mit einem wohlwollenden Augenzwinkern.

Eines Tages war es dann soweit. »Grüezi, Jungfer Doktor!« knicksten die kleinen Zürcher Maitli, nachdem man in einer feierlichen Amtshandlung dem Fräulein Tiburtius den Doktorhut aufgesetzt hatte …

»Fräulein Tiburtius!« Franziska schrak aus ihren Erinnerungen. Richtig, sie war nicht in Zürich; sie war in Berlin und versuchte von einer preußischen Behörde die Zulassung als Ärztin zu erlangen.

»Fräulein Tiburtius«, der Geheimrat hat das Monokel in das linke Auge geklemmt und sieht sie durchdringend an, »oder hören Sie nur auf Fräulein Doktor Tiburtius?« Es soll ein Scherz sein. Er lacht meckernd, Franziska lacht nicht. Sie erhebt sich. Der Geheimrat begleitete sie zur Tür. Bevor er ihr die Hand zum Abschied reicht, sagt er: »So außerordentlich gern wir Ihnen helfen würden, wir können Sie nicht zulassen, als Ärztin nicht und auch nicht nachträglich zum Staatsexamen. Die Gesetze verwehren es uns, und Gesetze soll man nicht ohne Grund ändern. Sie kennen den Ausspruch des Fürsten Bismarck: ›Quieta non movere!‹ Was ruhig liegt, nicht stören.«

Er beugte sich plötzlich vor und sagte mit gedämpfter Stimme: »Apropos Bismarck. Wenn ich Ihnen einen vertraulichen Rat geben darf: Wenden Sie sich an das Reichskanzleramt. Vielleicht, dass Sie …«

Franziska wandte sich an das Reichskanzleramt. Das Reichskanzleramt lehnte das Gesuch ab und gab sich nicht einmal die Mühe, die Ablehnung zu begründen.

Franziska bat, das preußische Hebammenexamen machen zu dürfen. Nein! Sie erklärte sich bereit, nachträglich das Abitur abzulegen. Nein!

Da gab Franziska Tiburtius es auf. Sie ging in ihre Wohnung, Schützenstraße, Ecke Friedrichstraße, und ließ durch jenes Schild verkünden, dass es in Berlin von nun an eine Ärztin mit einer Heilpraxis gebe.

Es war idiotisch: Eine Praxis eröffnen durfte sie, auch ohne als Ärztin behördlich zugelassen zu sein. Es herrschte in Preußen die im selben Jahr verkündete neue Gewerbeordnung. Sie gestattete es, allen »Heilkundigen«, Kranke zu behandeln. Das Fräulein Tiburtius, ausgerüstet mit dem medizinischen Doktor einer angesehenen europäischen Universität nach Absolvierung eines zehnsemestrigen Studiums, wurde von den Behörden unter der Rubrik geführt: Naturheilkünstler, Magnetopathen, Kurpfuscher, Wunderheiler.

Franziska saß in ihrem Zimmer und tat das, was dort eigentlich Patienten tun sollten: Sie wartete.

Gelegentlich kam Henriette Tiburtius zu ihr und tröstete sie. Henriette war ihre Schwägerin und außerdem die erste und zurzeit immer noch einzige deutsche Zahnärztin. Ihre erfolgreiche Praxis befand sich in derselben Wohnung. Als sie im Jahre 1869 in der Behrenstrasse ihr »Zahnärztliches Atelier für Frauen und Kinder« eröffnete, hatte es eine ähnliche Situation gegeben wie jetzt bei Franziska. Nur hatten die Behörden ihr keine Schwierigkeiten gemacht, *konnten* ihr keine machen. Henny, das kluge Frauenzimmerchen, war ihnen über gewesen. Bevor sie am Dental College zu Philadelphia zu studieren begann, ließ sie sich vom Königlich Preußischen Ministerium eine Bescheinigung ausstellen, worin zu lesen stand: Antragstellerin wird zugelassen, wenn sie Absolvierung zahnärztlichen Studiums nachweisen kann. Das Ministerium war überzeugt, dieses merkwürdige Mädchen damit für immer los zu sein. Es kannte Henny nicht. Die war nach zwei Jahren wieder da und legte ihr Diplom aus Philadelphia auf den Schreibtisch. Das Ministerium fühlte sich übers Ohr gehauen, konnte aber gegen ein von seinen eigenen Beamten ausgestelltes Zertifikat nichts tun.

Henny half dann später, einen Lieblingsplan ihrer Schwägerin zu verwirklichen. Mit ähnlich raffinierter Diplomatie.

Franziskas Praxis bevölkerte sich nur zögernd. Das Misstrauen gegen den weiblichen Arzt bröckelte nur langsam ab. Sie hatte in den ersten Jahren viel freie Zeit. Zu viel für ihren Tatendrang. Sie benutzte sie, um Berlin kennen zu lernen.

Berlin schickte sich damals an, eine Weltstadt zu werden. Man hatte einen Krieg gewonnen, fünf Milliarden Kriegsentschädigung eingestrichen und den Gründerkrach mit seinen Pleiten hinter sich. Man hatte sich wieder erholt, und die Berliner fragten einander, was die Welt so koste. Es wurde viel verdient in dieser Stadt – und es wurde viel gehungert. Im Norden und Osten wucherten die Mietskasernenviertel wie Krebsgeschwüre. Der vierte Stand vegetierte in feuchten, verwanzten Zimmern, bedroht von Tuberkulose, Trunksucht, Unterernährung.

»Wenn ick will, kann ick Blut in Schnee spucken«, renommierte eine von Zilles Berliner Gören. Meyers Hof im Wedding, Ackerstraße 132/133, war die berüchtigtste aller Wohnkasernen. Sie bestand aus einem Vorderhaus und sechs Quergebäuden mit je fünf Stockwerken; die fünf hintereinanderliegenden Höfe waren durch eine einzige Zufahrt mit der Straße verbunden. 225 Mietparteien mit über 1000 Personen, zusammengepfercht in einem Bau, der bereits im ersten Jahr anfing zu verfallen!

Franziska Tiburtius wanderte durch die Straßen des Elends. Sie stellte fest, dass es nur wenige Ärzte hier oben im Norden von Berlin gab. Die Proletarier hätten sich auch keinen leisten können. Krankenkassen hatte man gerade erst erfunden. Eine Poliklinik müsste man hier aufmachen! Eine Poliklinik für

Arbeiterfrauen! Dazu gehörte Geld und als erste Voraussetzung: eine Wohnung mit einigen Räumen.

Sie erzählte ihrer Schwägerin von diesem Plan. Henriette Tiburtius war begeistert. Sie tat das, was der Berliner »schnell schalten« nennt. Ein Zufall kam ihr zu Hilfe.

Eine Patientin, die Frau eines reichen Industriellen, der in einem Arbeiterviertel wohnte, bat sie, doch ausnahmsweise ihres Gatten mangelhaftes Gebiss in ihre hilfreichen Hände zu nehmen (sie behandelte ja sonst nur Frauen und Kinder). Henriette Tiburtius sagte zu. Als der Herr kam, wurde er sehr freundlich empfangen. Frau Henny verstand sich gut darauf, mit Gewandtheit und scheinbarer Unabsichtlichkeit ein Gespräch dahin zu lenken, wo sie es haben wollte, und als der Herr, den Gummiknebel im Mund, die zu bearbeitenden Zähne in Gummi eingespannt, vollständig unfähig zu einem Wort der Widerrede, unter ihren Händen dasaß, wurde ihm der Plan dargelegt und ausgemalt, wie viel Gutes für die Frauen jenes Stadtteils aus einer solchen Anstalt hervorgehen würde, und welch großen Verdienst er sich erwerben könne ... als das Ergebnis der Unterredung stellte Herr Bötzow, so sein Name, eines seiner Häuser in der Alten Schönhauser Straße für die Zwecke der Poliklinik zur Verfügung.

Diese Hofwohnung richtete sich Franziska Tiburtius mithilfe ihrer Studienfreundin Emilie Lehmus, die mit ihr zusammen in Zürich den Doktor gemacht hatte, als »Klinik« ein. Ängstlich saßen die beiden jungen Ärztinnen zu Beginn der ersten Sprechstunde im Ordinationszimmer. Als sie die Tür zum Wartezimmer öffneten, um »Die Erste, bitte!« zu sagen, sahen sie zwölf verhärmte Frauen auf den Bänken sitzen, eine Woche später waren es doppelt so viele. Auf vierzig Patienten pro Tag musste schließlich die Zahl begrenzt werden. Trotz angestrengter Arbeit bis in die Nacht hinein – mehr Kranke konnten nicht behandelt werden.

Von dem einen Groschen, den jede Patientin zu zahlen hatte, wurden Beleuchtung und Heizung bestritten. Die übrigen Kosten wurden aus der eigenen Tasche beglichen, Franziska stellte später drei Betten in eine Mansardenwohnung. »Pflegeanstalt für erholungsbedürftige Patientinnen« stand auf einem Pappschild an der Tür. Niemand ahnte, dass daraus einmal die später so berühmte »Klinik weiblicher Ärzte« werden sollte.

Allmählich wuchs das Vertrauen zum Fräulein Dr. Tiburtius. Die Berliner und besonders die Berlinerinnen begriffen, dass hier jemand mit einem heiligen Eifer arbeitete und von dieser Arbeit eine Menge verstand. Auch die Praxis in der Friedrichstraße blühte auf. Es kamen jetzt nicht nur die so genannten einfachen Leute, sondern auch Leute aus den »besseren Kreisen«. Vorsichtshalber schickten sie vorher ihre Dienstboten. Hatte das Versuchskaninchen die Behandlung überlebt, so meldete sich die gnädige Frau an oder der Herr Gemahl.

Viele Engländer und Amerikaner kamen in die Friedrichstraße. Dieser deutschen Ärztin konnte man seine Leiden so schön in der Muttersprache schildern, sie sprach ein glänzendes Englisch. Madame Yin-Chang, die Gattin des chinesischen Botschafters, schenkte der »Doktor-Frau« ihr Vertrauen. Sie rief sie oft zu sich in die Botschaft am Kurfürstendamm. Als Franziska nach längerer Bekanntschaft die künstliche Fußverkrüppelung der Chinesinnen, ein Schönheitsideal, kritisierte, sagte die Exzellenz: »Wir binden die Füße, ihr bindet Bauch!« Womit sie das deutsche Korsett meinte.

Die Patienten hatten Vertrauen gefasst – die männlichen Kollegen konnten sich noch nicht dazu entschließen. Eines Tages wurde die Tiburtius vor Gericht geladen. Auf der Vorladung stand: »Anklage wegen unbefugter Führung des medizinischen Doktortitels.« Franziska machte sich fröhlich auf den Weg. Der Vorsitzende entrollte ihr so rechtmäßig erworbenes Diplom, die Schöffen sahen ihm stirnrunzelnd über die Schulteer. Alles stimmte. Der Staatsanwalt konnte es nicht lassen und beantragte drei Mark Konventionalstrafe: »... es könne doch jemand aus dem auf dem Praxisschild vermerkten Dr. med. irrtümlich schließen, dass das Fräulein Angeklagte eine in Deutschland approbierte Medizinalperson sei.« Der freundliche Vorsitzende sprach sie trotzdem frei. Er gab ihr den väterlichen Rat: Um zukünftige Pannen zu vermeiden, möge sie die Herkunft des Doktortitels auf dem Schild betonen.

Das tat Franziska. Sie ließ dem »Dr. med.« hinzufügen: »der Universität Zürich«. Am anderen Morgen gratulierten ihr die Patienten mit Wärme. Warum um Himmels willen? »Na, doch vonwejen die neue Würde, Frollein Dokta.«

Beim nächsten Mal war der Denunziant ein Universitätsprofessor. Franziska saß zusammen mit einem Kurpfuscher auf der Anklagebank und wurde freigesprochen. Dann trat der Geheimrat Virchow (dem die Medizin die Begründung der Zellularpathologie verdankt) unter Protest aus dem Vorstand des Victoria-Lyzeums aus. Das war eine Fortbildungsanstalt für Töchter höherer Stände, die von der Kronprinzessin Victoria persönlich protegiert wurde. Virchow war empört, weil man Dr. Tiburtius eingeladen hatte, einen Kursus für Gesundheitslehre abzuhalten.

Die meisten anderen Koryphäen stellten dieselbe Fehldiagnose über den Fall »Ärztin«. Die Herausgeber der medizinischen Fachblätter litten in jeder Nummer an Kopfschütteln. Noch in den neunziger Jahren erregte die Erwähnung des weiblichen Arztes im Reichstag, laut Parlamentsstenogramm, »ungeheure Heiterkeit«.

Ein Professor veröffentliche eine Untersuchung, wonach Frauen schon deshalb nicht zur Medizin geeignet seien, weil ihre Gehirnmasse wesentlich geringer als die des Mannes sei.

Er führte ihre intellektuelle Minderbegabung an, ihre schwächere Konstitution, ihr Schamgefühl, das im Seziersaal Schaden nehmen könne.

Der *Kladderadatsch*, Berlins gefürchtetes politisches Witzblatt, vor dem selbst Bismarck Respekt hatte, brachte eine Karikatur: Die Ärztinnen Dr. Romulus und Dr. Remus verlieben sich in denselben Patienten und bekämpfen sich an seinem Krankenbett bis aufs Messer. Die Berliner lachten. Die beiden einzigen Ärztinnen der Stadt hatten Humor und lachten mit. Später lachten sie dann gemeinsam mit Ernst Dohm, dem Herausgeber des *Kladderadatsch*. Sie drohten, ihm den Blinddarm kostenlos herauszunehmen. Er gab ihnen das feierliche Versprechen, sie in Zukunft ungeschoren zu lassen. Woran sich Sigmund Haber, der Herausgeber des *Ulk* freundlich anschloss.

Der Fortschritt war, wie auf vielen Gebieten, auch hier nicht aufzuhalten. Achtzehn Jahre nach Eröffnung ihrer Praxis in der Friedrichstraße las Dr. Tiburtius in der *Vossischen Zeitung*, dass die ersten deutschen Universitäten Frauen als Gasthörer aufnahmen. 1898 ließ man die Frauen zum Staatsexamen zu. 1912 gab es in Deutschland 175 approbierte Ärztinnen.

1907 legte Dr. Franziska ihre Praxis in jüngere Hände. Sie hatte sie 31 lange Jahre geführt. Die Hälfte dieser Zeit waren sie und ihre Kollegin Dr. Lehmus die einzigen weiblichen Ärzte Berlins.

Diese Stadt hat sie nie wieder losgelassen. Das halbe Jahrhundert, das sie an der Spree verbrachte, prägte die Persönlichkeit dieser aus Pommern stammenden Frau. Hier fand sie, nach ihren eigenen Worten, ihre Heimat. Die Eigenschaften, die die echte Berlinerin ausmachen, zeigten sich bei ihr in Reinkultur: Nüchternheit, praktischer Sinn, Abneigung gegen große Worte und Sinn für Humor!

Bescheiden, fast nüchtern, schreibt diese tapfere Berlinerin über ihre Arbeit: »Ich bin später öfter gefragt worden, ob ich bei Beginn der Praxis viele Kämpfe durchgemacht hätte. Das weiß ich nicht; jedenfalls ist es mir nicht so recht zum Bewusstsein gekommen, dass ich kämpfte. Ich meinte immer nur, das zunächst Notwendige tun zu müssen.«

Käthe Kollwitz

Das Gewissen ihrer Zeit

Im Februar 1893 wurde an der Freien Bühne in Berlin ein Stück uraufgeführt, das den Titel trug »Die Weber«. Autor war ein junger Mann namens Gerhart Hauptmann. Er hatte es unter dem Eindruck des Aufstands der schlesischen Weber gegen die Fabrikanten geschrieben, die ihnen zum Sterben zu viel und zum Leben zu wenig ließen. Ein revolutionäres Drama war das, eine Kampfansage an die Gegenwart, gespielt im naturalistischen Stil und immer wieder von der Zensur verboten. Das Proletariat auf die Bühne zu bringen war ein Skandal und zu einem Theaterskandal wurde die ganze Aufführung. Kaiser Wilhelm II. schwor, dieses Theater nie wieder zu betreten und kündigte seine Hofloge. Mit »Rinnsteinkunst« wollte er nichts zu tun haben. Solche Künstler waren für ihn ohnehin gleichbedeutend mit Vaterlandsverrätern; wie er insbesondere die Sozialdemokraten nannte.

Im Parkett saß Käthe Kollwitz, Malerin, Grafikerin, Bildhauerin, begabt, aber begabt waren viele, und weithin unbekannt. Ihre Versuche, sich an Ausstellungen zu beteiligen, waren immer wieder gescheitert. Lediglich an einer Vernissage der Zurückgewiesenen durfte sie teilnehmen. Die Aufführung der »Weber«, zu der sie auf Umwegen Karten bekommen hatte, bedeutete einen Markstein ihrer Arbeit.

Zutiefst bewegt verließ sie ihren Parkettplatz. Auf der Bühne dort war etwas Neues geschehen und warum sollte es ihr nicht möglich sein, mit ihren ureigenen Mitteln etwas Ähnliches zu gestalten? Sie hatte gerade begonnen Zolas Roman *Germinal* zu illustrieren, ließ die Arbeit aber sofort liegen und machte sich an die »Weber«. Es sollten Radierungen werden. Doch ihr technisches Können im Radieren war noch so gering, dass die ersten Versuche missglückten.

»Auf diese Weise kam es so, dass die drei ersten Weber-Blätter lithografiert wurden und erst die drei letzten Radierungen ›Zug der Weber‹, ›Vor dem Fabrikantenhaus‹ und ›Ende‹ auch technisch genügten. Das Arbeiten war mühsam und langsam. Allmählich kamen die Folgen zustande, und ich hatte den Wunsch, sie meinem Vater zu widmen.« Heimlich fuhr sie von Berlin nach Rauschen bei Königsberg, wo die Eltern ein Bauernhäuschen hatten, und legte sie ihm auf den Tisch. Er freute sich unsagbar, lief um das Haus herum und rief allen zu, sie möchten sich doch mal anschauen, was die Käthe, sein Katusch'chen gemacht hatte. Der Vater, den sie über alles liebte, konnte sich nicht mehr lange daran erfreuen.

Durch seinen Tod verlor sie jede Energie, ihre Weber zu einer Ausstellung anzumelden. Eine Freundin übernahm es, die einzelnen Folgen einer Jury vorzulegen. Der Vorstand, dem auch Adolph von Menzel angehörte, die berühmte »kleine Exzellenz«, war so beeindruckt, dass er für die Arbeiten die goldene Medaille vorschlug. Der Kaiser lehnte wie üblich ab: Diese Elendsschilderungen waren nicht preiswürdig. Die Ablehnung hatte die gegenteilige Wirkung. Von da ab stand sie mit einem Schlag in der vorderen Reihe der Künstler. Das Dresdner Kupferstichkabinett kaufte die Arbeiten an und setze die Medaille durch, Kaiser hin, Kaiser her. Der Zyklus »Die Weber« wurde zu einer ihrer bekanntesten Arbeiten. Die Kollwitz war glücklich, weniger glücklich allerdings über den Umstand, dass sie von nun an als »soziale« Künstlerin abgestempelt war. »Ganz gewiß ist meine Arbeit schon damals durch die ganze Literatur jener Zeit auf den Sozialismus hingewiesen. Das eigentliche Motiv aber, warum ich von jetzt an zu Darstellungen fast nur das Arbeitsleben wählte, war, weil die aus dieser Sphäre gewählten Motive mir einfach und bedingungslos das gaben, was ich als schön empfand. Schön war für mich der Königsberger Lastträger, schön waren die polnischen Schiffer auf ihren Witinnen, den Flachkähnen.« Das Wort Emile Zolas, des großen französischen Schriftstellers, war ihr Motto. »Le beau, c'est le laid. Das Schöne ist das Hässliche.«

In Königsberg war Käthe Schmidt, so ihr Mädchenname, als fünftes Kind ihrer Eltern aufgewachsen. Sie erinnerte sich dunkel an eine Stube, in der sie tuschte und tuschte und tuschte. Durch einen kleinen Vorgarten gelangten die Kinder auf einen großen Hof, der bis zum Pregelfluss reichte. Dort hielten die Kähne, die Ziegel wurden auf dem Hof abgeladen und geschichtet, so dass Hohlräume entstanden, die zu herrlichen Verstecken dienten. Der Vater war Maurermeister, ein Beruf, der ihm nicht an der Wiege gesungen worden war. Er hatte Juristerei studiert und die Beamtenlaufbahn eingeschlagen. Bald war ihm klar geworden, dass er mit seinen sozialistischen Ideen keine Karriere als Beamter machen würde. In Preußen verstand man da keinen Spaß. Also wurde er der einzige Maurer mit juristischer Vorbildung – und er wurde ein wohlhabender Mann!

Liest man die Biografien der Großen, stellt man fest, dass die meisten Väter ihre Kinder daran hindern wollten, irgendeinen Larifari-Beruf zu ergreifen wie Maler, Schauspieler, Schriftsteller, sondern sie zwangen, etwas Solides zu lernen, einen Brotberuf. Karl Schmidt dagegen gab Käthe, kaum dass sie vierzehn Jahre alt war, in die Lehre bei einem Kupferstecher, später bei einem Kunstmaler. »Studien am Leben« machte sie auf ungewöhnliche Weise: Sie stahl sich in die Seemannskneipen am Pregelhafen, was abends nicht ungefährlich war, besonders im »Schiffchen« gab es regelmäßig Schlägereien und Messerkämpfe. Gelegentlich unternahm ihre Mutter das, was man in den besseren Kreisen »Bildungsreisen« nannte. Es ging nach München, die dortige Kunstszene in Schwabing zu erleben, und nach Berlin, wo sie in dem kleinen Vorort Erkner den Nachbarn ihrer älteren Schwester Julie kennen lernten, den noch weithin unbekannten Gerhart Hauptmann. Die »Weber« hatte er noch nicht geschrieben und »Vor Sonnenaufgang« auch noch nicht, gerade mal das unbeachtet gebliebene »Promethidenlos«.

»Es war dennoch ein Abend, der nachhaltig auf uns wirkte. In dem großen Raum war eine lange Tafel, auf der Rosen lagen. Rosenkränze hatten wir alle auf, Wein wurde getrunken, Hauptmann las aus dem Julius Cäsar von Shakespeare vor. Wir waren alle, jung wie wir waren, hingerissen. Es war ein wundervoller Auftakt zu dem Leben, das sich dann allmählich aber unaufhaltsam mir eröffnete.«

Wieder in München fuhren sie mit der Postkutsche – eine Eisenbahnverbindung gab es noch nicht – ins Engadin, wo die Mutter zur Kur erwartet wurde. Sie saß zusammen mit Schwester Lise auf dem hinteren Verdeck, das man nur mithilfe einer Leiter erreichen konnte. »Himmlisch war es. Wir jubelten und sangen da oben. Mutter war erst siebenundvierzig Jahre alt, war so schön und so froh. In St. Moritz betürmten wir sie, sie möchte mit uns vom Malojapaß nach Italien herunterfahren.« Vergeblich, der Vater warte auf sie, und das gehe vor. Und der Vater schickte seine Käthe, kaum dass sie daheim angekommen waren, wieder nach Berlin, wo sie eine Künstlerinnenschule besuchte. Der Lehrer muss ein kluger Mann gewesen sein: Er redete ihr aus, eine Malerin zu werden. Die Zeichnung, das Schwarz-Weiß der Grafik sei ihr Gebiet, nicht die Farbe.

Auch in München besuchte sie die Künstlerinnenschule.

Der freie Ton, der hier unter den »Malweibern« herrschte, entzückte sie. Tages Arbeit, abends Gäste, saure Wochen, frohe Feste. Goethes Wort war ihr Motto. Hinzu kam das Glück, zum ersten Mal im Leben einen eigenen Hausschlüssel zu haben. Eine ihrer Zeichnungen wurde in der Klasse hoch gelobt. »Zum ersten Mal fühlte ich mich bestätigt auf meinem Weg, große Perspektiven öffneten sich meiner Phantasie, und die Nacht war schlaflos vor Glückserwartung.« Eins aber merkte sie in München selbst: Sie war keine Malerin, sie kam mit der Farbe nicht weiter und versagte in der Malklasse.

Die Mitschülerinnen schätzten ihre Käthe, aber der Tag kam, da sie sie etwas weniger mochten. Gerade siebzehn geworden, verlobte sie sich mit dem angehenden Arzt Karl Kollwitz. Das war ein Verstoß gegen den Zölibat, der hier oberstes Gebot zu sein schien. Sich ehelich zu binden, hieß, der Kunst untreu zu werden und Untreue war widerwärtig. Man war sich einig in der Überzeugung, dass sich Ehe und künstlerische Betätigung nicht verbinden ließen. Man glaubte die Männer zu kennen: Die wollten eine gute Hausfrau, eine sorgende Mutter, ein Malweib wollten sie nicht; ein Arzt mit Praxis, und die wollte dieser Kollwitz ja eröffnen, schon gar nicht.

Käthe Schmidt hat sich gefragt, ob es richtig gewesen sei, sich so früh zu binden. Sie wurde unsicher, zog den Ring mit Stein vom Finger, legte ihn in die Schublade, zog ihn wieder auf. Hatten die Mädchen Recht? Liebte sie den Mann so, dass es für ein ganzes Leben reichen würde? Den Mut, ihm den Ring wieder zurückzugeben, besaß sie auch nicht. Sie beschloss, die Dinge erst einmal ihren Gang gehen zu lassen, verließ München und ging wieder zurück nach Berlin.

»Das Leben hatte dort etwas Brausendes. Vielleicht wäre ich untergegangen in jenem Lebensstrudel, vielleicht hätte er fruchtbar auf mich gewirkt. Jedenfalls im Jahr darauf war ich wieder in Königsberg.« Sie mietete sich dort ein Atelier. Vom Vater von nun an mit Skepsis begleitet. Ihr Studium dauerte ihm zu lange, wo blieben die Ausstellungen, wo die Erfolge? Die Verlobung passte ihm überhaupt nicht. Hier war er ganz der Meinung ihrer Studienkolleginnen.

Doch er hielt zu ihr. Kurz vor ihrer Hochzeit nahm er sie beiseite. Die Kirchenglocken läuteten schon. »Du hast nun gewählt. So sei das, was du gewählt hast, ganz!« Sie ging als Jungfrau in die Ehe. Die damalige Konvention machte es unmöglich, sich so weit kennen zu lernen, wie es für junge Menschen notwendig war, die ihr Leben teilen wollen.

Der Doktor Kollwitz bezog im Norden Berlins in der Weißenburger Straße (heute Käthe-Kollwitz-Straße) seine Praxisräume, darüber richtete er eine Stube als Atelier ein, auf drei Stockwerke vergrößerte sich allmählich ihre Wohnung. Es war keine feine Gegend, und so waren die Patienten: Arbeiterfrauen gaben sich die Klinke in die Hand mit ihrem Weh und Ach. Die Ängste und die Qualen der Fehlgeburten, von Abtreibungen, der Schmerz um die zu früh gestorbenen Kinder, das ganze Elend, hatte sich in diese Gesichter eingebrannt. Ihrem Tagebuch hat Käthe Kollwitz später anvertraut: »Immer das alte Lied. Krankheit, Arbeitslosigkeit, Suff. 11 Kinder hat sie gehabt, 5 leben. Dass sie eine verwelkte, gealterte Frau geworden ist, die immer hustet und zeitweilig nichts tun kann und dass er dagegen jung geblieben ist und sinnlich …«

Man hat der Kollwitz bisweilen vorgeworfen, dass sie nur die dunkle Seite des Lebens schildere, dass sie eine reine Elendmalerin sei. Selbst ihre Eltern sagten: »Es gibt doch auch Erfreuliches im Leben. Warum zeigst du nur die düstere Seite?« Ihre über hundert Selbstporträts sind geprägt von Trauer, Schmerz, Melancholie. Nur ein einziges Mal lacht sie uns an; in ihrem »Frühen Selbstbildnis«. Es ist nicht zuletzt das Slawische in ihrem Wesen, das sich hier ausdrückt; mehr jedoch, wie sie selbst sagt, das *Mitleiden*. Sie leidet mit der geschundenen Kreatur, mit den Bauern hinter dem Pflug, mit Arbeitern, ihren verelendeten Frauen, den rachitischen Kindern. Ein Zug der Schwermut ist in ihrem Werk, der sich verstärkt, als ihr Sohn Peter gleich zu Beginn des Weltkriegs fällt.

»Ein Gewissen ist an seine Zeit gebunden. Der bildende Künstler kann allein mit dem Material arbeiten, das das Leben ihm zuführt. Käthe Kollwitz entschied sich für die Ausgestoßenen. Einer Legion blickte sie ins Gesicht und auf den Grund der Seele. Ein endloses Zwiegespräch hob an. Sie stand mit dem Herzen auf der Schattenseite und wurde nicht ruhig, bis sie das Letzte ergründet und sichtbar gemacht hatte«, so Werner Schumann.

Da ist die Frau, die mit ihren beiden Kindern in den Tod geht, »Der Arbeitslose«, »Die Frau unter den Toten auf dem Schlachtfeld suchend«, »Der Gefesselte«, »Die Alkoholiker«, »Eltern und krankes Kind«, »Die Selbstmörderin«, »Das Frauenasyl«, »Mädchen im Schoß des Todes«, »Arbeiterfrau mit schlafendem Jungen«, »Arbeiter auf dem Heimweg«, »Mädchen erfaßt die Hand des Todes«, »Mutter mit totem Kind«, »Obdachasyl«, »Frau und Kind im Krankenhaus«, »Heimarbeit«, »Im Schoß des Todes«. Eine *comédie humaine*, gestaltet mit den Mitteln der Lithografie, der Kohlezeichnung, der Kohle und Tusche, der Federzeichnung, der farbigen Kreide, der Radierung, des Kupferstichs.

Wer die Bilder der Kollwitz in dem nach ihr benannten Museum in der Berliner Fasanenstraße gesehen hat, der wird vor der Gewalt dieses Werkes verstummen. Das ist mehr als bloße Elendmalerei wie manche Kritiker nicht müde wurden zu behaupten. Was die expressionistische Lyrikerin Else Lasker-Schüler geschrieben hat, trifft gewiss auf sie zu: »Es ist ein Weinen in der Welt, als ob der liebe Gott gestorben wär', und der bleierne Schatten, der niederfällt, lastet grabesschwer...« Aber das Beste, was je über die Kollwitz gesagt worden ist, stammt von einem biederen Handwerksmeister. Der kam auf einer Bank am Lustgarten neben ihr zu sitzen, schaute sie eine Weile von der Seite an und sagte: »Ick kenne Sie, kenne Sie jenau, und ihre Sachen, die kenn ick ooch.« Er legte eine Hand auf ihren Arm: »Soll ick Ihnen mal wat saren? Wenn Ihre Bilder scheener wär'n, da wär'n se lange nich so scheen...«

Wie sie zu Beginn in der Weißenburger Straße an der Seite ihres Mannes lebte, das schien ihren Studienkolleginnen Recht zu geben. Sie half ihm in der stets überfüllten Praxis, und ihre angefangenen Arbeiten blieben liegen. Bis Karl Kollwitz eines Tages meinte: »Ich bin vielleicht ein ganz guter Arzt, aber du hast das Zeug zu einer großen Künstlerin.« Er richtete ihr das Atelier komfortabel ein, gab ihr »Urlaub«, damit sie Studienreisen unternehmen konnte.

»Das glückliche Jahrzehnt«, wie sie die Zeit zwischen ihrem dreißigsten und vierzigsten Lebensjahr nennt, führt sie nach Paris, wo sie an der Académie de Julian Bildhauerei studiert. Sie lernt Auguste Rodin kennen. »Ich frage mich: Woran lag das Zwingende, Überzeugende, leidenschaftlich Hinreißende seiner Schöpfungen?« Rodin lädt sie in sein Atelier nach Meudon ein. Das Herz klopft ihr bis zum Hals: Da steht inmitten der anderen Figuren der gewaltige Balzac.

Sie erlebt Paris wie in einem Rausch: Montmartre, die Kokotten, die ihr die Handtasche geben, während sie ihren Cancan tanzen, die Keller unter den Hallen und die Ganoven bei ihren Apachentänzen. Ihr Skizzenblock füllt sich: Doch was sich da auf den einzelnen Seiten zeigt, hat so gar nichts Pariserisches. Auch hier kann sie sich nicht verleugnen, das Impressionistische verweigert sich ihr, vieles ist erdenschwer und dunkel, die Kollwitz bleibt auch an der Seine die Kollwitz.

Das gilt gleichermaßen für Florenz, wo sie 1907 ein Atelier bezieht – ein Aufenthalt, den ihr der Villa-Romana-Preis ermöglicht hat, verliehen von Max Klinger. Klinger – Maler, Radierer, Bildhauer, ein Mann mit großem Namen – wäre wohl befremdet gewesen, hätte er den Brief Käthes an ihre Schwester Lise gelesen. »So will ich natürlich auch hier bleiben, bis meine Zeit abgelaufen ist, aber ich werde leichteren Herzens nach Hause fahren als von Paris. Dies ist zu guter Letzt alles doch fremd. All diese Paläste wirken feindselig, bockig, mögen vorzüglich gewesen sein wegen der vielen Bürgerkriege, aber eine unliebenswürdige Architektur …«. Statt zu arbeiten, wandert sie zusammen mit einer Freundin durch die Toskana bis Rom. »Die Bevölkerung hielt uns für Pilgerinnen, beköstigte uns meist umsonst und wünschte nur, dass wir in St. Peter zu Rom ein Gebet für sie sprächen.«

Wieder in Berlin, nimmt sie die Arbeit am »Bauernkrieg« wieder auf, einem Zyklus von sieben Radierungen, dem sie sechs lange Jahre widmet. Er wird zu einem ihrer bedeutendsten Werke. Bei der Ausstellung der »Juryfreien« wird sie gefeiert mit einem Festessen im Künstlerhaus. Sie zeichnet regelmäßig für den *Simplizissimus*, die berühmte satirische Zeitschrift, die in München erschien. Zur »Sezession« gehört sie von Beginn an, einer jener Künstlervereinigungen, die sich sezessionierte, sich *abspaltete*, sich gegen die herkömmliche Kunstrichtung wandte. Max Liebermann ist eine ihrer führenden Persönlichkeiten. Käthe arbeitete und arbeitete, arbeitete wie eine Kuh, die Gras frisst. Noch immer wird sie verlegen, wenn man sie öffentlich lobt. Doch langsam beginnt sie es zu genießen, im Mittelpunkt zu stehen.

Der Erfolg blieb der Kollwitz auch in der Familie treu. Die beiden Söhne, die sie ihrem Mann »geschenkt« hatte (ein Ausdruck, den sie immer furchtbar gefunden hatte), wuchsen heran. Hans und Peter waren ihre Gesprächspartner, standen ihr Modell. Karl, der Ehemann, war zu selten am runden Tisch, um den die Familie sich zu versammeln pflegte. »Ich muss los«, war sein ständiger Satz. Das schlechte Gewissen des guten Arztes verließ ihn zu keiner Stunde. »Ach, der Karl; ja. Es ist gut und nicht gut, dass man keine Liebesgedanken mehr hat. So ist eine konstante Liebe für ihn da, ohne Ekstase, ohne Nebenlieben, auch ohne große Pausen. Es ist ein sachtes Altersfeuer, mehr ein Sehr-gut-Sein als wirklich das, was man Liebe nennt. So eine ganz dolle Liebe, die habe ich überhaupt nicht kennengelernt«, vertraute sie ihrem Tagebuch an. Käthe war sehr sinnlich und sehnte sich nach leidenschaftlicher Hingabe, nach einem Mann der ihr das zu geben vermochte, wovon sie immer wieder träumte: Erfüllung, Befriedigung.

Das glückliche Jahrzehnt ging zu Ende. Man schrieb das Jahr 1914. Es schien so, als ob in Europa die Lichter verloschen. »Nicht nur bei uns geht die Jugend freiwillig und freudig in den Krieg, sondern bei allen Nationen. Menschen, die unter anderen Umständen verstehende Freunde waren, gehen als Feinde aufeinander los. Alle stellten ihr Leben unter die Idee der Vaterlandsliebe. Dasselbe taten die englischen, die russischen, die französischen Jünglinge. Die Folge war das Rasen gegeneinander, die Verarmung Europas am Allerschönsten. Nie wird mir das alles klar werden. Wahr ist nur, dass die Jungen, unser Peter, mit Frömmigkeit in den Krieg gingen: und dass sie es wahrmachten, für Deutschland sterben zu wollen.

Das Tagebuch der Käthe Kollwitz ist ein erschütterndes Dokument. »Wenn du wissen willst, was ein Krieg bedeutet«, hat ein weiser Mann gesagt, »frage deine Mutter«. 5. Oktober 1914. Abschiedsbrief an Peter. Als ob das Kind noch einmal vom Nabel abgeschnitten wird. Das erste Mal zum Leben, jetzt zum Tode. 24. Oktober. Die erste Nachricht von Peter.

Er schreibt, sie hören schon Kanonendonner. 30. Oktober. Der Brief kommt zurück. »Ihr Sohn ist gefallen.« »Peter, du deutscher Junge, du geliebter geliebter Junge. … Silvester 1914. Mein Peter, ich will versuchen treu zu sein. Dein Vermächtnis zu erkennen und zu bewahren. Was ist das? Mein Vaterland so zu lieben auf meine Art, wie du es liebst auf deine. Ich will Gott die Ehre geben auch in meiner Arbeit, ich will wahr sein, echt, ungefärbt. Wenn ich versuche so zu sein, mein Peter, dann sei um mich. Hilf mir und zeige dich mir. Ich weiß, du bist da, aber ich erkenne dich nur durch einen Nebel. Sei bei mir.«

Der Tod ihres Lieblingssohns, achtzehn Jahre ist er geworden, traf sie wie ein Keulenschlag. Unendlicher, unsagbarer Schmerz einer Mutter; nur wer Gleiches erlebt hat in der Familie, wird ihn ermessen können. In einem Brief an eine Freundin schreibt sie vier Wochen später, als sie sich für eine jener Liebesgaben bedankt, die man an die Front zu schicken pflegte: »Der schöne Schal kann unseren Jungen nicht mehr wärmen. Er liegt tot unter der Erde. Er ist bei Dixmuiden als erster seines Regiments gefallen. Er brauchte nicht zu leiden. Bei Sonnenaufgang haben ihn seine Freunde ins Grab gelegt. Dann sind sie wieder an ihre furchtbare Arbeit gegangen. Wir danken Gott, dass er so sanft hinweggenommen worden ist vor dem Gemetzel. Bitte, kommen Sie noch nicht zu uns.«

DULCE ET DECORUM EST PRO PATRIA MORI. Das Wort aus den Oden des römischen Dichters Horaz war das Motto, unter dem ihr Sohn sich freiwillig an die Front gemeldet hatte. Seine Mutter mochte nicht so denken. Von Jahr zu Jahr erschien ihr der Krieg als das, was er war: ein Erbübel der europäischen Völker. Würde sie die Ideale ihres Sohnes nicht verraten, wenn sie so dachte? Eine Gewissensfrage, die sie quälte. Doch als der Lyriker Richard Dehmel, damals weithin bekannt, einen Appell im »Vorwärts« veröffentlichte unter der Überschrift *Letzte Rettung*, da brach es aus ihr heraus. Dehmel meinte, dass nach Ausscheidung der Memmen eine kleine auserwählte Schar todbereiter Männer sich stellen und Deutschlands Ehre retten solle.

»Das Resultat würde höchstwahrscheinlich sein, dass diese Opferbereiten tatsächlich hingeopfert würden. Was dann bliebe, wäre nicht mehr die Kernkraft Deutschlands. Die läge eben auf den Schlachtfeldern ... ein Verlust, viel schlimmer und unersetzlicher als der Verlust ganzer Provinzen. ... Es ist genug gestorben! Keiner darf mehr fallen! Ich berufe mich gegen Richard Dehmel auf einen Größeren, welcher sagte: ›Saatfrüchte sollen nicht vermahlen werden.‹«

Ein Selbstporträt aus jener Zeit zeigt, dass sie um Jahre gealtert ist. Bei einem Spaziergang an der Havel hat sie eine Vision: Auf dieser Anhöhe bei Schildhorn, von wo der Blick weit ins märkische Land geht, will sie ein Denkmal errichten, ein mit ihren Händen geschaffenes Denkmal für ihren Sohn. »An einem herrlichen Sommertag soll es fertig sein und eingeweiht werden. Schulkinder singen: ›Wir treten zum Beten.‹ Das Denkmal soll Peters Gesicht haben, ausgestreckt liegend, den Vater zu Häupten, die Mutter zu Füßen, es soll dem Opfertod der jungen Kriegsfreiwilligen gelten. Es ist ein wundervolles Ziel, und kein Mensch hat ein solches Anrecht darauf dieses Denkmal zu machen wie ich.«

Das war sehr rührend, aber nicht zu verwirklichen. Es scheiterte bereits an der Grundstücksfrage. Mutter eines gefallenen Sohnes zu sein, das war kein Einzelschicksal in dieser Zeit. Hunderte von Todesanzeigen erschienen tagtäglich in den Zeitungen. Doch was den Schmerz der Kollwitz so außerordentlich machte: Sie fühlte sich schuldig. In ihrem Tagebuch vom 8. August 1914 heißt es: »Abends, ich saß bei Tisch – rasche Schritte auf dem Korridor – der Peter. Ein wunderschöner Abend des Wiedersehens. Wir alle drei bis nachts zusammen.« 10. August. »Abends bittet Peter den Vater, ihn ziehen zu lassen. Karl spricht mit allem dagegen, was er kann. Ich habe das Gefühl des Dankes, dass er so kämpft, aber ich weiß, es ändert nichts mehr. – Das Vaterland braucht meinen Jahrgang noch nicht, aber m i c h braucht es. – Immer wieder wendet er sich stumm mit flehendem Blick zu mir, dass ich für ihn spreche. Wir stehen an der Tür, umarmen und küssen uns, und ich bitte den Karl für Peter. – Diese einzige Stunde, dieses Opfer, zu dem er mich hinriß und zu dem wir Karl hinrissen.«

Karl Kollwitz gab ihm die Unterschrift, die ein Kriegsfreiwilliger braucht, der noch nicht mündig ist.

In Flandern, nicht weit von Ostende, liegt in einem Wäldchen der Soldatenfriedhof Vladslo. 20000 deutsche Gefallene aus dem Ersten Weltkrieg ruhen hier. Auf jeder Grabplatte stehen etwa zwanzig Namen. Ein Mann mit Schirmmütze harkt das Laub vom Rasen. Durch die Kronen der alten Eichen rauscht der Wind. Der Mann weist mit seiner Harke auf den gegenüberliegenden Rand des Friedhofgeländes. Dort stehen sie, die berühmten Skulpturen von Käthe Kollwitz. Der belgische Granit, aus dem sie gefertigt sind, ist trotz seiner Härte von Rissen durchzogen. Es ist ein teurer Stein, zu dem das preußische Kultusministerium 5000 Mark gespendet hatte. Es reichte nicht für den Sockel, für das Fundament und den Transport. Käthe und ihr Mann gingen an ihre Ersparnisse. Achtzehn Jahre hat sie an den Standbildern gearbeitet.

Der Vater hat seine Arme über der Brust verschränkt und ist ganz in sich versunken. Die Mutter ist tief gebeugt, die Augen sind auf den Boden gerichtet. Steingewordene Trauer. Der Mann mit der Schirmmütze ist uns gefolgt und zeigt auf eine der in den Boden eingelassenen Tafeln. »Peter Kollwitz. Musketier. 24.10.1914«, entziffern wir.

In den fünfziger Jahren beauftragte Theodor Heuss den Bildhauer Ewald Mataré, eine Nachbildung der »Trauernden Eltern« zu schaffen. Zusammen mit seinen Schülern ließ er sie in Stein aushauen. Die Stadt Köln stellte sie in der Ruine der St. Alban-Kirche auf.

In den zwanziger Jahren sucht der Ruhm die Kollwitz heim. So jedenfalls drückt sie es aus. Sie bekommt den Pour le mérite, die höchste Auszeichnung für wissenschaftliche und künstlerische Verdienste. Sie wird als erste Frau in die Preußische Akademie der Künste gewählt. »Eine große Ehre, aber ein bisschen peinlich für mich. Meine äußere Anerkennung nimmt zu, man ehrt mich in allen möglichen Weisen und ahnt nicht, dass meine Arbeit Vergangenheit ist. Dass es *war*. Warum werde ich bloß so früh alt?« Und dennoch: »Verwöhnt wie ich jetzt bin, würde ich es schwer aushalten, wenn der Begriff ›Käthe Kollwitz‹ aufhöre zu existieren, wenn der Name nicht Respekt und Anerkennung bedeutete.« Sie spricht für jene Kollegen, die gut sind, aber keinen Erfolg haben. »Wie schauderhaft muss Künstlern zumute sein, die ohne Widerhall arbeiten.«

Sie wird zur Leiterin der Meisterklasse für Grafik ernannt und wird Professorin. Der Titel ist ihr nicht wichtig – niemand darf sie so anreden –, wichtiger ist, dass sie mit der Ernennung ein großes geräumiges Atelier beziehen darf.

In diesen Jahren wendet sie sich immer mehr dem Holzschnitt zu, angeregt von Ernst Barlach. Die beiden haben sich nie kennen gelernt, waren aber Geistesverwandte. Was so weit ging, dass Barlachs berühmter schwebender Engel, der im Dom zu Güstrow hing, ihre Züge trug. (Heute in der Antoniterkirche zu Köln.) Die Holzschnitte der Kollwitz sind aggressiv, sind kämpferisch. »Ich will wirken in meiner Zeit«. ERWERBSLOSIGKEIT, HUNGER, KINDERSTERBEN lautet das jeweilige Thema. Und immer wieder die Blätter:

NIE WIEDER KRIEG. An ihrer Mappe HUNGER haben sich sieben Künstler beteiligt, darunter Otto Dix, George Grosz, Heinrich Zille.

1927 folgt sie einer Einladung russischer Künstler in die Sowjetunion. Sechzig Holzschnitte – es ist just ihr sechzigster Geburtstag – werden in Moskau gezeigt. Wieder daheim muss sie sich mit dem Vorwurf auseinandersetzen, dass sie eine Kommunistin sei. Sie schweigt. Schließlich nimmt sie Stellung in der Arbeiter-Illustrierten-Zeitung. Nein, Kommunistin sei sie nicht, die Geschehnisse in Russland in den letzten zehn Jahren aber scheinen ihr vergleichbar zu sein mit der französischen Revolution. »Eine alte Welt, unterhöhlt durch vierjährigen Krieg wurde im November 1917 zerschmettert. Eine neue Welt wurde in größeren Zügen zusammengehämmert.«

Hier glich sie den westlichen Künstlern, die in der Sowjetunion eine Morgenröte der Menschheit heraufdämmern sahen und dann tief enttäuscht wurden. Aus den Briefen ihres Mannes, der sie begleitet hatte, geht hervor, wie man die Besucher mit Potemkinschen Dörfern zu täuschen vermochte – wie jene Attrappen, mit denen der Fürst Potemkin seiner Kaiserin den Wohlstand auf der Reise durch Russland vortäuschen wollte. Dessen ungeachtet mochte sie den russischen Menschen in seiner Natürlichkeit, seiner Herzlichkeit. Die Dichter dieses Landes hatte sie seit langem in ihr Herz geschlossen: Tolstoi, Dostojewski, Puschkin, Gorki, Tschechow.

Es kommt der 30. Januar 1933 mit dem Fackelzug der SA durch das Brandenburger Tor; von Max Liebermann, aus dem Fenster seines Hauses beobachtet und mit den Worten kommentiert: »Ick kann jar nich so ville fressen, wie ick kotzen möchte.« Noch am 5. Februar unterzeichnete Käthe Kollwitz einen »Dringenden Appell«, der am selben Tag an den Litfasssäulen klebte. »Die Vernichtung aller persönlichen und politischen Freiheit in Deutschland steht unmittelbar bevor; wenn nicht in letzter Minute gelingt, unbeschadet von Prinzipiengegensätzen alle Kräfte zusammenzufassen, die in der Ablehnung des Faschismus einig sind. Sorgen wir dafür, dass nicht Trägheit der Natur und Feigheit des Herzens uns in die Barbarei versinken lassen.«

Dann kommt der Brief der Preußischen Akademie der Künste. Die Herren schreiben, dass es ihnen furchtbar unangenehm sei, sie um den freiwilligen Austritt zu bitten, auch ihr Atelier in der Akademie aufzugeben und die Leitung der Meisterklasse für Grafik niederzulegen, widrigenfalls die Gefahr bestehe, dass die gesamte Akademie aufgelöst werde. Sie willigt ein. Machtlos, fassungslos. Ansonsten lässt man sie erst einmal in Ruhe. Sie ist zu berühmt, zu bekannt in Deutschland wie jenseits der Grenzen, um sie öffentlich zu verfolgen. So wird das Ausstellungsverbot nur »inoffiziell« erteilt. Ihre Bilder hängt man vor einer Vernissage klammheimlich ab. Der *Völkische Beobachter* bemerkt zu einer ihrer Zeichnungen: »Keine deutsche Mutter sieht so aus wie die Kollwitz sie gezeichnet hat.« Für die Kleinbürger, die das Kulturleben jetzt bestimmen, gibt es nur die ewig tragende und gebärende Volksmutter, die dazu bestimmt ist, ein erbgesundes Geschlecht heranzuziehen. Ihr Maler ist ein Herr Ziegler, der den weiblichen Körper so genau abzubilden verstand, dass man ihn zum »Meister des deutschen Schamhaars« ernannte.

»Diese merkwürdige Stille bei Gelegenheit der Heraussetzung meiner Arbeiten aus der Akademieausstellung und schließlich aus dem Kronprinzen-Palais. Es hatte mir fast niemand etwas zu sagen. Ich dachte, die Leute würden kommen, mindestens schreiben – nein. So etwas von Stille um mich.« Es gibt aber noch Zeitungen, die die Zivilcourage hatten, zu ihrer Ehre sei es vermerkt, für sie einzutreten. So die *Frank-*

furter Zeitung, das *Berliner Börsenblatt*, der *Reichsbote*, in denen es heißt, dass sie ohne Zweifel eine bedeutende Künstlerin sei. »Man wird auch in Zukunft ihre eminente Begabung von ihrem merkwürdigen politischen Verhalten unterscheiden müssen. Unsere Achtung wird der großen Künstlerin Käthe Kollwitz stets entgegengebracht werden.«

Freunde versuchen, einflussreiche Beamte im Kulturministerium zur Milde zu stimmen, damit sie der in Ungnade gefallenen Künstlerin doch wenigstens das Atelier in der Akademie zurückgäben. Wenn diese Versuche ergebnislos bleiben, dann liegt es an der Kollwitz selbst. Sie habe gehört, schreibt sie an Freunde, dass »die Seelen von Unzähligen im Arbeiterstand für mich glühen, so hören sie sicher auf das zu tun, wenn ich ›ehrenvoll‹ wieder anerkannt werde. Ich will und muss bei den Gemaßregelten stehen. Die wirtschaftliche Schädigung ist eine selbstverständliche Folge. Tausenden geht es ebenso. Darüber muss man nicht klagen.«

Eines Tages im Sommer 1936 klingelt in der Weißenburger Straße das Telefon. Ein Mann mit starkem russischen Akzent fragt, ob er die auch in seiner Heimat verehrte Künstlerin besuchen dürfe, er wolle eine signierte Lithografie kaufen. Der angebliche Käufer stellt sich als ein Mitarbeiter der *Iswestja* vor, der regierungsamtlichen Moskauer Tageszeitung. Ob sie ihm ein Interview geben würde? Sie willigt ein, sieht sie doch eine Möglichkeit – und das ist sehr naiv – einmal ihrem Herzen Luft zu machen. Als der Artikel erschienen ist, liest sie, dass sie in großen materiellen Schwierigkeiten lebe, manchmal sogar Mühe habe, die Miete für ihr Atelier zu bezahlen. Dann kommt der Satz »Wir saßen zu dreien zusammen, sprachen über Hitler und das Dritte Reich und sahen uns dabei tief in die Augen.«

Dieser Satz ist es, der ihr den Besuch zweier Männer mit langen Ledermänteln einbringt. Die Gestapoleute wollen wissen, ob das mit ihrer »wirtschaftlichen Not« stimme und verlangen die entsprechenden Unterlagen. Sie zeigen sich befriedigt. Dann fragen sie, wer denn der Dritte in der Runde gewesen sei. Sie kämen noch einmal wieder. Bevor sie gehen, schauen sie sich »die Sachen« der Kollwitz an und sind beeindruckt.

Käthe war zutiefst beunruhigt, ja verstört. Sie verabredet sich mit Otto Nagel, einem bekannten Berliner Maler, auf einem U-Bahnhof, denn er war jener Dritte. »Otto, ich habe es ihnen nicht gesagt, und ich werde es ihnen auch nicht sagen, und ins KZ, wie man mir angedroht hat, wenn ich noch das Geringste mach, werde ich nicht gehen. ... Ich habe immer etwas bei mir.« Sie zeigt ihm die Ampulle mit Blausäure.

Die Kollwitz hat von der Angelegenheit nichts mehr gehört. Ein Jahr später feierte sie ihren siebzigsten Geburtstag in aller Stille, das heißt, sie wurde totgeschwiegen, eine Kollwitz-Barlach-Ausstellung geschlossen. In der Ausstellung »Entartete Kunst« in München, wo Millionen von Besuchern feixend vor den entarteten Gemälden von Braque, Chagall, van Gogh, Klee, Nolde, Picasso, Marc, Matisse, Cézanne, Corinth, Gauguin, etc. standen, war Käthe Kollwitz nicht vertreten. Vielleicht fürchtete man, dass ihre Bilder hätten gefallen können. Das Haus der Kunst bot den Banausen ein schauerliches Treffen.

1939 überfiel Hitler Polen. Der Zweite Weltkrieg brach aus. Karl Kollwitz starb rechtzeitig: Er musste den Tod seines Enkels an der Ostfront nicht mehr erleben und auch nicht die Luftangriffe der alliierten Bombengeschwader. Eine Bombe traf das Haus in der Weißenburger Straße 25, wo die Familie fünfzig Jahre lang gelebt hatte. Heute steht dort, an der nunmehrigen Käthe-Kollwitz-Straße, eine Statue, geschaffen von Gustav Seitz, ein Abbild der Künstlerin, und gegenüber die Skulptur »Schützende Mutter«, die nach einem Entwurf von ihr gefertigt wurde.

In der von Schinkel erbauten »Neuen Wache« Unter den Linden, der Gedenkstätte für die Opfer von Krieg und Gewalt, nimmt ihre »Pieta« den Besucher gefangen. Die ursprünglich achtunddreißig Zentimeter hohe und sechsundzwanzig Zentimeter breite Skulptur, eine trauernde Mutter mit totem Sohn darstellend, hat man auf das Zwanzigfache vergrößert. Sie gefiel so manchem Kunstexperten überhaupt nicht, und sie verspotteten sie als Blow-up, als etwas Aufgeblasenes. Andere wiederum sahen in der vergrößerten Version eine wahrhaft verinnerlichte Darstellung des Mütterlichen, das, wie Käthe Kollwitz einmal sagte, »das Leben gibt, welches ihm wieder genommen wird.« Die Befürworter setzten sich mithilfe des Bundeskanzlers (Kohl) durch. Wer die Gedenkstätte besucht, mag sich selbst ein Urteil bilden.

Käthe Kollwitz sehnte sich nach dem Tod. Sie hat noch die Kraft eine ihrer bewegendsten Lithografien in den Stein zu bringen: eine Arbeiterfrau, die ihre drei Kinder in den Armen und dem Mantel vor einem neuen Krieg schützen will. »Das ist nun einmal mein Testament. ›Saatfrüchte sollen nicht vermahlen werden.‹«. Ein Wort von Goethe, dem Dichter ihres Herzens. In Berlin konnte sie nicht mehr länger bleiben. Eine junge Bildhauerin hatte sie dort besucht und die sterbensmüde Frau kurzerhand mitgenommen nach Nordhausen in ihr geräumiges Elternhaus. Bald war auch das kleine Städtchen im Harz nicht mehr sicher.

Eine letzte Zuflucht bot ihr Prinz Ernst Heinrich von Sachsen, der viele ihrer Werke besaß. Auf dem Rüdenhof in Moritzburg bezog sie zwei Zimmer, deren Fenster auf den kleinen See und das Schloss gingen. Dort saß sie Stunde für Stunde, freute sich an den Meisen, die sie regelmäßig fütterte, und manchmal schrieb sie einen ihrer immer schwerer lesbaren Briefe.

»Von Euch fortgehen zu müssen, wird mir furchtbar schwer.

Aber die unstillbare Sehnsucht nach dem Tode bleibt. Ich segne mein Leben, das mir bei allem Schweren so unendlich viel Gutes gegeben hat. Ich habe es nicht verschleudert, ich habe nach meinen besten Kräften gelebt. Ich bitte Euch nur, lasst mich jetzt fortgehen, meine Zeit ist um.«

Sie starb am 22. April 1945 im 78. Lebensjahr.

Katharina Kepler

Die Hexenjagd

Es begann mit einem Wortwechsel, der zum Streit wurde, sich zu einem hasserfüllten Gezänk auswuchs, bei dem Worte fielen, die nicht mehr rückgängig zu machen schienen. Christoph Kepler, der Zinngießer aus dem württembergischen Leonberg, war mit seinen Rahmen, wie gewohnt, bei dem Glaser Reinbold erschienen, denn immer mehr Einwohner wollten jetzt, der Zeit gemäß, die neuen metallverglasten Fenster haben, die das Licht in die Zimmer ließen und der Kälte wehrten, hatte aber schon für die letzte Lieferung sein Geld nicht bekommen und war erneut um Aufschub gebeten worden; was den Kepler erzürnte, denn er wusste, dass der Glaser sehr wohl hätte zahlen können. Nun mischte sich auch noch die Reinboldin ein, eine übel beleumdete Person, die schon einmal auf dem Marktplatz am Pranger gestanden hatte und nun auf ihre Art vom Leder zog.

Die Szene wurde zum Tribunal, als Katharina Kepler auf die Gruppe stieß, die ihre Auseinandersetzung inzwischen vor die Haustür verlagert hatte, und ihren Sohn mit den Worten wegzog: »Von einer Hure brauchst du dir das nicht bieten lassen. Lass uns gehen!« Ein böser Streit, gewiss, der heute allenfalls vor das Amtsgericht geführt, wenn man ihn nicht als »Dorfklatsch« abgetan hätte. Für Katharina Kepler zog dieser Streit eine lebensgefährliche Bedrohung nach sich, dergestalt, dass die Reinboldin, getrieben von Rachsucht, alles daran setzte, sie als eine »Hexe« zu verleumden.

Der Hexenglaube ist uralt und findet sich in allen Religionen; auch im Glauben der Germanen. Doch wäre es niemandem in den Sinn gekommen, die »Hexen« planmäßig aufzuspüren und zu vernichten. Zur systematischen Verfolgung kam es erst, als sich die kirchliche Dämonenlehre mit der Praxis der Ketzerverfolgung verband. Die vom rechten Glauben Abgewichenen waren den Einflüssen des Teufels erlegen, also waren auch die Hexen Ketzerinnen. Die Inquisition, der die Verfolgung der Ketzer oblag, übernahm nun auch die Hexen.

Die Hexenjagd konnte beginnen und damit eine der schauerlichsten Verirrungen des Menschengeschlechts. Vom Nährboden altheidnischen Zauberglaubens begünstigt, von der Kirche in ein System gebracht, vom Staat gutgeheißen, von Frauenhass und verdrängter Sexualität genährt, wuchs sich die Jagd zu einer Massenpsychose aus, zu einem Wahn, der hunderttausende Familien in ganz Europa auf entsetzliche Weise heimsuchte, begleitet von den Schreien der Gefolterten und dem Gestank verbrannten Fleisches.

Allein in Leonberg wurden im Winter 1615 sechs alte Frauen auf den Scheiterhaufen geführt, das benachbarte Weil der Stadt brachte es innerhalb von 14 Jahren auf 38 Hexenbrände. Um als Frau in den Verdacht der Hexerei zu kommen, bedurfte es nicht allzu vieler Verdachtsmomente. Wem rote Haare wuchsen oder wer an Erschlaffung der unteren Lidhaut litt, Triefaugen genannt, oder Warzen im Gesicht hatte, sich mit Krautersammeln abgab, an einem Hinkefuß litt, war gefährdet. Junge Frauen machten sich verdächtig, wenn sie Männer mieden, zu selten in die Kirche gingen oder zu oft, vor Kreuzwegen verweilten, an Kruzifixen vorbeigingen, ohne sich zu bekreuzigen, zu schön waren oder zu klug, zu lebenslustig oder zu wohlhabend. Keine Frau war letztlich davor sicher, als Hexe angeklagt zu werden, hob sie sich nur in irgendeiner Weise von ihren Mitschwestern ab.

Als verdächtig galten vor allem Hebammen. Sie waren in der Heilkunst bewandert, einer Kunst, die die Magie einschloss. Da sie als erste das Neugeborene zu Gesicht bekamen, das noch nicht getauft war, hatten sie Gelegenheit, es dem Satan zu weihen (vor dem getaufte Kinder ja gefeit waren). Im Übrigen waren sie allein dadurch verdächtig, dass sie einen in Lust erzeugten, mit der Erbsünde belasteten, dem unreinen Schoß zwischen Kot und Urin entspringenden Wesen Geburtshilfe leisteten.

Katharina Kepler hatte sich in vielerlei Hinsicht verdächtig gemacht. Hatte sie nicht den Totengräber gebeten, er möge den Schädel ihres Vaters ausgraben und ihr überlassen, damit sie ihn zur Aufbewahrung im Beinhaus bemalen und in Silber fassen könne (was damals nicht unüblich war)? Hatte nicht ein Bader, der ihr einen Schröpfkopf gesetzt und dafür mit einem Trunk Wein aus der Zinnkanne belohnt worden war, Kopfweh und Erbrechen bekommen (verursacht wahrscheinlich durch eine giftige Bleiverbindung, die sich durch längeres Stehen sauren Weines in den legierten Zinnkrügen zu bilden pflegte)? Hatte nicht der Metzger Stoffel Frick, der sie bei Sturm und Regen auf offenem Felde getroffen und sie gefragt, was sie um des Heilands willen bei diesem Wetter hier mache, statt einer Antwort einen bösen Blick eingefangen, der sein linkes Bein gelähmt habe (Stoffel litt an schwerem Rheuma, das sich bei Gewitter zu melden pflegte)? Was war mit dem Knecht, der ihr beim Einbringen des Heus nicht helfen wollte, was ihm einen Fluch einbrachte, der ihn zu ersticken drohte (der Knecht litt an Asthmaanfällen)?

Die Ursula Reinbold notierte all das sorgfältig, damit es »gerichtsmäßig« werden konnte. Ach ja, und ihre Unterleibsschmerzen mit den Blutungen, die immer eintraten, wenn sie die Keplerin nur sah (Folgen einer Abtreibung); von der Ziehmutter der Keplerin ganz zu schweigen, die durch die

Wälder gezogen war und Kräuter gesammelt hatte, darunter magische Wurzeln wie die Alraune, bis man sie wegen Zauberei angeklagt, sie gefoltert und nach ihrem Geständnis verbrannt hatte. Die Reinbold kramte ihre Geschichten in allen Häusern aus, besonders in der Badstube, der Brutstätte allen Klatsches, empfing sogar zur Bekräftigung ihrer Verleumdungen das heilige Abendmahl. Einen Verbündeten fand sie in dem nach Leonberg versetzten Vogt Lutherus Einhorn, einem Menschen mit niederem Charakter, der sich bei seinen Vorgesetzten durch das Aufspüren von Hexen lieb Kind machen wollte. Er hatte in seinem Amtsbezirk schon mehrere verdächtige Weiber aufgegriffen. Seine Devise war das damals umlaufende Wort »Ins Feuer mit den alten Weibern«; die bös und zänkisch geworden, ohnehin zu lange gelebt hätten.

So kam ihm dieser Fall sehr gelegen, umso mehr, als er sich als abgewiesener Freier der Tochter Margarete von der Keplerin beleidigt fühlte. Zusammen mit dem Leibbarbier Kräutlein, der sich in der Gunst des Hofes befestigen wollte, den Reinbolds, dem Vogt und dem leicht senilen Prinzen Achilles, der zur Jagd nach Leonberg gekommen war, schmiedeten sie ein Komplott, dergestalt, dass die Keplerin wegen Zauberei angeklagt werden sollte; ein Prozess, der leicht zu gewinnen war, war doch die Anklageschrift inzwischen erdrückend angewachsen und der Umstand, dass die Beklagte versucht hatte, den Vogt mit einem silbernen Becher zu bestechen, sprach Bände. Der Hexenspürer Einhorn war sich seiner Sache besonders sicher, hatte er doch noch ein As im Ärmel, wie er sich ausdrückte: Das war die Apollonia Wellinger, angeklagt wegen Hexerei und schon zweimal gefoltert, auf dass sie gestehe, der Keplerin beim gemeinsamen Hexensabbat auf dem Brocken begegnet zu sein. Apollonia aber hatte sich trotz grässlicher Qualen keine Lüge abpressen lassen; nun, wenn man sie der Brandfolter unterwarf, würde sie schon rausrücken mit der Wahrheit.

Leonberg war ein kleines heimeliges Städtchen mit spitzgiebligen Häusern, einer prächtigen Kirche, einem malerischen Rathaus in Fachwerk; als Reichsstädter waren die Bewohner nur dem Kaiser untertan, und sie erfreuten sich eines gewissen Wohlstands. Es erscheint schwer vorstellbar, was sich in diesen Mauern abspielen sollte …

Katharina Kepler war eine Witwe wider Willen: Ihr Mann hatte sie verlassen, war als Söldner gegen die Niederländer gezogen, dann zurückgekehrt, um abermals an einem Krieg teilzunehmen, diesmal auf Seiten der Österreicher im Türkenfeldzug, wo er verloren ging. Christoph, der erwähnte Zinngießer, war ihr ein guter Sohn, auch die Tochter Margarete geriet wohl, Sohn Heinrich dagegen lief aus der Lehre fort und hatte das Haus mit dem Fluch verlassen: »Bei der Hex' ist keines Bleibens!« Ihr Stolz war der Älteste, der Johannes; er war nach glänzend bestandenem Baccalaureats-Examen mit einem herzoglichen Stipendium auf die Universität gegangen, hatte die Magisterwürde erlangt und war nun Astronom und Mathematiker am Hof Kaiser Rudolf II. Mutter Kepler erfreute sich trotz dieser noblen Verwandtschaft keines besonders guten Rufes in Leonberg. Die kleine dürre Frau galt als spottlustig, streitsüchtig und von wenig freundlicher Gesinnung. Sie hatte die sprichwörtlichen Haare auf den Zähnen.

Den Intriganten der um den Vogt versammelten Clique war sie dennoch nicht gewachsen. Noch dazu, als aus den Verleumdungen offene Gewalt erwuchs. Katharina wurde auf die Vogtei bestellt, wo man ihr eine Anklageschrift mit 49 Punkten vorlegte, die sie unterschreiben sollte. Sie verweigerte ihre Unterschrift, denn sie sei eine alte gebrechliche Weibsperson und wisse von solchen Sachen gar nichts; wenn man glaube, etwas gegen sie zu haben, solle man sie vor Gericht bringen.

Der Barbier bedrohte sie daraufhin mit dem blank gezogenen Schwert, der Vogt ohrfeigte sie, sie wurde herumgestoßen.

Wieder daheim in ihrem Häuschen und nachdem sie sich von dem Verhör erholt hatte, beschloss sie sich zu wehren. Die Familie wurde versammelt: Sohn Christoph, der Zinngießer, Tochter Margarete und der Tochtermann in Gestalt des Pfarrers Binder aus dem nahen Heumaden. Es sei eine Schmach, wenn ihre Mutter von einem Staatsbeamten als Hexe bezeichnet wurde, ohne dass man dafür einen Beweis habe. Man müsse alles unternehmen, ihre Unschuld ans Licht zu bringen, andernfalls würde Mutter Katharina in der Gemeinde die Ehre verlieren. Pfarrer Binder, auch des Lateinischen mächtig, reichte die Beschwerde in Form einer Verleumdungsklage beim Stadtgericht zu Leonberg ein. Sie warteten Wochen, wandten sich schließlich an den Gemeindeschreiber, um wenigstens eine Empfangsbestätigung zu bekommen. Vogt Einhorn, mit allen Wassern des Bösen gewaschen, zog die Behandlung der Klage immer wieder hinaus, wandte auch bei Hofe, in der Kanzlei und bei Gericht alle ihm zu Gebote stehenden Kniffe an. Man glaubte ihm. Mehr als den Keplers, deren Klageschrift anscheinend allzu dilettantisch war. Er sollte bald merken, dass er einen Fehler gemacht und sich einen Gegner geschaffen hatte, dem er nicht gewachsen sein würde.

Katharina, vom Warten zermürbt, von immer neuen Machenschaften bedrängt, auf dem Marktplatz angepöbelt, ja die Wände ihres Hauses waren mit Hexenzeichen beschmiert, sagte zu ihrem Tochtermann: »Binder, sag, warum bitten wir nicht Johannes um Hilfe?« Der war nach dem Tod Rudolfs II. von dessen Nachfolger auf dem Thron, Kaiser Matthias, im Amt des Hofastronomen und Hofmathematikers bestätigt worden und lebte nun in Linz in seinen Himmelkreisen. Copernikus hatte die Erde als Mittelpunkt des Weltalls entthront. Die Erde kreiste um die Sonne und nicht die Sonne um die

Erde. Wussten die Zeitgenossen, dass er damit die Grundlegung eines neuen Weltbildes schuf? Sie wussten wenig, denn er hatte seine Erkenntnisse nur einem kleinen Kreis von Wissenschaftlern mitgeteilt. Selbst der Kirche waren diese für sie doch brandgefährlichen Erkenntnisse unverdächtig geblieben: Handelte es sich doch nur um Hypothesen. Ach nein, der Herrgott hatte die Erde geschaffen, den Mond als kleines Licht für die Nacht und die Sterne dazu. Für die Menschen war es ein schönes Gefühl, dass Gott alles nur um ihretwillen geschaffen hatte, diesen wunderbar komplizierten, doch so einfachen Bau, und wer nachts zum Himmel aufblickte, empfand ein Gefühl tiefer Geborgenheit.

Dann kam Galilei. Er bestätigte Copernikus, machte aus der angeblichen Hypothese eine These, berief sich immer wieder auf seinen Vorgänger. Bekanntlich bezahlte er seinen Einsatz für die neue Lehre mit dem erzwungenen Widerruf, indem man ihn der *territio* unterzog, der Schreckung, bei der dem Angeklagten die Folterwerkzeuge lediglich vorgeführt wurden.

Auch Kepler lebte unruhig. Die Gegenreformation zwang ihn, seinen Wohnsitz immer wieder zu wechseln, doch letztlich war er sich des Schutzes seines Kaisers gewiss, der ihn, nicht nur wegen seiner Gelehrsamkeit schätzte, sondern auch wegen seiner Tätigkeit als Astrologe. Er hatte in seinem Sternenkalender drei Vorhersagen veröffentlicht, die prompt eintrafen: den Einfall der Türken, die Bauernunruhen und den strengen Winter. Die Astronomie, die Sternenkunde, war eng verbunden mit der Astrologie, der Sterndeutung. Keplers wissenschaftliche Erörterungen werden immer durch metaphysische Reflexionen unterbrochen. »Die Wandelsterne können zwar die Seele eines Menschen erfüllen, den Erfolg selbst mögen sie nicht gewährleisten. Sie rütteln vielmehr den Menschen auf und stellen ihn gleichsam auf Wachtposten.

Die himmlische Geometrie macht die Seele harmonisch oder unharmonisch«. Hier war er noch ganz der Tradition verbunden, die himmlische und irdische Vorgänge als Einheit sah. In seinem *Mysterium Geographicum*, dem Weltgeheimnis, sah er sich als Herold einer neuen Weltschau.

Sein eigentliches Verdienst für die Himmelskunde liegt in der Entdeckung, wonach die Planeten nicht kreisförmig um die Sonne sich bewegen, wie Copernikus es sah, sondern in Form von Ellipsen. Damit hatte die Astronomie eine bis heute gültige Basis gefunden, genannt die *Keplerschen Gesetze*.

Kepler lebte in bedrückenden Verhältnissen. Die Welt behandelte das größte Genie seines Jahrhunderts schlecht. Sein Gehalt wurde ihm nur selten ausgezahlt, und bald summierten sich die Rückstände auf die Summe von 12 000 Gulden, ein Vermögen damals. Die Kassen des Hofes waren leer; die Feldzüge im beginnenden Dreißigjährigen Krieg hatten die Reserven aufgebraucht. Dem Kaiser fiel nichts anderes ein, als Kepler an Wallenstein zu verweisen. Der Generalissimus war der Astrologie hörig und – wer seinen Schiller kennt, weiß es – traf keine wichtige Entscheidung, ohne die Sterne zu befragen. Er machte Kepler ein glänzendes finanzielles Angebot, ließ sich Horoskope stellen – und zahlte nie.

Zurück in das Jahr 1615, als Kepler zum ersten Mal erfuhr, dass seine Mutter in den Verdacht geraten war, eine Hexe zu sein. Er setzte alle seine Mittel ein, die ihm als kaiserlichem Mathematikus zur Verfügung standen, um ihr zu helfen. Das ist ihm umso höher anzurechnen, als ihn mit der Mutter kein gutes Verhältnis verband. Er hatte schon früher ihren unruhigen Geist getadelt, ihre Geschwätzigkeit, ihre Neugier, ihren Jähzorn. Er schreibt von Linz aus einen Brief an die weisen Herren, Vogt, Bürgermeister und Gericht, wünscht ein freudenreiches Jahr und geht dann zum Kernpunkt über.

»Mit unaussprechlicher Betrübnis meines Herzens habe

ich von meiner Schwester Margarete erfahren, dass meine in allen Ehren bis ins siebzigste Jahr gekommene Mutter in den betrübenden Argwohn gebracht und dieselbe mit teuflischer List gedrohet wird, sie gefänglich einzuziehen. Ein Bubenstück, dazu angetan, meine aufs höchste geängstigte Mutter, um nach ihrer Meinung das Leben zu retten, ihren Peiniger alles eingestanden. Sie wäre dadurch von einem in den geschriebenen Rechten erfahrenen Richter unschuldiger Weise zur Tortur erkannt, und gar zu einem schmählichen Tod gebracht. Worüber mir das Herz im Leibe zerspringen möchte. ... An ein ehrsames Gericht gelangt mein mit Recht wohl begründetes Verfahren, dass mir unverzüglich Abschriften von allem dem, was bis jetzt von beiden Seiten eingekommen, mit der Post geschickt werde«.

Was auch damals üblich war bei einem normalen Prozess, nämlich die Akteneinsicht, erschien den Richtern unverschämt. Die Angeklagte besitze keine Rechte, ein Verteidiger stehe ihr nicht zu, Entlastungszeugen würden nicht gehört, Belastungszeugen dagegen ausführlich. Die bei den weltlichen Gerichtsverfahren üblichen Regeln der *denuntiatio* und der *inquisitio* seien hier nicht gültig. Der Richter brauchte die Namen der Denunzianten nicht zu nennen. Ein unter Folter erzwungenes Geständnis gilt als beweiskräftig und bleibt es auch bei einem Widerruf; die Folter, die nur einmal angewandt werden darf beim Verhör, wird mehrfach angewandt, sie gilt dann nicht als Wiederholung, sondern als Fortsetzung; Zeugen, welche die Angeklagte *zu* wirkungsvoll entlasten, geraten in Gefahr, ebenfalls vor Gericht gestellt zu werden. Damit waren alle Sicherungen, die die mittelalterliche Justiz vorsah, um Angeklagte vor Willkür zu schützen, zunichte gemacht.

Als Strafkodex dient den Richtern der *malleus maleficarum*, der so genannte Hexenhammer. Dieses Traktat juristischen

Wahnwitzes wurde Ende des 15. Jahrhunderts von zwei Dominikanern herausgebracht, die sich den Namen *domini canes*, Spürhunde des Herrn, wahrhaftig verdient hatten. Sprenger und Krämer waren in Süddeutschland bei der Hexenjagd schon recht erfolgreich gewesen, aber immer wieder auf den Widerstand der Bevölkerung gestoßen, in der man nicht einsehen wollte, dass das Land von Teufelsbuhlen verseucht sei. In ihrer Not wallfahrten die Inquisitoren nach Rom und erwirkten von Papst Innozenz VIII. eine Vollmacht. In der Bulle *Summis desiderante affectibus* erklärte der Heilige Vater, er wolle die Hexenjagd kraft seines Amtes nachhaltig unterstützen.

»Wir haben neulich nicht ohne große Betrübnis erfahren, dass es in einzelnen Teilen Oberdeutschlands und in den mainzischen, kölnischen, trierischen, salzburgischen, bremischen Provinzen und Sprengeln, in Städten und Dörfern, viele Personen von beiden Geschlechtern gebe, welche, ihres eigenen Heils uneingedenk, vom wahren Glauben abgefallen, mit dämonischen Inkuben und Subkuben [Teufeln in Manns- und Weibsgestalt] sich fleischlich vermischen, durch zauberische Mittel mithilfe des Teufels die Geburten der Weiber, das Jungen der Tiere, die Früchte der Erde, die Trauben der Weinberge, das Obst der Bäume, ja Menschen, Haus- und andere Tiere, Weingärten, Baumgärten, Wiesen, Weiden, Körner, Getreide und andere Erzeugnisse der Erde zu Grunde richten, ersticken und vernichten, welche Männer, Weiber und Tiere mit heftigen inneren und äußeren Schmerzen quälen und die Männer am Zeugen, die Weiber am Gebären, beide an der Verrichtung ehelicher Pflichten zu verhindern vermögen.«

Die einschlägige Literatur über Hexenverfolgungen und Hexenprozesse, besonders die des ausgehenden 19. Jahrhunderts, der Zeit des so genannten Kulturkampfes in Deutschland, wurde bestimmt von Angriffen auf die Katholiken, als den Hauptschuldigen an diesem Verbrechen gegen die Menschheit und Menschlichkeit. Die Wortführer, meist Protestanten, erwähnten dabei, dass ihre Glaubensbrüder nach der Reformation viele Missbräuche abgestellt hätten, vom Ablass bis zum Reliquienhandel, vergaßen aber, dass sie bei der Hexenjagd in schändlicher Eintracht mit ihren Todfeinden im Glauben geblieben waren. Die Reformierenden hatten die verdächtigen Frauen genauso verfolgt, wie es die Katholiken taten. Der Reformator selbst, Martin Luther, war hier noch ganz der ehemalige Augustinermönch, für den die Welt voll Teufel war und voll Teufelsbuhlen, die Gewitter machten, Krankheiten hervorriefen, vielerlei Schaden stifteten.

Hexenverfolgungen in diesem Ausmaß wären nicht möglich gewesen ohne den weit verbreiteten Glauben an die Hexen. Und: Ein guter Freund des *bösen Feindes* zu sein, konnte ja einiges einbringen, vorausgesetzt, man wurde nicht entdeckt; aber mit Entdeckung pflegte niemand zu rechnen, der auf ungerechten Pfaden wandelt. Der Gedanke, mit dem Teufel zu paktieren, um jenseits aller Gebote und Verbote zu erkennen, was die Welt im Innersten zusammenhält, wie Faust es ausdrückt, war für den Gebildeten so verlockend wie für den gemeinen Mann, der damit seinem Elend zu entfliehen hoffte. Der Bauernknecht, der Geselle, die Frau am Webstuhl, der Fahrende, der Bettler, der Ausgestoßene, sie mussten sich in ihrer Not oft genug vom Christengott verlassen fühlen, von einem Gott, der ihre Arbeit und ihre Gebete schlecht lohnte, der so viele Freuden für sündig erklärte und so viele Seelen auf ewig verdammte. Reichtum, Macht, leiblicher Genuss ohne Reue, sexuelle Freuden ohne Buße – dafür einst im Feuer der Hölle zu brennen, erschien manchem als ein nicht zu hoher Preis (war einem das Fegefeuer doch ohnehin gewiss).

Der Hexenprozess müsse, so die katholische Kirche heute,

»aus der Umwelt des von Dämonenfurcht und Aberglauben geplagten Menschen, von seinem irrationalen Standort her historisch gesehen werden«. Dann bewahre diese Schau vor Verallgemeinerungen, Vergröberungen, leichtfertigen Unterstellungen und überscharfen anachronistischen Wertungen.

Wer die einzelnen Fragen des »Hexenhammers« studiert, die an die Inkulpantinnen zu richten waren, sieht sich einem Abgrund von Perversität gegenüber. Die Tiefenpsychologie hat hier die Kompensation verdrängter Sexualität erkannt, die hemmungslos entfesselte Fantasie geschlechtlicher Unbefriedigtheit. Wie überhaupt ein pathologischer Frauenhass zu den Triebkräften der Hexenverfolgung gehörte. Auf den Scheiterhaufen brannten fast ausschließlich Frauen; nur jedes zehnte der etwa einer Millionen Opfer war ein Mann. Hass, Verachtung, Verunglimpfung der Frau haben den Boden bereitet, aus dem die Drachensaat der Verfolgung entspross.

Sprenger und Krämer hatten sich bemüht, eine wissenschaftliche Erklärung dafür zu bringen, warum es so wenige Hexer gebe und so viele Hexen. Sie kamen zu dem Ergebnis, dass Frauen wegen ihrer sexuellen Gier leichter verführbar waren, auch weniger fest im Glauben.

Johannes Kepler bekommt nach längerem Warten eine Antwort. Sie war höflich, ja untertänig, man spürt den Respekt, ja die Angst vor einem Mann, der den Kaiser berät; einen Bescheid über den Fortgang des Prozesses enthält die Antwort nicht. Stattdessen hält eines Tages eine Reisekutsche vor seinem Haus. Die Mutter ist aus Furcht vor den Reinbolds und ihrem Anhang nach Linz geflüchtet. Johannes ist entsetzt: Er weiß, dass man diese Reise als eine Flucht ansehen wird, als eine Handlung, geboren aus schlechtem Gewissen. Er will die Mutter zurückschicken, doch es ist zu gefährlich geworden, durch ein Land zu fahren, das am Vorabend des Dreißigjährigen Krieges steht. Die Straßen sind unsicher geworden; durch Wegelagerer, Raubgesindel und die Kriegshorden.

Kepler fürchtet sich nicht, diese Reise zu unternehmen, aber ihm fehlt das Reisegeld und die Zeit – »durch Zurückhaltung meiner Besoldung von Mitteln entblößt und durch gelehrte Beschäftigung abgehalten«. Er schreibt nun an den Vizekanzler Sebastian Faber, einen Rechtsgelehrten von Ruf, den Herzog Johann Friedrich aus dem Ausland nach Stuttgart geholt hat. Er bittet den Kanzler Sorge zu tragen, dass seine Angelegenheit nicht irgendwo mit kalter Seele abgelegt werde, bestellt gleichzeitig drei Sachwalter, teure Anwälte, in Stuttgart, Tübingen und Leonberg, wendet sich schließlich in Form eines Bittgesuchs an seinen Landesherrn.

Als treuer württembergischer Untertan, wenn auch in fremden Landen, ein Mann nicht unbekannt durch seine wissenschaftlichen Verdienste, der bei allen deutschen Fürsten Schutz finden würde, bittet er Euer Fürstliche Gnaden um Hilfe. Spott, Schimpf und Schande von seinem Namen möge er gnädigst abwenden. Ein erschütternder Brief und ein Trauerspiel, dass der große Mann sich gegenüber einem jener Serenissimi, die die deutschen Lande mit ihren Kleinstaaten beherrschten, derart prostituieren musste. Er reist nun an den Neckar, wird aber bei Hofe nicht vorgelassen, kehrt unverrichteter Dinge nach Linz zurück, muss aber gleich wieder eine Kutsche mit vier Pferden mieten: Ungeheuerliches ist inzwischen geschehen.

Katharina Kepler war, um den Nachstellungen des Vogtes und der Reinbold-Familie zu entgehen, in das Pfarrhaus in Heumaden untergekrochen, wo Schwester Margarete die Schlüsselgewalt besaß, sich auch von ihrem Mann, dem Pfarrer Binder, nicht dreinreden ließ. Binder hatte der Schwägerin Hausverbot erteilt, musste er doch fürchten wegen der Begünstigung einer Hexe selber angeklagt zu werden. Katharina lebte in ständiger Angst. Wenn draußen ein Leiterwagen vorbeirumpelte, kroch sie in eine große Truhe und wartete angehaltenen Atems, bis die Schwester dreimal hustete.

In der Nacht zum 7. August hämmert es dumpf an der Haustür. Draußen stehen zwei Männer mit Fackeln und weisen einen versiegelten Brief vor, in dem geschrieben steht, dass eine gewisse Kepler, verdächtig mit dem Teufel im Bunde zu stehen, unverzüglich in Haft zu nehmen sei. Das Versteck in der Truhe ist rasch entdeckt. Sie wird nach Leonberg transportiert, wo der Turm steht. Die Türme der Wehrbauten dienten mit dem Beginn der Inquisition als Kerker für die der Hexerei und Zauberei angeklagten Ketzer. Etliche davon stehen noch und werden von Touristen mit wohligem Schauer besichtigt.

Katharina fand sich auf einer modrigen Strohschütte wieder, auf dem Sims des verwitterten Fensterlochs einen Napf mit Gerstenbrei, von dem die Ratten sich nährten. Die Ketten, mit denen man die Delinquentin an einen Mauerring gefesselt hatte, scheuerten ihre Knöchel blutig. Sie ahnte nicht, dass sie die Fesseln 14 Monate lang werde tragen müssen. Zu den Verhören wird sie auf dem Schinderkarren zum Rathaus gefahren, begleitet von einer johlenden Menge. Die Zeugen, ob es nun der abergläubische Schneider Schmidten ist oder die zwölfjährige Tochter des Schulmeisters oder der Provisor Hecht, erweisen sich ausschließlich als wackere Belastungszeugen. Und sie glauben auch an das, was sie bezeugen: Die Keplerin sei, und das wisse inzwischen jeder, eine Hexe! Auch der Reinbold Jacob sagt das aus. Er fand es besonders schwerwiegend, dass die Beklagte während des Verhörs nicht geweint habe, wo es doch billig geschehen müsse, wenn sie sich unschuldig fühle. Das Käthchen antwortete: »Liebe Herren, hab ich so viel geweint seit Martini, dass keine Träne mehr geblieben.«

Der als Commissarius aufgestellte Stadtschreiber Coccyus

verliest die Akzeptionsschrift, begrüßt auch der Verhafteten lieben Sohn, Herrn Johannes Kepler, der persönlich aus der Fremde angereist sei. Geduldig studiert er das von Johannes eingereichte *Interrogatorium* mit seinen 122 Fragestücken. Er bemüht sich aufrichtig, die reine Wahrheit in diesem verwickelten Prozess zu erforschen. Ihm ist es zuzuschreiben, dass die Inkulpantin aus dem Turm in Leonberg in das Torstüberl von Güglingen verlegt wird, wo die zum Skelett abgemagerte, von einem schweren Husten geplagte Frau eine etwas menschlichere Bleibe findet. Sie muss auch nicht mehr von zwei Stadtknechten bewacht werden, sondern nur noch von einem. Auch der muss bezahlt werden; wie überhaupt alles zu Lasten der Inhaftierten geht. Bald war ihr kleines Vermögen aufgebraucht. Die Geschwister sind gezwungen, ein Grundstück zu verkaufen.

Kepler musste seine wissenschaftlichen Arbeiten immer wieder unterbrechen und seinen Kaiser um Urlaub bitten. Er verfasste Eingabe auf Eingabe an den Landesfürsten in Stuttgart, und die Prozessgegner taten das auch. Irgendwann musste Ihre Fürstliche Gnaden Johann Friedrich dieses ewigen Prozesses überdrüssig geworden sein. Er forderte kurzerhand die Juristische Fakultät der Universität Tübingen auf, ein Gutachten zu erstellen. Die akademischen Rechtsgelehrten empfahlen, nach langem Disput, die Delinquentin nicht peinlich zu befragen, also zu foltern, sondern ihr nur die Foltergeräte zu zeigen und ihre Wirkung zu beschreiben. Auch Galilei wurde, wie erwähnt, Jahrzehnte später zur Territio verurteilt.

An einem Septembertag des Jahres 1621 wird Katharina Kepler von zwei mit Hellebarden bewaffneten Stadtsoldaten in die Folterkammer geführt. Es ist ein gewölbter, in der Mitte durch einen Pfeiler getragener Kellerraum, an dessen Wänden Kienfackeln qualmen. Im Hintergrund steht auf einem

Podest der Tisch für die Hexenrichter. Zu beiden Seiten befinden sich zwei vergitterte Verschläge, von wo aus höhere Beamte dem Geschehen beiwohnen können, ohne gesehen zu werden. Auf einem Armstuhl sitzt der Richter. Er fragt: »Besinnt Euch, Katharina, ob ihr in Güte gestehen und Euch dem Schöpfer versöhnen wollt, oder ob das Gericht zu den Mitteln greifen muss, die den verstockten Mund der Verbrecher öffnet.«

Katharina schüttelt den Kopf. »Ich habe nichts zu gestehen.«

Auf einen Wink des Richters tritt der Scharfrichter an sie heran, Meister Jacob heißt er, fährt mit der Hand unter ihren Rock, nach einem Talisman suchend, den ihr der Teufel hätte zustecken können, um sie gegen die peinvollen Fragen immun zu machen. Er führt sie vor eine mit spitzen Nägeln gespickte Bretterwand, greift nach einer Peitsche, deren Riemen mit Bleikugeln durchflochten sind und erklärt mit tonloser Stimme: »Die bambergische Tortur. Der Rücken wird mit der Peitsche gestreichelt. Weichst du aus, fällst du in die Nägel. Und dort die Schraubstöcke für die Daumen.«

Dann kommt das mecklenburgische Instrument: »Hier wirst du mit einem Seil emporgezogen, bis die Arme aus den Gelenken gerissen sind und verdreht über dem Kopf stehen. Und der Stachelstuhl, dessen Spitzen glühend gemacht werden, bevor du darauf Platz nimmst. Mit einer Mundbirne, dort an der Wand hängt sie, werden wir dein Geschrei ersticken.«

Da war die Streckleiter mit dem gespickten Hasen, die pommersche Mütze zum Zusammenpressen des Kopfes, der Halskragen, der spanische Esel. »Den solltest du nicht im Galopp reiten, willst du nicht in zwei Hälften geteilt werden. In dem Fläschchen ist die Salzsäure, mit der wir deine Wunden beträufeln. Die Kienspäne für die Brandfolter haben wir auch, sie werden unter die Fingernägel getrieben.«

Es gab Scharfrichter, die der Delinquentin zuflüsterten, sie möge doch um des Herrgotts willen irgendetwas gestehen. Was auch immer. Lieber gleich zu Anfang; denn »singen« werde sie auf jeden Fall. Einer der ihren hatte im Gasthaus geprahlt: »Gebt mir den Papst und nach einer halben Stunde wird er bekennen, dass er ein Ketzer ist, ein Zauberer, ein Hexer.«

Der Richter dreht die Sanduhr um. »Inkulpantin, ich ermahne dich ein letztes Mal. Gib Gott die Ehre und befreie dich durch dein Bekenntnis von den dir drohenden Qualen und dem Tod.«

Zitieren wir aus dem originalen amtlichen Bericht. »Sie hatte jedoch nichts bekennen wollen, sagte nur, man mache mit ihr, was man wolle und wenn man ihr eine Ader nach der anderen aus dem Leib ziehen sollte. Damit ist sie auf die Knie gefallen, hat ein Vaterunser gebetet, vermeldend, Gott solle ein Zeichen tun, wenn sie eine Hexe sei.«

Sie stürzte ohnmächtig auf den steinernen Boden, blieb bewegungslos liegen. Der Richter und seine Beisitzer erschraken. Eine *territio*, die zum Tod der Delinquentin führte, dafür würde man sie zur Verantwortung ziehen. Auch hatten sie besagte Delinquentin nicht darauf hingewiesen, dass es sich nur um eine *territio verbalis* handele, an deren Ende keine Folter stünde.

Herzog Johann Friedrich verfügte ihre Freilassung – ob der durch die »Schreckung« erfolgten Reinigung. Johannes Kepler besuchte seine Mutter in ihrem Kerker, in dem sie noch immer angekettet war, weil sich der Schlüssel so schnell nicht finden ließ. Er hat später in einem Brief an einen Freund geschrieben, dass man ohne sein Eingreifen mit der Mutter nicht viel Federlesens gemacht hätte. Seine Hilfe war gewiss lebenswichtig im wahrsten Sinne des Wortes. Doch entscheidend war das todesmutige Verhalten Katharina Keplers in der Folterkammer. Hier war die zum Skelett abgemagerte Frau über sich selbst hinausgewachsen. Sie hatte über alle ihre Feinde triumphiert. Sie bezahlte diesen Triumph mit ihrer Gesundheit. Die Lebenskraft war verbraucht und so starb sie ein halbes Jahr nach ihrer Entlassung am 13. April 1622.

Die Reinbolds und ihre Clique verdienten nichts an diesem Prozess; es gab nichts einzuziehen, zu beschlagnahmen und das Vermögen unter den Denunzianten zu verteilen. Sie verdienten nicht nur nichts, sie mussten sogar zahlen: Die Kosten der Gerichtsverhandlung und der Verhöre waren zu begleichen; die Beisitzer und der Henker wollten ihr Geld. Katharina konnte ihr Haus und ihr Grundstück bewahren. »Sie war eben doch eine Hexe; ohne ihre Zauberkünste wär's ihr nicht gelungen!« In ohnmächtiger Wut schreiben sie es an den Rand der Akte. Es interessierte niemanden mehr.

Clara Schumann

Die Musik und Robert

»In Sachen des Komponisten Robert Schumann und der Kammervirtuosin Clara Wieck« heißt es in der Eingabe an das Hohe Königliche Appellationsgericht zu Leipzig: »Sie klagen gegen den Instrumentenhändler Friedrich Wieck, der beschuldigt wird, die Einwilligung zur Verehelichung der Kläger zu verweigern.«

Über etwas noch nie Dagewesenes sollen die Richter hier entscheiden: Ein junges Paar, in gesicherten finanziellen Verhältnissen, guten Rufs und einwandfreien Leumunds, allgemein beliebt und sich liebend, ihrer Kunst wegen in Europas Konzertsälen gefeiert, ist gezwungen den Gang zum Gericht einzuschlagen, fehlen doch Clara zur Erreichung der Volljährigkeit einige Monate.

In ihrer Eingabe heißt es, und man liest es nicht ohne Rührung: »Das Band, welches gegenseitige zärtliche Neigung um unsere Herzen geschlungen und eine hiernach beabsichtigte eheliche Verbindung geknüpft zu sehen, ist unser lebhaftester kindlicher Wunsch; allein die Hoffnung auf Erfüllung scheitert, der wiederholten Bitten ungeachtet, an der entschiedenen Weigerung Herrn Friedrich Wiecks allhier, unseres Vaters. Wir sind uns bewusst, die Pflichten gegen ihn niemals verletzt zu haben und müssen daher vermuten, dass er die erflehte Einwilligung zu unserer Verbindung nur aus persönlichem Widerwillen gegen den gehorsamst mitunterzeichneten Robert Schumann verweigert. Wir bitten, Herrn Wieck zur Erteilung seiner väterlichen Zustimmung wohlwollend zu veranlassen.«

Das Gericht ordnet einen Sühnetermin an. Clara sagt sofort zu, denn trotz allem liebt sie ihren Vater; sie weiß, dass sie ihm viel verdankt. Die Erziehung, den Unterricht, seine nimmermüde Fürsorge, all das hat sie zu dem gemacht, was sie heute darstellt: Europas berühmteste Klaviervirtuosin. Clara ist *sein* Werk, oder wie er es bisweilen ausdrückt, sein Produkt. Und diese Clara soll er einem Mann überlassen, dessen Kompositionen zu verquer sind, um erfolgreich zu sein. »Hier ist ein Mann, der im höchsten Grade träge, unzuverlässig, unfügsam, trotzig, widerspenstig, eigensinnig, kindisch, unmännlich, mit einem Wort für das Leben verloren ist, der nicht verständlich sprechen und nicht leserlich schreiben, sich in kein Verhältnis fügen und nichts zu rechter Zeit tun kann, der seine Zusagen und Versprechungen nicht hält und der musikalischen Virtuosität abhold ist ...«

Woher er das alles wissen wolle? Nun, schließlich habe besagter Schumann ein Jahr bei ihm gewohnt, habe Unterricht gehabt im Klavierspiel, wo er sich wenig begabt gezeigt habe. Mit einem Wort: Eine Verbindung mit seiner Tochter Clara müsse die Quelle namenlosen Familienunglücks werden.

Die Mühlen der Justiz mahlten, wie eh und je, langsam. Wieck versteht es, mit immer neuen Eingaben, ein Urteil hinauszuzögern. Die beiden Liebenden leiden. Er verfällt in tiefe Melancholie, wird von dem Gedanken gepeinigt, die Gegenpartei werde nicht davor zurückschrecken, die »Sonnenjünglinge« ins böse Spiel zu bringen, junge Männer, mit denen er sich umgeben hatte. Und was war mit den möglichen Vaterschaften, mit den Besuchen bei seinem verschwiegenen Hausarzt? Die Neigung zum Trunke ist ihm bereits vorgeworfen worden; worunter wohl sein gelegentlicher Abendschoppen im Leipziger »Coffeebaum« gemeint war. Clara leidet nicht nur seelisch, sie ist plötzlich von einer Trigeminusneuralgie überfallen worden, ein schmerzhaft, quälender Anfall der Gesichtsnerven (Bismarck pflegte in solchen Fällen den Diener um die Pistole zu bitten). Am liebsten würde sie sich hinlegen und sterben.

Doch sie ist, wie immer, viel härter. Sie hat Contenance, anders hätte sie ihre »Brautzeit«, was man hier in Anführung setzen muss, nicht durchgestanden. Das Dienstmädchen steht im Sold des Vaters, leistet Spitzeldienste. »Sei punkt 9 Uhr vor unserem Fenster«, heißt es in einer Nachricht an Robert, der längst Hausverbot hat. »Winke ich mit einem weißen Tuch, so gehe langsam hinauf nach dem Neumarkt, ich komme dann nach und gehe mit Dir.« Die Tinte, in die sie die Gänsefeder taucht, ist oft zerlaufen. »Ich weiß nicht, wo mir der Kopf steht – ach, und die Tränen laufen heut unaufhaltsam und so bitter.« Robert schmuggelt ihr einen Brief zu. »Du verwehrst mir doch nicht, dass ich alle Abende von ¼ bis ½ 10 an Deinem Fenster auf- und abgehe. Höre ich Dich spielen, so soll mir das ein gutes Zeichen sein, und ich gehe zweimal auf und nieder.« Als ein befreundeter Arzt sie besucht hat, wird sie zum Verhör in die Bibliothek bestellt und ihre Handtasche ausgeleert.

Clara ist inzwischen neunzehn geworden. Sie wirkt scheu, zurückhaltend, aber dahinter verbirgt sich eine leidenschaftliche Natur. Sie liebt und *verehrt* ihren Robert, aber sie *begehrt* ihn auch. Doch zu mehr als zu einer Umarmung und zu einem leidenschaftlichen Kuss reicht es nicht. »Das feine hübsche Gesicht mit den etwas fremdartig geschnittenen Augen, der freundliche Mund mit dem sentimentalen Zug, der dann und wann etwas spöttisch oder schmerzlich sich verzieht«, heißt es bei Litzmann, Hofbiograf genannt, der sie noch persönlich gekannt hat, »alles das erweckte den Eindruck, als wisse das Kind eine lange auf Lust und Schmerz gewobene Geschichte zu erzählen ...«

Vater Wieck arbeitet mit jedem Mittel. Spürt er, dass Robert sich einem anderen schönen Mädchen zuneigt, versucht er diese Neigung zu fördern. In einem seiner Briefe an den verhassten Schwiegersohn in spe rechnet er Taler für Taler, Zinsfuß für Zinsfuß vor, was der verdienen müsse, um eine Familie zu ernähren. Die Musikzeitschrift, die Schumann herausgibt, bringt ihm per anno 624 Taler. Als Dirigent ist er nicht gefragt; als Solist nicht mehr. Musikalien, die er verkauft, würden maximal 200 Taler bringen. Nebenarbeiten durch Komposition etwa 100. Das alles reichte nicht hin und nicht her. Natürlich könne Clara durch eine einzige Kunstreise das Mehrfache verdienen. Doch wer würde diese Reise organisieren?

Agenten, die das an Ort und Stelle taten, gab es noch nicht. Dem Künstler wurde alles selbst überlassen: die Bestellung der Kutsche, die Mietung des Saales, der Druck der Programme, das Stellen der Stühle; die privaten Konzerte, die man vorher in den Salons der führenden Familien geben musste; die Abrechnung der Eintrittskarten; der Aufenthalt in Hotels, in den besten am Platze natürlich. Schumann wäre dazu nicht fähig, Clara mit der Doppelaufgabe überfordert: Künstlerin und Veranstalterin in einem zu sein. Bisher habe *er* als Vater ja alles gemacht. Außerdem würde sie schwanger werden, in den Abständen, die die Natur gesetzt.

»Meine innigst geliebte Tochter«, schreibt er, was heuchlerisch klingt, denn er liebt sie nicht mehr. »Trotz aller Bedenken gebe ich meine Einwilligung unter folgenden Bedingungen. 1.) Dass Ihr solange ich lebe und in Sachsen wohnen bleibe, nicht in Sachsen leben wollt. 2.) Dass ich von Deinem Vermögen 2000 Taler behalte, sie Dir mit 4 % verzinse und Dir das Capital erst nach 5 Jahren auszahle. 3.) Dass Schum. nie Zuflucht in meinem Haus und Unterstützung sucht. 4.) Dass Du nie Anspruch machst von mir Geld erben zu wollen, da mein Vermögen meine anderen Kinder erben sollen, deren musikalisches Talent ich nicht ausbilden konnte, weil ich mein ganzes Leben Dir zugewendet.«

Die Bedingungen können weder Robert noch Clara annehmen. Er beginnt diesen Mann zu verabscheuen, ihr tut er leid. Sie hält selbst dann zum Vater, als er die Herausgabe ihres gesamten Eigentums verweigert, ja selbst den warmen Wintermantel nicht hergeben will. *Wer* wolle den haben? Clara Wieck? Er habe zwei Töchter, eine Clara kenne er nicht. Die vom Vater verstoßene gibt trotz aller Widerstände Konzerte, stellt fest, dass sie immer noch sehr gefragt ist. »Es ist wohl wahr, was der Vater sagt, ich verliere meine schönsten Jugendjahre. Bin ich erst verheiratet, so können tausend Hindernisse eintreten, dass ich nicht reisen kann.« Nicht reisen hieße nichts verdienen. Ein gewisser Herr Schwarz, Superintendant seines Zeichens, leiht das Klavier. Es ist, wie so oft, ein Klapperkasten. Die erste Station heißt Weimar. Clara konzertiert vor der Großherzogin, die die Kaiserin von Russland zu Gast hat. »Während der Musik unterhielt sich die Zarin fortwährend und etwas Hundegebell kam auch dazwischen (ein königlicher Hund wahrscheinlich, denn man hinderte ihn nicht).«

Weimar, dreizehn Jahre war sie alt, als sie im Haus am Frauenplan dem alten Goethe vorspielen durfte. Er hatte geäußert, dass man über ihr Spiel die Komposition vergesse. »Und Kraft hat das Mädchen, mehr Kraft als sechs Knaben zusammen.« Seine Worte hatten ihr damals überall die Türen geöffnet.

Das Urteil des Appellationsgerichts war noch immer nicht erteilt, doch Clara und Robert waren zuversichtlich und begannen über ihre nähere Zukunft zu beraten. Wo wollte man überhaupt leben? In Dresden? Doch lieber nicht. Hier wurde das Leben zu sehr vom Hofe bestimmt; ein Jahr an der Elbe und man wäre als Künstlerin vergessen; Zwickau, wo Robert geboren wurde? Wohl allzu provinziell. Bliebe also Leipzig, die Stadt, wo Polyhymnia, die Muse der Musik, daheim war. Clara wäre jedoch am liebsten gereist. Nach England, wo ein besonders musikinteressiertes Publikum auf sie wartete; nach Paris, einer Stadt, die einer Konzertreise immer wert war. Am meisten hätte sie Petersburg gereizt, eine Metropole, von der alle schwärmten, die dort jemals aufgetreten waren.

Robert reiste nicht gern. Er fühlte sich am wohlsten in seiner gemütlichen Wohnung. »Das erste Jahr unserer Ehe sollst Du die Künstlerin vergessen, sollst nichts als Dir und Deinem Hause und Deinem Mann leben, und warte nur, wie ich Dir die Künstlerin vergessen machen will – nein, das *Weib* steht doch noch höher als die Künstlerin.« Dass es für seine zukünftige Frau eine Zumutung bedeutete, das Heimchen am Herd zu spielen mit gelegentlicher Unterbrechung durch Konzerte, schien er nicht zu begreifen. Clara war, wie man heute sagen würde, ein Profi. Ohne diese Professionalität ausleben zu können, wäre sie verdorrt.

Noch einmal musste man vor Gericht. Wieck hatte inzwischen alles, was er gegen dieses abgefallene, verworfene, boshafte Mädchen namens Clara vorzubringen hatte, in Form eines Rundbriefs unter die Leute gebracht. Was ihm mehr geschadet als genützt hatte. Am schädlichsten war sein Auftritt: Er wurde derart ausfällig, dass der Präsident ihm schließlich das Wort verbot. Für seinen Vorwurf, der Kläger sei trunksüchtig, hatte er so renommierte Männer wie Mendelssohn, David, Graf Reuß vor Gericht zitiert. Vergeblich. Anfang August 1840 erteilte das Gericht die Erlaubnis zur Eheschließung, Clara notiert in ihrem Tagebuch: »Noch 10 Tage Frist hat der Vater zum Einspruch. Der Himmel gebe nur, dass er es lasse.« Am 12. September stehen der Dr. Schumann und die Jgfr. Clara Josephine Wieck vor dem Altar der St. Nicolaikirche in Leipzig.

In der Woche darauf findet sie auf ihrem Nachttisch ein

kostbar eingebundenes Buch mit dem geprägten Titel EHETAGEBUCH. »Jeder Partner möge«, schreibt der frischgebackene Ehemann, »im Wochenwechsel von seinen Erlebnissen berichten, seine Wünsche und Hoffnungen bekennen. Auch soll es sein ein Büchlein der Bitten, die wir aneinander zu richten haben, wenn wir uns in etwas verkannt haben. Eine Zierde des Tagebüchelchens soll die Kritik unserer künstlerischen Leistung sein.« Der praktischen, prosaischeren Clara mag manches ein wenig zu viel gewesen sein an Gefühlsüberschwang, doch noch war sie dankbar dafür, dass ein so großer Geist sie duldete.

Duldung brauchte sie auch für ihre Künste als Haushälterin. Kochen konnte sie nicht; die Mutter, die extra zu ihr gezogen war in die Wohnung in der Leipziger Inselstraße, um es ihr beizubringen, gab bald auf. Die Tochter lernte es nicht. Wozu gab es Köchinnen. Immerhin trug sie in rührender Weise ein weißes Spitzenhäubchen, wenn Gäste kamen. Meist schwebte sie in tausend Ängsten, ob sie ihrem Mann auch keine Unehre mache, der Tisch zierlich gedeckt sei und die Bestecke proper gelegt. Ängste stand sie auch aus, wenn sie Klavier übte. Die Wände waren dünn, die Decken leicht. Gewiss würde sie Robert beim Komponieren stören. Er war äußerst geräuschempfindlich, besonders am Morgen, aber gerade die Morgenstunden, vor Tag und Tau, waren ihr die liebsten Stunden. Blieb der Abend, wenn der Gemahl ausgegangen und bei Poppe sein Braunbier trank.

Konzerte lehnte sie ab. Ein Mitglied des Gewandhaus-Direktoriums empfing sie, aber zu einem Auftritt ließ sie sich nicht überreden. Auch andere Veranstalter klopften vergeblich an ihre Tür. Sie blieb brav, ihrem Versprechen gemäß. Doch mit der Bravheit ist es sofort zu Ende, als sie im Ehetagebuch lesen muss, dass eine blutjunge Pianistin aus Flensburg, Amalie Rieffel mit Namen, *seine* Kompositionen exakter spiele als Clärchen, wie er sie plötzlich nennt. Sie erstickt förmlich vor Eifersucht. Als sie auf die Eintragung stößt, wonach ihm trotz allen Mühens nichts Rechtes mehr gelingen wolle beim Komponieren, fragt sie ihn, ob es daran liege, dass sie nun verheiratet seien. Sie leidet unter seiner Kälte im täglichen Umgang und unter seiner Strenge, wenn er sie unterrichtet.

Stücke aus dem Wohltemperierten Klavier von Bach werden einstudiert, Beethovens Appassionata, Mendelssohn-Bartholdy, eigene Arbeiten. Er lobt sie und lobt sie, aber das Lob kann sie nicht trösten. Da ist immer noch die Rieffel, und Clara entschließt sich irgendwann zur Gegenwehr. Sie lädt die 18-Jährige zum gemeinsamen Spiel, setzt sich dann an den Flügel und spielt eine Stunde lang ihre Bravourstücke. Ein Orkan fegt über die arme Amalie hinweg, sie fängt an zu weinen, zerbeißt ihr Spitzentuch, verlässt schließlich den Raum.

Über die Rieffel sprach niemand mehr. Clara hatte bald andere Sorgen: Sie war schwanger. Was war nun mit ihren Reiseplänen? Immer wieder hatte sie versucht, Robert zu einer Tournee nach Holland und Belgien zu überreden. Vergeblich. Eines Tages meldete sich der Adjutant des Zaren. Habe sie nicht Lust, in St. Petersburg zu konzertieren? Sie vertröstete ihn auf einen späteren Zeitpunkt. Das Mädchen, das sie zur Welt brachte, nannte sie Marie.

War sie glücklich? Eher erleichtert. Eine glückliche Mutter hätte nicht darüber nachgedacht, nun den ganzen Winter trübselig herumzusitzen und nichts zu verdienen! »Ach, ich komme bald in die Vergessenheit und in einigen Jahren, wenn wir vielleicht eine Reise machen wollen, wer weiß, was da anderes die Leute beschäftigt?« Finanziell ging es den Schumanns nicht gut. Keine Reise, keine Einnahmen. Und Robert verdiente mit seiner Musikzeitschrift und seinen Kompositionen bei weitem nicht die 2000 Taler, die er vor Gericht angegeben hatte. Er hatte sogar das »Capital« angreifen müssen, sein väterliches Erbe.

Clara hat in der erzwungenen Zeit ihrer Untätigkeit erkannt, dass sie ohne ihr Klavierspiel nicht lebensfähig ist. Sie ist mit Robert verheiratet, gewiss, aber sie ist auch mit ihrem Instrument verheiratet. Sie will spielen, sie muss-muss-muss spielen. Sie braucht, wie erwähnt, die Selbstverwirklichung. Und sie entscheidet sich: Robert bleibt in Leipzig, eine Köchin, ein Dienstmädchen und ein Kindermädchen sorgen dafür, dass ihm zum Komponieren genügend Zeit bleibt. So wird es gehen, tröstet sie sich, denn selbstverständlich spürt sie hier das Gewissen schlagen. Ihre eigenen Versuche auf diesem Gebiet, von Robert immer wieder angeregt, erwünscht, ja verlangt, waren gescheitert. Drei Lieder hatte sie zustande gebracht und ihm zum Weihnachtsfest überreicht. »Sei gnädig, mein Freund, und schone diese schwache aber mit viel Liebe gespendete Gabe.«

Was Klavierspiel wirklich bedeutet, hatte sie vor zwei Jahren durch Franz Liszt erfahren. Er ist mit keinem Spieler zu vergleichen – steht einzig da! Er erregt Schrecken und Staunen. Seine Erscheinung am Klavier ist unbeschreiblich – er ist das Original. Seine Leidenschaft kennt keine Grenzen, nicht selten verletzt er das Schönheitsgefühl, indem er die Melodien zerreißt. Bei einem Konzertstück von Weber sprengt er drei Messingsaiten. »Kling, klong. Seine Bewegungen gehören zu seinem Spiel und stehen ihm schön an. Er zieht einen in sich hinein – man geht mit ihm unter.«

Clara reist mit dem Dampfschiff und mit der Eisenbahn. Die Schienenwege begannen sich spinnennetzgleich über ganz Europa auszubreiten. Wozu man mit der Postkutsche Tage gebraucht hatte, benötigt man jetzt Stunden. Menschen, die ihr ganzes Leben nur den Kirchturm ihres Heimatortes gesehen, konnten nun die Welt erleben. Noch hielt die Diagnose mancher Ärzte, wonach der menschliche Organismus einer Geschwindigkeit von 30 Kilometer pro Stunde nicht gewachsen sei, viele vom Eisenbahnreisen ab.

In Kiel besteigt sie den Raddampfer »Christian der Achte« mit dem Ziel Kopenhagen. Die Dänen empfingen die berühmte Virtuosin, von der sie viel gehört, die aber nur wenige erlebt hatten, mit herzerwärmender Freundlichkeit. Ein Empfangskomitee erschien bereits an Bord des Schiffes, darunter eine Pianistin und eine Liederkomponistin. Man war, was die moderne Frau betraf, schon etwas weiter hier als im provinziellen Deutschland. Hans Christian Andersen, der berühmte Märchendichter (»ein liebenswerter, aber ungemein hässlicher Mann«), gab sich verliebt. Ein Musikalienhändler organisierte die Konzerte, die ein volles Haus brachten. König und Königin baten sie beim Hofball an ihren Tisch und schoben diskret eine Brillantbrosche unter ihre Serviette.

Trotz der erst kurzen Zeit der Trennung, begann sie sich bereits nach Robert zu sehnen. In dem schneeweißen Himmelbett im Royal wurde sie morgens von starker sexueller Begierde geplagt, wie sie schrieb. Bei dem romantischsten Liebespaar Deutschlands, wie sie in Dänemark genannt wurden, hat die körperliche Liebe immer eine große Rolle gespielt. Wobei sie die aktivere Partnerin war. Sie könne ihm manchmal vor lauter Liebe ein Leid antun. Statt ruhiger, wie man in der Ehe zu werden drohe, werde sie immer feuriger. »Mein armer gepeinigter Mann.« Sie ist bereits wieder schwanger, bringt 1843 die Tochter Elise zur Welt, 1845 die Julia, 1846 den Sohn Emil; es folgen Ludwig und Ferdinand und Felix.

Daheim beginnen die alten und die neuen Sorgen. Die nicht beglichenen Rechnungen bei Poppe, das Geld, das Robert im Spiel mit einem seiner Sonnenjünglinge verloren hat, sind Petitessen, verglichen mit seinen immer häufiger auftretenden depressiven Zuständen, den Nervenkrisen, wie man es nannte. Immer tiefer versinkt er in sein Schweigen. Seine Kompositionen werden vom Publikum nicht so anerkannt, wie sie es verdient hätten. Richard Wagner, der ihn besucht, schreibt: »Er blieb so gut wie stumm eine Stunde lang. Man kann doch nicht immer allein reden. Ein unmöglicher Mensch!«

Und dann findet sie auf dem Frühstückstisch die Zwölf Gedichte von Rückerts Liebesfrühling, das einzige Gemeinschaftswerk von Clara und Robert Schumann. Er hat drei ihrer Lieder ausgewählt: »Er ist gekommen im Sturm und Regen« – »Warum willst du andere Fragen?« – »Liebst du um Schönheit?«

Clara weint vor Freude.

Und kurz darauf liegt ein weiterer Umschlag neben ihrem Gedeck. Sie vermag nicht zu glauben, was dort geschrieben steht: Der Vater möchte sich mit ihr versöhnen; sie möge nach Dresden kommen und ihres Mannes »Quintett« spielen. »Bei dem Spiel will ich Dir übrigens umwenden, wenn Du noch zufrieden mit mir bist. Dein Mann wird mit mir einverstanden sein, dass wir von allem, was vorgegangen, zu niemand sprechen.« Clara hat immer versucht, den bösen Zwist mit dem Vater zu verdrängen. Vergeblich. Das Unterbewusstsein gab ihn immer wieder frei. Nun ist sie erleichtert. »Gott weiß, mein Herz war immer dankbar gegen Dich, verehrter Vater.«

Sie entsann sich ihres ersten Aufenthaltes in Paris – mit dem Vater. Diese für sie ungeheuerliche Stadt mit den hohen Häusern, den breiten Boulevards, den Parks und Palästen; den Konzerten, die nur von Prinzen, Gesandten, Ministern besucht wurden, dem englischen Flügel, den Begegnungen mit Dumas, Heine, Berlioz, Chopin – und Liszt, der später über sie schrieb: »Ihr Talent entzückte mich. Perfekte Beherrschung der Technik, Tiefe und Wahrheit des Gefühls und eine durchaus edle Haltung. Das ist es, was sie aus allen anderen heraushebt.« Sie war dreizehn damals und galt als Wunderkind. Etliche Wunderkinder gab es damals auf den Konzertpodien. Je jünger sie waren, umso mehr wurden sie gefeiert.

1834 gelingt es Clara endlich, ihren Mann zu der so lange geplanten Russlandreise zu überreden. Petersburg! Es geht über Berlin und Königsberg, Mitau, Tilsit, Riga und Dorpat. Die Hotels sind elend, die Konzertsäle schlecht geheizt, die Kälte schwer erträglich. Doch die Menschen sind von überströmender Freundlichkeit und unvorstellbar hilfsbereit; die Poststationen überraschend komfortabel mit ihren breiten Betten, in denen man sich immer wieder erholen kann. Robert liegt oft unter diesen hoch aufgetürmten Kissen. Er ist nicht eigentlich krank, er ist leidend; leidet als Monsieur Wieck und wenn ihm die Frage gestellt wird: »Haben Sie auch etwas mit Musik zu tun?«, möchte er sich am liebsten unter dem Sofa verkriechen.

Sie reisen mit dem Schlitten, mit der Postkutsche, mit der Diligence, einer zwölf Personen fassenden Riesenkutsche. Geht der Weg bergauf, steigt alles aus, stapft neben dem Wagen her. Wodka wird ausgeschenkt und das Wässerchen macht manches erträglich, auch die Überquerung der zugefrorenen Flüsse, deren Eis kracht und poltert. »Wölfe«, sagt der Kutscher und zeigt auf die meilenlangen Birkenwälder, aber man hört nur ihr Geheul. In den größeren Städten gibt Clara Konzerte, so in Riga, wo ihr das berühmte Schwarzhäupterhaus, ein spätgotischer Prachtbau, die ideale Bühne bietet für Beethoven, Liszt, Schubert. Robert hatte bei einem Spaziergang durch die Altstadt ein Lesezimmer entdeckt, in dem auf langen Tischen internationale Zeitungen auslagen. Doch die Artikel, die ihn interessierten, waren von der Zensur geschwärzt.

Vor jedem Konzert müssen die trotz des aus Zobel gefertigten Muffs erstarrten Finger warm gespielt werden: mit Tonleitern im Crescendo, mit Legato und Stakkato, Trillern und

Arpegien. Wie rasend geht es die Tonleiter hinauf und hinunter. Die Zimmernachbarn klopfen an die Wand. Sie bekommen Freibillets, damit sie friedlich bleiben.

Und endlich, endlich taucht im kalten Licht der Sonne das Triumphtor von Petersburg am Horizont auf. Von Straße zu Straße wird die Stadt großartiger, bis sie mit dem Newski Prospekt ihren architektonischen Höhepunkt erreicht. Hier promeniert in den Nachmittagsstunden die feine Welt, rollen die Wagen über das elegante Holzpflaster. Das Newaufer mit den Palästen der kaiserlichen Familie, der Gostiny Dwor, Pulsader des geschäftlichen Lebens, der Winterpalast, die große Morskaja, die Millionaja, der Lieteinij-Prospekt – was für eine Stadt! Sie logieren im Hotel Coulon. Ihr eigentlicher Mittelpunkt bleibt das Palais des Fürsten Wiegorski. Als der Graf Alexej Lwow sie aufsucht, einer der Repräsentanten des Petersburger Musiklebens, den Clara seinerzeit in Leipzig hatte vertrösten müssen, ist Robert beglückt und blüht förmlich auf. Lwow ist ein Verehrer auch seiner Musik. Nach einer einzigen Probe dirigiert Schumann seine B-Dur-Sinfonie mit einem eilig zusammengestellten Orchester.

Clara spielt im Engelhartschen Saal vor elitärem Publikum Beethovens Leonoren-Ouvertüre, das g-moll-Klavierkonzert von Mendelssohn und Schumanns Quintett in Es-Dur, gesellschaftlicher Höhepunkt ist die Einladung der Zarenfamilie ins Winterpalais. »War nur ein kleiner Kreis versammelt im Wohngemach der Kaiserin, genannt das goldene Zimmer. Die 3 Prinzessinnen, Olga, Marie, Alexandrine entzückten mich wie lange keine Schönheiten. Der Zar, ein wohlgestalter Mann, war auch zugegen. Das Frühlingslied von Mendelssohn musste ich 3mal hintereinander spielen.« Sie kehrte höchst befriedigt zu Robert zurück, der im Hotel geblieben war. »Kränkungen nicht zu ertragen«, hatte er ins Tagebuch geschrieben. Clara ist ratlos.

Am Tag vor der Abreise machte Robert Kasse. Das letzte Konzert hatte noch einmal 1 000 Silberrubel gebracht. Dieter Kühnel hat die finanziellen Belange einer solchen Reise – im Gegensatz zu den meisten Schumann-Biografien, denen solche Berechnungen allzu nüchtern sind – sorgfältig anhand der Haushaltsbücher überprüft. Demnach betrugen die Einnahmen 4560 Taler, abzüglich der Reisespesen, Hotelkosten, Versicherungen, Saalmieten in Höhe von 1674 Taler, blieb als Reingewinn 2886 Taler. Gezahlt wurde in klingenden Münzen. Hundert Taler hatten ein Gesamtgewicht von 1670 Gramm, also mehr als anderthalb Kilo geprägtes Silber. Dem Reinverdienst der Russlandtournee entsprächen demnach knapp 50 Kilo Silbermünzen. Ein märchenhafter Sack voll Geld. Zu schwer, um ihn mitzunehmen, zu gefährlich, um ihn ohne militärische Bedeckung zu transportieren. Das Geld wurde bei einem Geschäftspartner des Bankhauses Mendelssohn eingezahlt. Die Kaufkraft dieser Summe ist schwer zu berechnen, das Umrechnungsverfahren kompliziert und bleibt unzuverlässig. Kühnel bleibt bei seiner Grundformel, wonach ein Silbertaler 40 Euro entspräche; macht 115 000 Euro.

Wieder in der Heimat, fiel es den Schumanns schwer, sich an Leipzig zu gewöhnen. Alles schien ihnen so beengt, so provinziell. Dazu kam Roberts immerwährendes Unwohlsein: unseliges melancholisches Befinden, Kopfweh, schließlich gänzliche Abspannung der Nerven. Er schlief keine Nacht mehr. Seine Fantasie malt ihm die schrecklichsten Bilder. Des morgens lag er in Tränen aufgelöst im Bett. Clara schlug einen Ortswechsel vor. Wie wäre es mit Dresden? Die Eisenbahn machte es möglich; in vier Stunden war man dort mit Sack und Pack. Es war ein unglückseliger Entschluss. Dresden erwies sich in musikalischer Hinsicht als ein wahres Krähwinkel und bedeutete für einen Musiker eine elende Existenz. Dass Richard Wagner hier die Hofkapelle dirigierte, änderte nichts daran. Sie blieben Fremde in dieser schönen Stadt – und wohnten doch sechs Jahre dort. In dieser Zeit gebar sie ihrem Mann sechs Kinder. Kaum war sie aus dem Wochenbett heraus, war sie wieder schwanger. Die Abstände zwischen den Geburten verkürzten sich von zwei Jahren auf zwölf Monate.

Der Hausarzt Dr. Helbig stellte fest, dass die Nervenkrisen seines Patienten durchaus ernst zu nehmen seien, seine Potenz aber davon nicht in Mitleidenschaft gezogen sei. Das große »F« mit dem leicht nach oben weisenden Mittelbalken findet sich nach wie vor häufig im Ehetagebuch. In der Geschichte des privaten Lebens von Philippe Ariès heißt es: »Der bürgerliche Mann brauchte ermutigende Zeichen seiner Potenz, den mathematischen Beweis seiner Regelmäßigkeit. Die Tatsache, dass Flaubert seine einschlägigen Heldentaten addierte, dass Victor Hugo seine Orgasmen zählte u.a., lässt vermuten, dass die Art der Sexualbuchhaltung in diesen Kreisen verbreitet gewesen sein muss.« Und keineswegs nur in Frankreich.

Verhütung interessierte den Mann auch im 19. Jahrhundert nicht, obwohl inzwischen Kondome aus tierischer Dickdarmhaut bekannt waren. »Claras Gewissheit« notierte Robert beim Ausbleiben ihrer Regel. Wenn sie dann seufzte »Schon wieder«, tröstete er sie: Viele Kinder seien doch ein rechter Segen.

Das »F« spielte noch eine Rolle, als es darum ging, die immer wieder auftauchende Legende zu widerlegen, Brahms sei der Vater des Jungen, den Clara im Juni 1854 zur Welt brachte. Sowohl das Datum als auch die Eintragung »Claras Gewissheit« im Tagebuch sprechen gegen diese Auslegung. Kein spontaner Beischlaf also in einem Gasthof, wie gefaselt wurde, dafür aber ein Blitzschlag der Liebe, bei der ersten Begegnung in ihrer Wohnung in Düsseldorf, wohin sie übergesiedelt waren. »Dieser Tag brachte uns eine wunderbare Erscheinung in dem 20-jährigen Komponisten Brahms aus Hamburg. Das ist wieder einmal einer, der kommt, wie eigens von Gott gesandt! Er spielte uns Sonaten, Scherzos von sich, alles von überschwänglicher Phantasie, Innigkeit der Empfindung und meisterhaft in der Form.« Es sei wirklich rührend, schwärmte sie weiter, wenn man diesen Menschen am Klavier sehe mit seinem interessant jugendlichen Gesicht, das sich beim Spielen ganz verkläre, seiner schönen Hand, die mit der größten Meisterschaft alle Schwierigkeiten besiege. »Das, was er uns gespielt hat, ist so meisterhaft, dass man meinen müsste, den hätte der liebe Gott gleich so fertig auf die Welt gesetzt.«

Mit seinen Kompositionen wirkte Brahms derart belebend auf die Schumanns, dass sie eine musikalische Aufbruchstimmung spürten, eine vollkommene Ergänzung dessen, was sie in der Kunst immer angestrebt hatten. Robert, reiseunlustig wie immer, war diesmal sofort bereit zu einer Tournee durch Holland. Zwölf Konzerte brachten Orchester- und Kammermusikwerke Roberts zur Aufführung. In Rotterdam, wo Schumann seine dritte Symphonie dirigierte und Clara sein a-moll Konzert spielte, zogen Hunderte von Sängern mit Fackeln vor ihr Hotel. In Haag schmückte das Ensemble Robert mit einem Lorbeerkranz. Berthold Litzmann, dem wir das umfassendste Buch über Clara verdanken, schreibt mit dem Pathos des ausgehenden 19. Jahrhunderts: »Dies Bild möchte man festhalten, es ist wie ein verklärendes Symbol dieser künstlerischen Gemeinschaft. Was beide erstrebt und erkämpft und ersehnt, erschien hier reine Menschlichkeit geworden; ein Ideal, zu dem Clara nicht ohne innere Kämpfe als Robert Schumanns Frau herangereift war.«

Sie hatte auf dieser Tournee noch drei Beethoven-Sonaten gespielt, mehrere Werke von Chopin, von Mendelssohn, die üblichen Virtuosenstücke von Scarlatti, Henselt, Heller – alles in allem ein ungeheures Programm.

Beide kehren voll innerer Freude nach Düsseldorf zurück, werden fröhlich von den Kindern begrüßt; man trinkt zusammen mit Brahms und dem treuen Freund Joseph Joachim, dem genialischen Geiger, Champagner. In der Nacht darauf erleidet Robert heftige Gehöraffektionen, das A ertönt durchdringend, dann ganze Intervalle, schließlich Musik, er hört buchstäblich die Englein im Himmel singen. Er liegt auf seinen Kissen, starrt offenen Auges an die Decke, lächelnd: Clara die Nächte schlaflos an seinem Bett. Er erwacht, schreit, von Schmerzen gepeinigt, keine Engel mehr, sondern Tiger und Hyänen, die ihn packen. Am Vormittag Beruhigung, er setzt sich an seinen Sekretär, korrigiert Noten an seinem Violinkonzert. In der Nacht kommen die Dämonen zurück. Er erwacht und bittet seine Frau, das Haus zu verlassen – aus Angst, er könne ihr etwas antun. Zwei Ärzte werden gerufen, ohne dass sie helfen könnten. In der Nacht packt er seine Habseligkeiten – Taschenuhr, Notenpapier, Schreibfeder, Zigarren – und sagt, er müsse verreisen.

Gegen Morgen, Clara hatte sich für einen Moment zurückgezogen und sich von Marie, der ältesten Tochter, ablösen lassen, ist er tatsächlich verschwunden.

Was sich ereignet, mutet wie die Erfindung eines Groschenromanautors an. Es ist Rosenmontag, draußen auf der Straße lärmen die Narren, grölen Karnevalslieder. Ein Mann begegnet ihnen in einem langen geblümten Schlafrock, sie bedrohen ihn spaßhaft mit ihren Pritschen. Der Mann geht zum Ufer des Rheins, wo eine Schiffsbrücke über den Fluss führt, er drückt dem Kontrolleur anstelle von Kleingeld ein seidenes Schnupftuch in die Hand, sagt: »Verzeihung«, geht bis zur Mitte des Pontons und springt in den reißenden Fluss. Der Kapitän des Dampfschiffes *Victoria* sieht einen Ertrinkenden, den die Strömung davon treibt und rettet den sich heftig Wehrenden mit seinem Beiboot. Später findet man einen Zettel in seiner Tasche: »Liebe Clara, ich werfe meinen Trauring in den Rhein, tue das selbe, beide werden alsdann sich vereinigen.«

Die Anstalt für die Behandlung und Pflege von Gemütskranken lag in Endenich bei Bonn, in, wie es im Prospekt hieß, sehr schöner Gegend, unweit vom Bett des Rheins, in ländlicher Abgeschiedenheit. Geleitet wurde sie von einem Arzt, der seine Patienten nicht, wie es in öffentlichen Irrenanstalten gang und gäbe war, in Zwangsjacken steckte, in eiskaltes Wasser tauchte, oder gar mit Ruten schlug. Zwangskörbe, Zwangsstühle, Drehmaschinen, Geräte, die wir von der Folterkammer her kennen, gab es bei Dr. Richartz nicht. Völlig gewaltlos konnten die Pfleger aber nicht vorgehen. Schumann tobte, schlug um sich und musste an sein Bett gefesselt werden. Da er die Nahrung verweigerte, behalf man sich mit einer Schlucksonde. Das war entwürdigend und nahm jede Selbstachtung.

Den familiären Kontakt zu wahren, wie Richartz in seinem Prospekt empfohlen hatte, blieb ein leeres Versprechen. Der Patient Schumann durfte keine Briefe schreiben, keine Post empfangen, keine Besuche von Verwandten, schon gar nicht von seiner Frau. »Melancholie mit Wahn« hieß seine Krankheit. Dass es sich um die Spätfolgen einer 1831 durchlittenen Syphillis handelte, die sich zu einer progressiven Paralyse entwickelt hatte, war den Ärzten in Endenich unbekannt. Den ursächlichen Zusammenhang hätte man damals ohnehin noch nicht erkannt.

Der Patient, heißt es, habe ausdrücklich gefordert, in eine Anstalt gebracht zu werden, um sich und seine Mitmenschen »vor einem Leid« zu bewahren. Doch das gehört zu den Schutzbehauptungen Claras; wie sie auch von seinem Selbstmordversuch nichts wusste, nicht wissen wollte. War *sie* es, die ihm vorgeschlagen hatte, in eine Privatklinik zu gehen, wo er fachgerechte Pflege fand, Pflege und allmähliche Heilung? Ein

Aufenthalt, der es ihr ermöglichen würde, Konzerte zu geben, zu reisen durch ganz Europa. Vieles spricht dafür. Dass sie sieben Kinder hatte, die es zu ernähren galt, auszubilden, zu kleiden, wurde oft genug als Alibi angeführt, auch von Clara selbst, doch das ist nicht stichhaltig. Sie war wohlhabend genug, um sich auch eine teuere Ausbildung ihrer Kinder leisten zu können. Sie musste nicht arbeiten, aber sie wollte es. Als junges Mädchen hatte sie sich für das Leben gewünscht: Die Musik und Robert – in dieser Reihenfolge! Als Erstes nahm sie wieder Klavierschüler an. »Gott weiß, wie schwer es mir wird, aber ich bin auch überzeugt, dass das das einzige Mittel zu meiner Aufrechterhaltung ist.«

Johannes Brahms war ihr in dieser Zeit unentbehrlich geworden. Sie liebte ihn wie nie einen Freund zuvor: »... es herrscht das schönste Einverständnis unserer Seelen.« Sein Zartgefühl, seine Geistesfrische, sein Frohsinn ließen sie aufblühen und wieder Lust am Leben finden. Er zog zu ihr in die Düsseldorfer Bilkerstraße, wo er in Roberts Zimmer saß und komponierte, sich auch nicht zu schade war, wenn Clara auf Reisen ging, sich um den Haushalt zu kümmern und die Kinder zu leiten. Ein guter Freund – oder ein bisschen mehr? Seine Mutter schrieb aus Hamburg, dass viele Gerüchte umgehen; man wisse nicht, was man glauben solle.

Inzwischen glaubt man zu wissen, was man im sittenstrengen 19. Jahrhundert verdrängt hatte. Clara Schumann, Hohepriesterin der Musik, soll einen Liebhaber gehabt haben, während ihr Gemahl im Irrenhaus war? Das schien undenkbar. Sie war 37, immer noch eine schöne Frau, liebesbedürftig; er 23, ein gut aussehender junger Mann, für den die Frauen schwärmten. Sie lebten in einer gemeinsamen Wohnung, waren des Tages und des Nachts zusammen. Seine Briefe mit den glühenden Liebeserklärungen sind uns erhalten, Clara hat ihre gefährlichen Briefe verbrannt ...

Brahms bekam, für ihn überraschend, eine Besuchserlaubnis für Endenich. Er traf den Patienten in seinem Zimmer am Piano, auf dem er mit Aplomb spielte. Sie unterhielten sich ruhig und gemessen über die Dinge, die draußen in der Welt geschehen waren. Robert beschwerte sich lediglich darüber, dass auf seinem Sofa des Nachts ein Wächter schliefe. Er werde ihn hinausprügeln. Hatte er denn nichts von ihr und den Kindern wissen wollen, wird Clara nach seiner Rückkehr fragen. Nein, nichts, gar nichts. Auch Joseph Joachim, der große Geigenvirtuose, tauchte in Endenich auf. Und Claras Mutter – sie selbst hat immer noch Besuchsverbot, und sie scheint zufrieden damit, obwohl der Chefarzt zu einer Lockerung des Verbots bereit gewesen wäre. Sie hoffte immer noch, dass er eines Tages, gesund an Geist und Körper, wieder zu ihr zurückkehren würde. Dass er seit Jahren an einer Psychose litt, hatte sie nicht wahrhaben wollen. Sie äußerte lediglich: »Der Gedanke erschüttert mich so sehr, dass dieser Mensch, der eine solche Verehrung genießt, an Schwermut erkranken konnte.«

Im Herbst dieses Jahres ging sie auf eine Wintertournee und gab 22 Konzerte: In Weimar, Frankfurt, Hamburg, Berlin, Leipzig. »Es ist unendlich schwer, mit zerrissenem Herzen vor das Publikum zu treten.« Zwischen zwei Bahnhöfen erhielt sie einen Brief von Robert, der sie hoffen ließ. Er machte Vorschläge, wohin er nach seiner Entlassung ziehen wolle: Bonn, Deutz, Benrath oder vielleicht Mühlheim? In einem weiteren Brief fragt er nach den Kindern: Ob sie sich noch an ihren Vater erinnerten, ob sie noch Beethoven, Mozart und – Schumann spielten. Dann der ergreifende Schlusssatz: »So viele Fragen und Bitten hab ich. Willst Du den Schleier über dieses und jenes werfen, worüber ich Dich gefragt, so tu es.«

Nach dem Ende ihrer Englandtournee kehrt Clara nach Deutschland zurück, fährt aber immer noch nicht nach Endenich, sondern trifft sich mit Dr. Richartz in Bonn. Er sagt ihr, dass es mit dem Patienten Schumann zu Ende gehe; man habe ihn in die Sterbezelle verlegt. Am 27. Juli, man schreibt das Jahr 1856, besucht sie ihren Mann das allererste Mal. »Er lächelte mich an und schlang mit großer Anstrengung seinen Arm um mich. Mein Robert, so mussten wir uns wiedersehen.« Er stirbt zwei Tage darauf am Nachmittag. Auf dem Alten Friedhof in Bonn wird er beerdigt. Clara notiert in ihrem Tagebuch: »Ein neues Leben begann jetzt für mich.«

Nach drei Monaten begann sie ihr neues Leben. Mit einer Konzertreise natürlich. Sie verspürte eine unheimliche Kraft: »Da scheint ein Bann gebrochen, es werden vor allem künstlerische Energien freigesetzt. … mit welcher Vehemenz sie sich in die Klavierliteratur stürzt. Mit welchem Schwung sie ihre zweite Karriere als Virtuosin vorbereitet. Sie explodiert förmlich aus ihrer bisherigen Lebensform heraus.« (D. Kühne)

Sieben Monate im Jahr wird sie jetzt in ganz Europa unterwegs sein. Sie tritt in dunklen Abendkleidern auf, gefertigt aus Samt oder Satin, die Haare streng gescheitelt mit einer Orchidee verziert. Das Publikum begrüßt sie, wenn sie das Podium betritt, schweigend. Es ist das Schweigen der Hochachtung. Die Zuhörer wissen, dass sie ihren Mann auf tragische Weise verloren hat, dass sie sieben Kinder durchbringen muss, dass auf den zerbrechlich wirkenden Schultern große Verantwortung ruht. Für sie ist die Frau, die dort auf dem Klavierstuhl sitzt, eine Priesterin der Musik, eine Art Heilige. »Das Spiel dieser Künstlerin beruht auf einer alles bewältigenden Technik, erscheint aber im ersten Augenblick nichts weniger als bestechend«, heißt es bei einem Wiener Kritiker. »Doch schon nach wenigen Akkorden beginnen die Gluten heiliger Begeisterung zu erwachen, auf uns überzuströmen. Sie fordert uns nicht auf ihr zu folgen, denn wir sind für sie eigentlich gar nicht vorhanden. Bald nach den ersten Tönen lebt sie nur dem Cultus ihrer Kunst. Ihr Blick versenkt sich in die Tasten, umgeben von Tausenden ist sie dennoch allein.«

Sie spielt die Stücke ihres Mannes und macht sie allmählich populär. Besonders bei den Engländern, wo sie fast regelmäßig drei Monate im Jahr gastiert, die höchsten Gagen kassiert. In London bringt sie zum ersten Mal Schumanns »Waldszenen«, seine »Kinderszenen«, die Arabeske. Sie führt auch Brahms dort ein, hat mit seinem Klavierquintett f-moll op. 36 einen, wie sie schrieb, ganz riesigen Erfolg. Das englische Publikum, anfangs kühl bis ans Herz, entwickelt ungeahnte Leidenschaft für ihre Art, Klavier zu spielen. Am Schluss des letzten Konzerts wedeln sie mit ihren Taschentüchern und rufen auf Deutsch: »Wiederkommen, Frau Schumann!«

Wien, Prag, Budapest fanden sich in ihrem Reiseplan und natürlich Paris. Hier gab sie drei Konzerte mit ihrer Freundin, der Sängerin Pauline Viardot, die Lieder von Schumann sang. Und, nach zwanzig Jahren, noch einmal Russland. Die Route war die gleiche – Königsberg, Mitau, Tilsit, Riga, Petersburg, Moskau – die Schlaglöcher auch, doch, gottlob, die Gastfreundschaft und Herzlichkeit desgleichen. Sie war an der Newa und der Moskwa bereits eine Legende, wenn auch erstmals Stimmen der Kritik laut wurden: Man vermisste die Werke ihres Mannes, besonders die frühen Klavierkompositionen. Beethoven, Weber, Chopin, schön und gut, doch wie abgedroschen das alles; einfach zu häufig gespielt. Man zitierte Liszt, der ihre technische Perfektion, die Tiefe und Wahrheit ihres Gefühls gelobt, aber doch einen Einwand vorgebracht hatte: Ihr Spiel sei bisweilen etwas zu hausbacken. Bewundert wurde nach wie vor ihr gleichsam perlender Anschlag, ihr singender kantabler Ton. Man vernehme wundersame Klänge, als stammten sie von einer menschlichen Stimme.

Clara gab auch in Petersburg Unterricht, wie in allen Städten, in denen sie länger verweilte. Die Schüler, die sich um einen Studienplatz bei ihr bewarben, mussten viel Geld mitbringen und außerordentlich begabt sein. Es ging ihr nicht um die Unterrichtsgebühren. Sie spürte ein tiefes Gefühl der Befriedigung, wenn sie auf diese Weise »guten Samen streuen und Unkraut ausjäten« konnte. Die Schüler liebten sie und hassten sie zugleich. Ihr Urteil war erbarmungslos und konnte eine Karriere gleich in ihren Anfängen vernichten. Marie, die Älteste, gute Pianistin, die sie war, gab den Schülerinnen die ersten Stunden, um ihnen die Angst vor der Meisterin zu nehmen. Sie hatte auf ein eigenes Leben längst verzichtet, war nur für ihre Mutter da, begleitete sie auf Konzertreisen, diente als Ersatzmutter, eine Aufgabe, die an ihren Kräften zehrte; denn Claras Kinder waren Sorgenkinder, besonders was die Söhne betraf.

Emil war im Alter von fünfzehn Jahren gestorben. Ferdinand, Kriegsheld genannt, weil er 1870 am Feldzug gegen Frankreich teilnahm, hatte sich eine Gelenkentzündung geholt, die so schmerzhaft war, dass er Morphium nahm, ein Mittel, das ihn süchtig machte. Felix steckte sich mit Tuberkulose an und siechte dahin. Ludwig scheiterte bei allem, was er anpackte, als Buchhändler, als Musiker, als Dichter, bekam eine Nervenkrise und endete in der Landesversorgungsanstalt Colditz, eine euphemistische Verhüllung des Wortes »Irrenhaus«. Julie, die schönste unter den Töchtern, zart, blond, von allen geliebt, heiratete einen italienischen Adligen mit einem ellenlangen Namen, residierte auf einem Schloss nahe Turin und starb, schwanger mit ihrem dritten Kind, ebenfalls an Tuberkulose, der Krankheit des Jahrhunderts. Elise hatte als Einzige den Mut gehabt, das Elternhaus zu verlassen und arbeitete als Musiklehrerin und Gouvernante, bis sie, schon 33, heiratete und nach Amerika ging, mit ihren drei Kindern aber bald wieder in die Heimat zurückkehrte. Eugenie zog es nach

England, wurde aber wieder in Deutschland ansässig, wo sie im Haus der Mutter die Finanzen verwaltete.

Man hat Clara Schumann vorgeworfen, dass die Probleme mit den Kindern nur entstanden seien, weil sie zu selten daheim war. In der Tat blieb zwischen den Reisen wenig Zeit für die Erziehung. Wer jedoch ihre Briefe aufmerksam liest, muss feststellen, dass sie sich um alles sorgte: Um die Wahl der Schule, den Ruf eines Pensionats, die Qualifikation eines Arztes, etc. Ihr selbst fiel die ganze Reiserei immer schwerer. Nervenschmerzen in Arm und Schultern plagten sie. Die modernen Flügel hatten einen gegossenen Rahmen, was einen schönen vollen Klang bedeutete, aber mit größerem Krafteinsatz bezahlt werden musste. Weinkrämpfe, Migräne, Angst vor Gedächtnisverlust, dazu das Leiden, das ein Musiker am meisten fürchtet: beginnende Taubheit.

Nach Leipzig, Dresden, Düsseldorf, Berlin und Baden-Baden ist Frankfurt, wo sie am Hochschen Conservatorium unterrichtete, die Endstation. Das letzte Konzert gibt sie 1896 ihren Schülern: Die Canons von Schumann. »Was soll aus mir bloß werden, wenn ich nicht mehr spielen kann?«, vertraut sie ihrem Tagebuch an. »Meine Traurigkeit ist furchtbar …« Wenn Brahms sie besucht und ihr die beiden Klarinettensonaten vorführt, setzt sie sich an den Flügel und begleitet ihn. Aus einer Liebschaft war längst eine Freundschaft geworden.

Sie stirbt am 20. Mai 1896.

Frau Krause aus Berlin N.

Eine Ballade in Prosa

Auf einem Balkon trafen wir Elisabeth Krause. Der Balkon hing an einer jener grauen Mietskasernen, wie es sie im Norden Berlins immer noch zu Tausenden gibt: abbröckelnde Stuckfassade, ein Vorderhaus, zwei Seitenflügel. Im Flur der stille Portier: »Kulicke, Jedamski, Schnoor – 4. Stock – Braumüller, Plaschke, Pachulke – 3. Stock...« Auf dem Hof drei Müllkästen, eine Teppichstange trägt das verrostete Schild: »Das Spielen von Kindern ist... Der Wirt.« In der Ecke bemühen sich zwei mickrige Rotdorne und eine Hortensie, den Ausdruck »Gartenhaus« zu erklären.

Den Namen Krause wird man sich merken müssen. Er füllt im Berliner Adressbuch etliche Seiten. Es ist ein ganz gewöhnlicher Berliner Name. Frau Krause ist ja auch eine ganz gewöhnliche Berlinerin. Aber sie hat alles erlebt, was dieser Stadt in einem halben Jahrhundert so zugestoßen ist. Damit verkörpert sie ein Stück Berliner Geschichte. Ein Stück deutsches Schicksal.

Die Geranien, die sind einfach herrlich diesmal. Frau Krause stellt die Gießkanne, die keine ist, sondern ein Kaffeekessel, auf den Balkontisch. Sie findet ihre Geranien in jedem Jahr »besonders herrlich«. Wenn sie nur nich so stinken wollten. Aber das findet sie auch in jedem Jahr. Trotzdem kann sie es nicht lassen, daran zu schnuppern. Der Geruch könnte ja besser geworden sein. Sie nimmt einen Blechlöffel und lockert die Erde. Irgendwo läuten die Glocken. Das wird heute ein schöner Tag. Vom unteren Balkon meldet sich Herr Plaschke: »Es drippt wieder, Frau Krause!« Frau Krause beugt sich lebensgefährlich weit nach vorn, um sich zu entschuldigen, da klingelt es. Sie hakt die Kette aus und öffnet die Flurtür. Draußen steht die Nachbarin.

»Fisch jibt es«, keucht sie – vier Treppen sind nichts für Asthma –, »beeilen Sie sich aber, sonst …«. Für den Rest reicht die Luft nicht mehr. Frau Krause versteht auch so. Sie hat das Pech gehabt, 1945 den falschen Sektor zu erwischen, und weiß, was das »sonst« bedeutet. Sie nimmt das Netz vom Kleiderhaken und ruft in die Küche: »Na, denn komm man, Lumpi!« Lumpi ist ein zehn Jahre alter Dackel, der über einen treuherzig dämlichen Blick verfügt und über einen Bauch, der beim Laufen gelegentlich über den Boden schleift. Schön ist er nicht, und einen einwandfreien Stammbaum hat er auch nicht. Er gehört zur verbreiteten Familie der Berliner Asphaltmischungen. Frau Krause liebt ihn mit zärtlicher Rauheit. Seitdem sie ihren Mann vor zwei Jahren begraben hat, ist Lumpi ihre einzige Stütze.

Das stimmt übrigens nicht ganz, denn Frau Krause hat auch noch einen Sohn. Der ist verheiratet und wohnt im anderen Sektor, in Zehlendorf. Und nach Zehlendorf, dahin kann man nicht. Zehlendorf liegt zwar nicht auf dem Mond, aber für Frau Krause liegt es weiter entfernt als der Mond. Eher noch könnte man nach Scottsbluff im Staate Nebraska kommen, wohin ihre Tochter 1946 einem Ami ehelich gefolgt ist. Aber auch das ist ziemlich unwahrscheinlich für Frau Krause.

An der Säule links neben der Hautür hebt Lumpi das Bein. Er tut das seit Jahren und lässt sich nicht davon abbringen. Dabei hat er nichts gegen die Dame, die auf der Säule steht und mit ihren über dem Kopf verschränkten Armen den Türsims hält. Die Dame tut das seit 1895. Zusammen mit dem Haus hat man sie damals so hingestellt. Fassade war ja wichtig.

Frau Krause ist inzwischen an der Zeitungsbude angelangt. »Zwei Zeitungen«, sagt sie, »zwei große!« Der Zeitungsfritze steckt den Kopf aus dem Loch und gibt das Wechselgeld zurück. »Ach, Fisch jibt es heute«, sagt er.

Am Nachmittag kocht sich Frau Krause eine große Kanne Kaffee. Der Fisch will schwimmen. Unten auf dem Hof spielt ein Leierkasten. Das dröhnt so schön in dem engen Schacht.

»...'menblau ist der Himmel am herrlichen Rheiiiii – ne«, singt sie mit, während sie am Herd hantiert. Ein einziges Mal in ihrem Leben war sie an dem so herrlichen Rheine. Das war zur Silberhochzeit. Sie hatte mit ihrem Mann die Hochzeitsreise nachgeholt. In den fünfundzwanzig Jahren davor hatte es nicht gereicht. Viel hatte sie sich ja aus Reisen ohnehin nie gemacht. Der Mann war bei der Bahn und zufrieden, wenn er im Urlaub nicht Eisenbahn fahren musste. Swinemünde, Braunlage, Spreewald, Werbellinsee, weiter war man nicht gekommen. »Viel schöner als die Müggelberge können die Alpen ooch nicht sein«, hatte sie immer gesagt.

Der da unten hat jetzt den Petersburger Marsch auf der Walze: »Denkste denn, denkste denn, du Berliner Pflanze ...«. Fenster öffnen sich. Elisabeth Krause wickelt einen Groschen in ein Stück blaue Zuckertüte und wirft ihn in den Hofschacht. Der soll aufhören mit diesem Marsch! Das erinnert einen so an die Vergangenheit. Und sie wollte nicht wieder ins Simelieren kommen. Sie gießt sich eine Tasse Kaffee ein und zieht die Romanbeilage aus der »Mottenpost«, die ihr die Nachbarin von der nahen Sektorengrenze immer besorgt. Doch ihre Gedanken irren bald ab – in das Berlin von 1905.

»Ich bin vom Verein der Freundinnen junger Mädchen«, die Dame im grünen Lodenmantel sah streng und gütig zugleich aus, »wir würden Ihnen gern einen Rat geben.« Elisabeth guckt misstrauisch an ihr vorbei. Es war kalt und zugig auf dem Stettiner Bahnhof. Man hatte sie vollgestopft wie eine Wurst mit Warnungen vor dem Sündenbabel Berlin. Jemand stieß sich an ihrer Riesenkiepe und fluchte. Die Leute drängten sich rücksichtslos. »Ich komm' aus Zäckerick an der Oder«, sagte sie schließlich, »ich geh' hier in Stellung.« Die strenggütige Dame wollte wissen, ob sie eine Adresse habe, sie möge es ihr nicht verübeln, es geschehe alles zu ihrem Besten. 45 000 junge Dinger kämen Jahr für Jahr nach Berlin, nicht alle landeten dort, wo sie hinwollten, in einen Haushalt. Manche strandeten im Magdalenenasyl als Pennschwestern oder, noch schlimmer, als Bordsteinschwalbe auf der Friedrichstraße, wenn sie nicht sogar die Komplizinnen von Dieben oder Zuhältern wurden.

Elisabeth verstand nur die Hälfte von diesen schlimmen Dingen. Aber die mit dem Lodenmantel schien Vertrauen zu verdienen. So kramte sie verschämt ihre Geldtasche unter dem Rock hervor, die sie sich mit einem Schal um den Leib gebunden hatte. In der Tasche war der Zettel mit der Adresse.

Eine gute Stunde später stand sie vor dem Haus Bayerischer Platz Nr. 4. Das war wohl ein neues Viertel und beängstigend vornehm. Der Aufgang war wie eine Kirche: überall Marmor, ein Kamin, ein großes Gemälde darüber, bunte Fenster. Da passte sie nicht hin mit ihren schmutzigen Schnürstiefeln. Das fand der Portier auch, der sie barsch fragte, ob sie nicht lesen könne, was auf dem Schild da stehe: »Aufgang nur für Herrschaften«. Dann wurde er freundlicher und sagte: »Na, jeh man schon Mädchen, ick sehe ja, du bist'n Landei.«

Im dritten Stock stand auf einem anderen Schild »Kommerzienrat Silberstein«. Aus dem Rachen eines Löwen baumelte ein Ring. War das eine Klingel? Elisabeth wagte nicht, daran zu ziehen. Ihr war erbärmlich um den Magen herum. Wenn sie doch bei den Eltern geblieben wäre. Dann dachte sie an die Plackerei und das Elend in dem armseligen Oderdorf, an die sieben Geschwister, an die Hoffnungslosigkeit, dort jemals einen Mann zu finden – entschlossen griff sie dem Löwen in den Rachen und zog den Ring.

Fünf Jahre später fühlte sich Elisabeth Zechlin aus Zäckerick an der Oder wie zu Hause in Berlin. Es hatte lange gedauert, es hatte Tränen gekostet, aber jetzt ging es. Sie war längst nicht mehr bei Silbersteins. Ein halbes Dutzend Mal hatte sie die Stelle gewechselt. Das bedeutete zwar immer eine hohe Gebühr bei der Vermittlerin, aber sie hatte nun eine »Lebensstellung«. In einem vornehmen Haus am Tiergarten. Sie schlief nicht mehr auf dem Hängeboden im Korridor, sondern im eigenen Zimmer. Sogar auf die hohe Kante hatte sie sich etwas gelegt. Von den zwanzig Mark Monatslohn war das nicht gegangen, aber Ministers gaben im Winter viele Feste, da klapperte das Trinkgeld. Und die Kaufleute drängten einem die Prozente geradezu auf, wenn man bei ihnen Waren bestellte.

Sie war nicht so wie die anderen gewesen, so vergnügungswahnsinnig. Der Hut mit den Reiherfedern erschien ihr nicht als Lebensziel. Sie ließ sich nicht ins Palais de Danse locken und selten zu Schramm, einem Tanzetablissement, nach Wilmersdorf. Sie wehrte die Zudringlichkeiten des Ältesten ihrer Herrschaft genauso ab wie die Einladungen des Friseurgesellen. Dafür hatte sie auch was Festes. Sie ging mit einem Unteroffizier vom 3. Garderegiment. Die Soldaten dieses Regiments trugen gelbe Schulterstücke und wurden von den Berlinern »Käsefresser« genannt.

Albert Krause war ein properer Kerl, und ewig würde er nicht bei Preußens bleiben. War seine Zeit herum, so winkte ihm eine gute Stellung. Dann wurde geheiratet. Vorläufig versorgte sie ihn über die Wendeltreppe, die an ihrer hinteren Küchentür endete. Sie war auch hierin bescheidener als viele ihrer Kolleginnen, deren diverse Schätze die Zigarren des Hausherrn rauchten und sich den Sonntagskuchen der Gnädigsten schmecken ließen.

Elisabeth hatte sich in den fünf Berliner Jahren rausgemacht. Nicht nur körperlich und in der Kleidung, auch sonst: Sie wurde nicht mehr ständig rot, ließ sich die Butter nicht vom Brot nehmen und von keinem was vorflunkern; ihr gutes Herz hatte trotzdem nicht gelitten. Als sie einmal nach Zäckerick zu den Eltern fuhr, wurden die alten Freundinnen blass vor Neid.

Dann kam die Sache mit dem Petersburger Marsch. Das erste Mal spielten ihn ein paar von Alberts ehemaligen Regimentskameraden. Vor der Dankeskirche am Weddingplatz war das. »Denkste denn, denkste denn, du Berliner Pflanze ...«, sangen die Leute, die neugierig am Portal warteten. Elisabeth ganz in Weiß und das Gesicht rot vor Aufregung. Alle Straßen waren geschmückt – der Kaiser feierte sein 25-jähriges Regierungsjubiläum – und die junge Frau Krause nahm den Schmuck ein bisschen für sich in Anspruch. »Willem zwo« würde ihr das nicht verübeln.

Ach, sie fühlte sich im siebten Himmel. Nicht nur, weil ihre neue Wohnung so hoch lag, im vierten Stock einer Mietskaserne, Müllerstraße. Es störte sie nicht, dass man das Haus nach dem Motto gebaut hatte: »Ersparte Bauzeit, gewonnene Miete!«, dass die gemeinsamen Toiletten im Flur lagen und die Hinterhöfe nicht größer als fünf mal fünf Meter waren. Albert, der bei der Bahn gelandet war, und Elisabeth, die nebenbei noch nähte, hatten ihr Auskommen und waren zufrieden.

Bis der Petersburger Marsch zum zweiten Mal gespielt wurde. Und zwar wieder von Alberts Regimentskameraden. Aber diesmal marschierten sie, nebst Albert, und Elisabeth lief nebenher, die Frankfurter Allee entlang. »Denkste denn, denkste denn ...« sangen die Leute, die außer ihr nebenherliefen. Sie warfen Blumen und riefen »Auf Wiedersehen, Weihnachten!« Ach ja, denkste.

Zwei Wochen später kam sie an der Kriegsakademie vorbei – Dorotheenstraße. Da klebten die ersten Verlustlisten an der Wand. Sie traute sich nicht hinzugucken. Ihr wurde schlecht. Das lag nicht nur daran, dass sie ein Kind erwartete. Sie ließ sich von einer älteren Dame nach Hause bringen. Sie verstand die Welt nicht. Da musste man wuracken und wuracken und sparen, und wenn man soweit war, holten sie einem den Mann weg, und keiner konnte versprechen, dass er wiederkam. Sie hatte nichts gegen die Franzosen und auch nichts gegen die Russen. Der Kaiser meinte ja, die anderen hätten angefangen. Vielleicht stimmte das. Vielleicht war Albert Weihnachten wirklich wieder zu Hause.

Und dann war das zweite Weihnachten vorbei. Bloß der Krieg nicht. Der kleine Horst war bald ein Jahr alt. Albert kam einmal auf Urlaub. Viel erzählte er nicht. Bloß, dass er vor Verdun lag. Die Leute schrieen nicht mehr hurra, wenn wieder eine Festung fiel, sie sangen auch nicht mehr »Die Wacht am Rhein«. Sie meckerten über das Klitschbrot mit seinem Kartoffelmehl. Später war Eichelmehl darin, und in ihren Kochtöpfen hatte Elisabeth nur noch Kohlrüben oder Dörrgemüse. Die Zeitungen gaben es auf, diese Nahrung als »höchst gesund« zu bezeichnen.

Eines Tages packte Elisabeth die alten Zinnteller ein und den Kupferkessel und brachte sie zur Sammelstelle. Die Sachen stammten noch von der Großmutter aus Zäckerick. Es war ihr nicht klar, wie die damit den Krieg gewinnen wollten. Aber man wollte seine Pflicht tun. Vielleicht half es Albert. Der war inzwischen noch mal auf Urlaub gewesen. Das Ergebnis war der kleine Herbert. Hoffentlich bekam sie den durch. Die Milch im Eckladen wurde immer blauer.

Auf dem Rückweg von der Sammelstelle holte sie die Eierkarten ab und die Fleischkarten. Das war das Neueste. Von Schokolade und Schlagsahne träumte man nur noch.

Zweimal im Monat, später öfter, fuhr Lisbeth nach Zäckerick. Da im Oderbruch hatten sie noch alles: Kartoffeln, dicke Speckseiten, Eingemachtes. Als sie einmal, es war kurz vor Ostern 1917, nach Zäckerick kam, trug die Mutter schwarze Kleider. Elisabeths ältester Bruder, der Ernst, war in Russland gefallen. Der Jüngste lag schon seit zwei Jahren auf dem Friedhof eines polnischen Dorfes mit einem unaussprechlichen Namen.

Jeder Krieg geht schließlich einmal zu Ende. Eines Abends klopfte es an die Wohnungstür. Draußen stand Albert. Er kam rein, warf den Tornister auf das gute Sofa und sagte: »So, da wär' ick wieder, Mutter.« Er tat, als käme er vom Frühschoppen. Elisabeth fand seine Wortkargheit zum ersten Mal übertrieben. Sie ging in die Küche und kochte ihm was. Zwischendurch heulte sie ein bisschen. Als sie wieder reinkam, hatte er die Jungens auf dem Schoß und sagte: »Die Tressen haben se mir abjerissen, ›Kriegsverlängerer‹ haben se jesagt.« Nach dem Essen schob er den Stuhl zurück, streckte die Beine aus und sagte: »So. Und wat nu?«

Ja, und was nun?

Es sollte sechs Jahre werden, bis der wortkarge Albert »Na also!« sagen konnte. Denn da war man über den Berg. Man durfte wieder über die Linden gehen und über den Potsdamer Platz, ohne dass irgend jemand auf einen schoss. Die Kutscher brauchten nicht mehr zu fürchten, dass man ihnen, wenn sie einen Augenblick vom Bock stiegen, die Pferde ausspannte und zu Schnitzeln verarbeitete. Das Pfund Butter kostete wieder anderthalb Mark und nicht mehr anderthalb Millionen. Man hatte sogar wieder eine Regierung. Wenn auch keinen Kaiser. Horst und Herbert sagten ihren dämlichen Abzählvers immer noch auf: »Ick und du, Schiebers Ruh, ick schieb' Schmalz, und du schiebst Jold, ick schieb' Speck – eia, weia, weg.« Dafür musste sich Lisbeth über ihre Schlager ärgern, die sie mit nach Hause brachten. »Der Neger hat sein Kind gebissen«, trällerte Herbert. Horst stellt die wichtige Frage, »was Herr Meyer am Himalaja mache«.

Man war über den Berg. Das Paradies war die andere Seite des Berges nicht. Man war aber bescheiden, freute sich, dass Albert wieder bei der Bahn arbeitete und alle satt zu essen hatten. Es reichte sogar gelegentlich zu einem Besuch im Cinematographentheater in der Müllerstraße, wo man sich den »Todeskuß unter Palmen« ansah. Zu Alberts Geburtstag fuhr man zu Carows raus in die Lachbühne und versuchte, sich die Sorgen wegzulachen. Davon hatte man noch genug.

Sechs Jahre später hatten Krauses nur noch Sorgen. Weltwirtschaftskrise nannte sich das diesmal. Man schrieb das Jahr 1929. Albert gehörte zu den ersten Opfern. Er bekam als abgebauter Angestellter Wohlfahrtsunterstützung. Die »Wohle« reichte nicht zum Leben und nicht zum Sterben. Ein – anfangs unerwünschter – Nachkömmling hatte sich auch noch eingestellt: die kleine Gisela.

Frau Krause verzagte nicht. Mit der alten Singer-Nähmaschine ratterte sie bis spät in die Nacht hinein. Sie nahm einen Schlafburschen auf, der seine fünf Mark Wochenmiete auf dem alten Küchensofa lautstark abschnarchte. Sie kreuzte die Stellenangebote in der Zeitung an und schickte Albert damit auf Achse. Sie schnitt den Jungens selbst die Haare und kaufte die Butter acht Straßen weiter, weil sie dort drei Pfennig billiger war. Da sie beim Kaufmann nicht anschreiben ließ, blieb sie ohne Schulden. Aber es war kein Leben.

Im November 1932 waren Wahlen. Albert wählte wie üblich Sozi, und Elisabeth wählte, wie alle guten Berlinerinnen, dasselbe wie ihr Mann. Als sie diesmal in der Wahlzelle stand und auf die Liste guckte, stand da plötzlich ihr Kreuz in einem Kreis, hinter dem »Nationalsozialistische Deutsche Arbeiterpartei« vermerkt war. Sympathisch war der Mann ihr weiß

Jott nich', aber man konnte es ja mal versuchen. Vielleicht wurde es unter ihm besser. Bloß Albert nichts sagen.

Anfangs wurde es wirklich besser. Ihr Mann kam wieder bei der Bahn an. Für Horst fand sich bald eine Lehrstelle als Motorenschlosser. Die Arbeitslosen verschwanden allmählich von den Straßen. Für die Arbeiter taten die Neuen eine Menge. Albert schickten sie sogar mit einem piekfeinen Schiff nach Madeira. Er wäre viel lieber an den Müggelsee gefahren, um zu angeln und Skat zu spielen. Es half ihm nichts. Lisbeth tröstete ihn: »Da unten bei die Einjeborenen kannste ooch Skat spielen.« Das tat er dann auch.

Als Herbert, der auf die hohe Schule ging, 1935 sein Abitur gemacht hatte, durfte er auf der Universität studieren. Mit einem dicken Stipendium. Dafür musste er in die Partei eintreten. Das war Mutter Krause nun gar nicht recht. Dann sah sie in der *Berliner Illustrirten* den Prinzen August Wilhelm, den die Berliner Auwi nannten, in SA-Uniform. Da war sie etwas beruhigt: wenn sogar der Sohn vom Kaiser …

Auch Gisela, die Krabbe, trug jetzt einmal in der Woche Uniform. Wenn sie von ihrem BDM-Heimabend nach Hause kam, sang sie krähend: »Und heute jehört uns Deuschland und morjen die janze Welt.« Mutter Krause pflegte dann zu sagen: »Vorläufig jehörst du erst mal in die Falle.« Und Giselchen murrte beim Ausziehen: »Aba Mutta, wir sind doch dem Fiehrer seine braunen Batteljone.«

Es kamen immer wieder Zeiten, da Lisbeth sich wunderte. Wo blieben eigentlich die Milliarden von der Winterhilfe? Die Armen mussten ja alle schon 'ne eigne Villa haben. Und warum gaben die mit ihrem Luftschutz so an? Das mit den Juden verstand sie auch nicht. Sie fragte Albert, und der sagte: »Kiek dir im Kino an, wie sie ihm die Hände schütteln, die Jroßen aus'm Ausland. Scheint doch alles seine Ordnung zu haben.«

Es hatte seine grausige Ordnung. Am 1. September 1939 hörte sie seine Stimme aus dem Allstrom-Radioapparat für 35 Mark, der »Volksempfänger« genannt wurde. Albert saß da und sagte langsam: »Jetzt fängt die janze Scheiße zum zweiten Mal an.« Gisela sagte vorwurfsvoll: »Aber Vati!« Lisbeth sagte gar nichts und ging in die Küche. Wohin sie immer ging, wenn sie mit irgendetwas nicht fertig wurde. Abends saß sie vor dem Globus, den Gisela im Reichsjugendwettkampf gewonnen hatte. Sie drehte ihn, guckte sich Russland an, guckte sich Amerika an und die englischen Kolonien, das waren alles ziemliche Farbkleckse; dann suchte sie Deutschland, sie suchte lange, endlich fand sie es, mein Gott, war das ein winziger Fleck! Und sie dachte: Ob der det ooch weeß ...?

Ein paar Wochen später brachte Frau Krause Sohn Herbert zur S-Bahn. Der hatte einen Vulkanfiberkoffer und war ziemlich fröhlich. Das kam von der Flasche Dreisternigem, die er vorher mit Vatern geköpft hatte. Herbert stand zwar kurz vor seinem Dr. phil., aber das galt jetzt nichts mehr. Sein Bruder Horst war schon seit 1937 beim Kommiss und sollte in diesem Jahr entlassen werden. Das galt nun auch nichts mehr.

Als Lisbeth zu Hause die Wohnungstür aufschloss, begrüßte sie ihr Mann mit dem Gesang »Heil dir im Siejeskranz, Muttern!« Er hatte sich den Rest von dem Dreisternigen auf die Lampe gegossen. Mutter Krause brachte ihn behutsam ins Bett. So betrunken war Albert erst wieder, als drei Jahre später die Nachricht von Herbert kam.

Leningrad. Heldenfriedhof Wroslaczj ..., der Name war genauso unleserlich wie damals bei Lisbeths Bruder. Jemand schrieb, er hoffe, »dass es Ihnen in Ihrem schweren Leid ein Trost ist, dass der Uffz. Herbert Krause für Führer, Volk und Vaterland«, na und so weiter. Eine Woche später kam ein zusammengeschnürtes Päckchen. Da war seine Brieftasche drin, das Taschenmesser, die Uhr, eine halbe Erkennungsmarke.

Das war alles, was von ihrem Sohn übriggeblieben war. Am selben Abend klingelte es. Draußen stand der Blockwart mit todernstem Gesicht. Frau Krause drückte die Tür wieder ins Schloss und hakte die Kette ein.

Die Fanfarenstöße aus dem Volksempfänger verstummten nicht. Es wurde noch viel mehr gesiegt als im ersten Weltkrieg. Neu war, dass sie oft sogleich nach einer Siegesmeldung in den Keller mussten. Da war es nicht mehr so gemütlich wie am Anfang, als die Männer Skat kloppten und die Frauen strickten. Man horchte mit angehaltenem Atem auf das grelle Pfeifen der Zwanzig-Zentner-Bomben. Einer sagte: »Wenn die so weitermachen, können sie sich ihre Häuser gleich selber mitbringen.« Ruinen waren längst keine Sehenswürdigkeiten mehr wie zu Anfang. War Lisbeth noch einmal davongekommen, so fegte sie in der Wohnung Scherben und vernagelte die Fenster mit Pappe. Albert sah sie nur noch selten. Der war ständig auf Eisenbahnachse. Gisela saß mit ihrer Schule unten im Sudetenland, in einem Lager.

November 1944 gehörte Frau Krause zur Loge der Zweimal-Ausgebombten und wohnte in der Wohnung geflüchteter Verwandter. Ihr Eigentum bestand aus einem Koffer in der Hand und sechs großen Kisten in einem pommerschen Dorf. Als sie noch einmal in die Müllerstraße ging, um irgendetwas aus dem Schutt herauszuklauben, musste sie lachen. An einer Mauer stand in Kreide: »Alles im Arsch. Jehe bei Friedan. – Emil.« Ihr Nachbar benachrichtigte auf diese Art seine Familie.

Den Russen sah Frau Krause mit nicht allzu viel Angst entgegen: Für gewisse Dinge glaubte sie zu alt zu sein, und zu holen war bei ihr nichts mehr. Im Übrigen war mit dem Auftauchen des ersten Rotarmisten der Krieg zu Ende. Nur das zählte.

Den Winter '46 auf '47 war Mutter Krause damit beschäftigt, den Rest ihrer Familie am Leben zu erhalten. Der Rest bestand aus Albert und Gisela. Horst war in russischer Gefangenschaft; man hatte *keine* Nachricht.

Die strategische Planung begann morgens nach dem Aufstehen. Das Aufstehen ging schnell, da man sich bereits abends beim Hinlegen angezogen hatte. Auch das Waschen war, mit Rücksicht auf die Zimmertemperatur von minus zwei Grad, mehr eine symbolische Handlung. Außerdem stank es ziemlich im Badezimmer, in der Wanne mümmelten zwei Kaninchen.

Man setzte sich in die Küche um die Kochhexe, im Handel hieß sie »Sparherd«. Alle weinten ein bisschen, denn der Sparherd sparte nicht mit Rauch. Mit dem nassen Erlenholz, das Albert gestern im Park gestohlen hatte, wäre auch ein anderer Ofen nicht fertig geworden. Lisbeth servierte jedem einen Teller Roggenmehlsuppe (das Pfund Roggenmehl für 80 Mark) nebst einer Tablette Saccharin (»500mal süßer als Zucker«). Albert bekam eine Sonderzuteilung von einer aktiven Zigarette im Werte von 5 Mark. Er brauchte seine Nerven. Er musste wieder stehlen gehen. Kohlen diesmal. Lisbeth war da unerbittlich. »Als zurzeit stellungsloser Bahnbeamter müsstest du dich auskennen mit den Kohlenwaggons«, meinte sie. Gisela wurde zum Schlangestehen abkommandiert. Es gab auf Abschnitt klein f 150 Gramm Heringsrogen pro Kopf. Alle drei hatten sie Karte 5, die Sterbekarte.

Lisbeth selbst empfahl sich heute für ungewisse Zeit. Sie wollte nach Zäckerick, und niemand konnte sagen, wann sie zurück sein würde. Als sie allein in der Küche war, pustete sie die Kerze aus. Sie fand sich auch im Dunkeln zurecht. Der Strom kam diesmal erst gegen vier. Sie packte in den großen Rucksack drei Rollen Garn, eine alte Hose, einen Gartenschlauch, drei Päckchen Süßstoff. Sie malte auf eine Bäckertüte: »Seid artig und bangt Euch nicht. Gisela soll auf die Gasuhr gucken, es sind nur noch sechs Kubik. Küsschen, Mutti.«

Vier Stunden später saß sie auf dem Dach eines Zuges, der sich Meter für Meter aus der Halle des Stettiner Bahnhofs schob. Es war derselbe Bahnhof, auf dem sie vor vierzig Jahren in Berlin angekommen war. Lautsprecher dröhnten: »Die Reisenden werden nochmals gebeten, sofort die Zugdächer und die Puffer zu verlassen.« Die Frau neben Lisbeth lachte: »Die *Reisenden* is jut.«

Man war überhaupt sehr fröhlich da oben auf dem Dach. Es war ein bisschen zugig. Der Braunkohlenqualm, den die Lok ausstieß, schwärzte die Gesichter. Der Lokführer machte das wieder gut, indem er drei gellende Pfiffe losließ, wenn eine Brücke in Sicht kam. Dann legten sich die Leute auf dem Dach alle lang hin. Der Mann mit der Beinprothese saß mit dem Rücken zur Fahrtrichtung und spielte Mundharmonika. Er konnte zwei Lieder: »La Paloma« und »Wir lagen vor Madagaskar«. Und die konnte er schlecht. Den Refrain von der weißen Taube sangen die Frauen alle mit.

Mann, die haben vielleicht Nerven, die Frauen, dachte Elisabeth Krause aus Berlin N., aber Recht haben se, wat kann eijentlich noch passieren? Janischt kann mehr passieren. Sie hatten den Ersten Weltkrieg überstanden und die Hungerjahre danach, und die Weltwirtschaftskrise, und die Nazis, und den zweiten Krieg, und die Bomben, und die Russen und die drei anderen Sieger. Sie würden auch das hier überstehen. Mann, hatte sie plötzlich einen Mumm, eine Zuversicht, eine Hoffnung, einen Glauben.

Dann hielt der Zug. Ein älterer, aber leicht besoffener Mann, grölte: »Solang noch Untern Linden die grünen Bäume blühn, kann nichts uns überwinden, Bääärr – liiien bleibt doch Berlin.« Elisabeth Krause aus Berlin N. schluckte den Kloß runter, den sie im Hals hatte. Und sie sagte: »Na, nu werde man nich sentimental, Dickerchen!«

Den Mumm und die Zuversicht, die würde sie brauchen –

und die Kraft. Sie hatte sich nämlich als Trümmerfrau »beworben« und war sofort eingestellt worden. Im Gegensatz zu Albert, den niemand mehr haben wollte; auch die Bahn nicht: zu alt. Er bezog also Alu, und die reichte nicht hinten und nicht vorn. Frau Krause stand von acht Uhr in der Früh bis gegen fünf an der Ecke Charlottenstraße–Unter den Linden und klopfte mit einem Hammer den Putz von den Ziegelsteinen. Viel Geld gab es dafür nicht, aber immerhin bekam sie nun Lebensmittelkarte Stufe 4.

Die Zeiten wurden allmählich besser, schlechter konnten sie ja nicht mehr werden. Den Lärm, den die Flugzeuge der Luftbrücke tagein, nachtaus erzeugten, ertrug sie gern, denn für die da drüben in Westberlin ging es schließlich um 'ne Menge, um die Freiheit zum Beispiel. Der übriggebliebene Sohn wohnte noch immer in Zehlendorf. Er kam nun auch öfter und holte sich das, was zwar auch im Osten knapp, aber im Westen gar nicht mehr zu kriegen war. *Sie* hatten ja noch Strom und Gas und Briketts für den Kanonenofen. Ein schönes Gefühl, dass man als Ostberliner auch mal den Westberlinern helfen konnte.

Die Jahre vergingen. Albert war schon lange tot, war letztlich an den nie ausgeheilten Kriegsverletzungen gestorben. Am Totensonntag besuchte sie ihn auf dem St. Matthäus Kirchhof, Eingang Großgörschenstraße, und legte den Strauß Astern auf sein Grab. Manchmal war auch der Sohn dabei. Der brauchte jetzt einen Berechtigungsschein für seine Besuche, doch die Grenze war noch offen. Die S-Bahn verkehrte immer noch zwischen Ostberlin und Westberlin. Doch damit war eines Tages Schluss. Sie hatte mit Lumpi – das war nun schon der dritte Lumpi – einen Spaziergang gemacht durch den Tiergarten und war in der Nähe des Potsdamer Platzes gelandet. Da sah sie zwei Maurer, die Stein auf Stein mit Mörtel bestrichen und sorgfältig aufeinander schichteten. Ja, was macht ihr denn hier? Eine Mauer konnte das ja nicht werden: Der Ulbricht hatte doch gerade im Radio gesagt: »Niemand denkt daran, in Berlin eine Mauer zu errichten!« Weil die Arbeiter ihr nicht antworteten, fragte sie den Vopo, der mit seiner Kalaschnikow hinter ihnen stand. »Nee«, meinte der, und sächselte, »eine Mauer machen wir hier nicht, wir machen einen antifaschistischen Schutzwall.«

»Verstehe«, sagte Frau Krause und verstand nichts. Sie schrieb ihrem Sohn gleich einen Brief. Postverkehr war ja noch. Besuchen könne er sie nun nicht mehr, aber sehen könne man sich noch. Sie hatte eine Stelle am Teltowkanal ausbaldowert: Wenn er an *seinem* Ufer stand und sie an *ihrem*, und er mit einem großen Tuch winkte ... Ja also, die Sache klappte; eine Weile zumindest.

Den Fall der Mauer hat Elisabeth Krause nicht mehr erlebt; da hätte sie 94 werden müssen, und so alt wurde sie nicht. Eigentlich hätte sie ein Denkmal verdient ...

Wie einzelne Menschen den Lauf der Geschichte veränderten

S. Fischer-Fabian
SIE VERÄNDERTEN DIE WELT
Lebensbilder
aus der deutschen Geschichte
352 Seiten
ISBN-10: 3-404-64209-0
ISBN-13: 978-3-404-64209-0

»Sie veränderten die Welt.« Dieses Motto verbindet die Lebensbilder, in denen S. Fischer-Fabian große historische Persönlichkeiten porträtiert, ohne die unsere Welt heute anders aussähe: Albert Einstein, Johannes Gutenberg, Otto von Bismarck, Karl Marx, Nicolaus Copernicus, Martin Luther, Robert Koch. In seiner unvergleichlichen Art nähert sich Fischer-Fabian diesen und anderen großen Männern und schildert eindringlich, wie sie die Herausforderung ihres Lebens bewältigt haben.

Souverän und anschaulich, respektvoll und kritisch zugleich zieht uns Fischer-Fabian mit diesem Buch in seinen Bann.

Bastei Lübbe Taschenbuch

Millionen Arbeitslose, neue Armut, leere Staatskassen. Was geschieht, wenn Deutschland auf die Straße geht?

Marita Vollborn
Vlad Georgescu
BRENNPUNKT DEUTSCHLAND
Warum unser Land
vor einer Zeit der Revolten steht
Originalausgabe
ca. 250 Seiten
Gebunden mit Schutzumschlag
ISBN 978-3-7857-2282-4

Das Heer der Beschäftigungslosen in Deutschland wächst beständig, und die Schere zwischen Arm und Reich klafft immer weiter auf. Die »neue Unterschicht« – von Politik und Medien als lösbares Problem dargestellt wird – ist in Wahrheit der dramatischste Umbruch unserer Gesellschaft seit Ende des Zweiten Weltkriegs. Die Frage ist nicht mehr ob, sondern wie die Umwälzungen unser Leben verändern werden. Stehen wir vor einer friedlichen Umgestaltung, oder entlädt sich der Unmut der frustrierten Massen bald in gewalttätigen Ausschreitungen? Die Unruhen und Straßenschlachten in Frankreich waren vielleicht nur ein Vorgeschmack auf die Zukunft. Kommt nach 160 Jahren die zweite Deutsche Revolution?

Gustav Lübbe Verlag